庆祝山西省考古研究院七十华诞

蒲州故城

（一）

山西省考古研究院　运城市文物保护中心
永济市文物保护中心　永济市蒲津渡与蒲州故城文物保护所◎编著

故宫出版社

内容简介

蒲州故城位于秦、晋、豫三省交界处，扼蒲津关口，是古代连接关中和河东的重要通道。本书是蒲州故城遗址首部阶段性考古报告，全面、客观地介绍了该遗址2013年度东城城内东南部的发掘成果。通过对遗迹、遗物资料的系统整理与研究，厘清了东城城内东南部唐五代至宋金的文化发展序列和各时期的文化面貌，并对出土瓷器的窑口和装饰工艺以及考古发现中所蕴含的社会生活信息进行了研究。

本书可供考古、历史等方面的研究人员及相关院校师生阅读和参考。

图书在版编目（CIP）数据

蒲州故城. 一 / 山西省考古研究院等编著. -- 北京：故宫出版社, 2023.7

ISBN 978-7-5134-1578-1

Ⅰ. ①蒲… Ⅱ. ①山… Ⅲ. ①古城遗址（考古）－发掘报告－永济 Ⅳ. ①K878.35

中国国家版本馆CIP数据核字（2023）第102606号

出 版 人：章宏伟
责任编辑：宋小军　骆　艳
设　　计：王　梓
责任印制：常晓辉　顾从辉
出版发行：故宫出版社
地址：北京市东城区景山前街4号　　邮编：100009
电话：010-85007800　010-85007817
邮箱：ggcb@culturefc.cn
制　　版：北京宝蕾元科技发展有限责任公司
印　　刷：北京启航东方印刷有限公司
开　　本：889毫米×1194毫米　1/16
印　　张：14.5
版　　次：2023年7月第1版
2023年7月第1次印刷
印　　数：1-1300册
书　　号：ISBN 978-7-5134-1578-1
定　　价：328.00元

“蒲津渡与蒲州故城考古”获国家
“十二五”大遗址保护专项补助资金支持

本报告出版获国家文物局
“全国重点文物保护专项补助资金”资助

目　录

第一章　遗址概述……………………………………………………………… **001**

第一节　地理位置与自然环境 ……………………………………………001

第二节　遗址概况 ………………………………………………………002

第三节　历史沿革 ………………………………………………………002

第四节　发掘经过和资料整理 ……………………………………………004

一、发掘经过 ………………………………………………………004

二、资料整理 ………………………………………………………006

第二章　地层堆积……………………………………………………………… **007**

第一节　ⅡTG148202 ……………………………………………………007

第二节　ⅡTG126204 ……………………………………………………009

第三节　ⅡTG162218 ……………………………………………………010

第四节　ⅡTG162202 ……………………………………………………012

第五节　ⅡTG148175 ……………………………………………………013

第三章　遗迹和遗物……………………………………………………………… **015**

第一节　Ⅱ TG148202 ……………………………………………………015

一、遗迹 ……………………………………………………………015

二、遗物 ……………………………………………………………017

第二节　ⅡTG126204 ……………………………………………………044

一、遗迹 ……………………………………………………………044

二、遗物 ……………………………………………………………044

第三节　ⅡTG162218 ……………………………………………………055

一、遗迹 ……………………………………………………………055

二、遗物 ……………………………………………………………058

第四节　ⅡTG162202 ……………………………………………………074

一、遗迹 ……………………………………………………………074

二、遗物 ……………………………………………………………………………077

第五节 ⅡTG148175 ……………………………………………………………122

一、遗迹 ……………………………………………………………………………122

二、遗物 ……………………………………………………………………………125

第四章 分期与年代 …………………………………………………………… 174

第一节 类型学分析 ………………………………………………………………174

一、瓷器 ……………………………………………………………………………174

二、陶器 ……………………………………………………………………………180

三、建筑构件 ………………………………………………………………………187

第二节 分期及各期特征 …………………………………………………………189

第三节 年代推断 …………………………………………………………………191

第五章 出土瓷器研究 ………………………………………………………… 193

第一节 瓷器窑口分析 ……………………………………………………………193

一、粗白瓷器的窑口 ………………………………………………………………193

二、细白瓷器的窑口 ………………………………………………………………194

三、青瓷器的窑口 …………………………………………………………………194

四、黑釉、酱釉瓷器的窑口 ………………………………………………………195

五、黄釉瓷器的窑口 ………………………………………………………………195

六、三彩器的窑口 …………………………………………………………………195

第二节 瓷器装饰工艺 ……………………………………………………………196

一、粗白瓷 …………………………………………………………………………197

二、细白瓷 …………………………………………………………………………197

三、青瓷 ……………………………………………………………………………197

第六章 考古发现中所反映的社会生活 ……………………………………… 201

第七章 结语 …………………………………………………………………… 204

插图目录

图1-1　蒲州故城遗址地理位置图 ……………………………………………………………001
图1-2　东城东南部发掘区位置图 ……………………………………………………………005
图2-1　TG148202东壁剖面图……………………………………………………………………008
图2-2　TG126204东壁剖面图……………………………………………………………………009
图2-3　TG162218西壁剖面图……………………………………………………………………011
图2-4　TG162202东壁剖面图……………………………………………………………………013
图2-5　TG148175东壁剖面图……………………………………………………………………014
图3-1　TG148202遗迹平、剖面图……………………………………………………………016
图3-2　TG148202早期瓷器…………………………………………………………………………017
图3-3　TG148202早期陶器…………………………………………………………………………020
图3-4　TG148202早期陶罐…………………………………………………………………………022
图3-5　TG148202早期陶盆…………………………………………………………………………023
图3-6　TG148202早期陶盆及石建筑构件……………………………………………………026
图3-7　TG148202陶建筑构件（⑥：6） ……………………………………………………027
图3-8　TG148202早期石造像（⑤：7） ……………………………………………………027
图3-9　TG148202早期铜钱…………………………………………………………………………028
图3-10　TG148202晚期青瓷器 ……………………………………………………………………030
图3-11　TG148202晚期白瓷器 ……………………………………………………………………032
图3-12　TG148202晚期黑釉瓷器 …………………………………………………………………034
图3-13　TG148202晚期陶器 ………………………………………………………………………035
图3-14　TG148202晚期陶盆 ………………………………………………………………………037
图3-15　TG148202晚期骨器、陶模具 ……………………………………………………………038
图3-16　TG148202晚期陶俑、瓷俑、建筑构件 …………………………………………………041
图3-17　TG148202晚期陶屋檐 ……………………………………………………………………042
图3-18　TG148202晚期铜钱 ………………………………………………………………………043
图3-19　TG126204粗白瓷、青瓷器 ………………………………………………………………045
图3-20　TG126204细白瓷、茶叶末釉瓷器 ………………………………………………………047

图3-21　TG126204黑釉瓷器 ……048
图3-22　TG126204陶盆 ……050
图3-23　TG126204陶罐 ……051
图3-24　TG126204陶器 ……052
图3-25　TG126204陶球及骨器 ……054
图3-26　TG162218遗迹平、剖面图 ……056
图3-27　TG162218早期瓷器 ……059
图3-28　TG162218早期陶瓮 ……061
图3-29　TG162218早期陶罐 ……062
图3-30　TG162218早期陶盆 ……064
图3-31　TG162218早期陶器 ……066
图3-32　TG162218早期建筑构件示意图 ……068
图3-33　TG162218晚期白瓷器 ……069
图3-34　TG162218晚期青瓷器 ……071
图3-35　TG162218晚期其他瓷器 ……071
图3-36　TG162218晚期陶盆 ……073
图3-37　TG162218晚期陶器 ……074
图3-38　TG162202遗迹平、剖面图 ……075
图3-39　TG162202第7层陶器……078
图3-40　TG162202H32青瓷瓶、陶纺轮、陶砚 ……078
图3-41　TG162202H32陶盆 ……080
图3-42　TG162202H32陶器 ……080
图3-43　TG162202H34陶盆 ……081
图3-44　TG162202H34陶钵 ……083
图3-45　TG162202H34陶罐 ……084
图3-46　TG162202H34陶辟雍砚 ……085
图3-47　TG162202H34骨器 ……086
图3-48　TG162202第6层粗白瓷碗……087

图3-49　TG162202第6层陶盆……088
图3-50　TG162202第6层陶器……089
图3-51　TG162202第6层其他陶器……089
图3-52　TG162202第6层骨器、石锛、铜铃……090
图3-53　TG162202H20粗白瓷器……092
图3-54　TG162202H20细白瓷器……094
图3-55　TG162202H20青瓷器……097
图3-56　TG162202H20黑釉瓷器……099
图3-57　TG162202H20酱釉瓷器……101
图3-58　TG162202H20其他瓷器……103
图3-59　TG162202H20陶盆……105
图3-60　TG162202H20陶罐……105
图3-61　TG162202H20陶钵……106
图3-62　TG162202H20陶器……107
图3-63　TG162202H20陶模具……108
图3-64　TG162202H11、Z1陶盆……109
图3-65　TG162202第5层陶罐、陶盆……110
图3-66　TG162202第5层陶构件、磨石……112
图3-67　TG162202H6、H10陶器……112
图3-68　TG162202F3"开元通宝"铜钱……113
图3-69　TG162202F3绳纹砖侧视图……114
图3-70　TG162202第4层粗白瓷器……115
图3-71　TG162202第4层黑釉瓷器……116
图3-72　TG162202第4层其他瓷器……117
图3-73　TG162202第4层陶盆……118
图3-74　TG162202第4层陶罐……119
图3-75　TG162202第3层瓷器……120
图3-76　TG162202第3层陶盆……121

图3-77　TG148175遗迹平、剖面图 ……122
图3-78　TG148175H65瓷钵 ……125
图3-79　TG148175H65陶盆 ……127
图3-80　TG148175H65陶器 ……127
图3-81　TG148175H67瓷器 ……128
图3-82　TG148175H67陶器 ……129
图3-83　TG148175H77粗白瓷器 ……130
图3-84　TG148175H77板瓦 ……131
图3-85　TG148175H78白瓷器 ……132
图3-86　TG148175H78白瓷碗 ……136
图3-87　TG148175H78外底书“臣”字款白瓷碗 ……140
图3-88　TG148175H78黄釉瓷碗 ……141
图3-89　TG148175H78瓷钵 ……142
图3-90　TG148175H78陶盆 ……144
图3-91　TG148175H78陶器 ……144
图3-92　TG148175H78铜铃、骨篦 ……145
图3-93　TG148175H78建筑构件示意图 ……146
图3-94　TG148175第4层白瓷器……147
图3-95　TG148175第4层瓷器……149
图3-96　TG148175第4层陶盆……151
图3-97　TG148175第4层陶罐……151
图3-98　TG148175H73陶器 ……152
图3-99　TG148175H73铜钱 ……153
图3-100　TG148175H75瓷器 ……154
图3-101　TG148175第3层瓷器 ……155
图3-102　TG148175第3层瓷器 ……157
图3-103　TG148175第3层陶盆 ……159
图3-104　TG148175第3层陶器 ……159

图3-105　TG148175第3层铜钱 ……160
图3-106　TG148175H58瓷器 ……161
图3-107　TG148175H58陶罐 ……163
图3-108　TG148175H58陶器 ……164
图3-109　TG148175H57瓷器 ……165
图3-110　TG148175H57陶器 ……166
图3-111　TG148175H71瓷器 ……167
图3-112　TG148175H71陶器 ……169
图3-113　TG148175H72建筑构件示意图 ……170
图3-114　TG148175第2层瓷器 ……171
图3-115　TG148175第2层陶器 ……173
图4-1　瓷盆分期图 ……174
图4-2　瓷钵、灯盏分期图 ……175
图4-3　瓷盒、盒盖分期图 ……176
图4-4　瓷盘、碟分期图 ……177
图4-5　瓷罐、瓶、杯分期图 ……178
图4-6　瓷碗分期图 ……179
图4-7　瓷盏分期图 ……180
图4-8　陶盆分期图 ……181
图4-9　陶罐、瓮分期图 ……183
图4-10　陶罐分期图 ……184
图4-11　陶钵、擂钵、碗分期图 ……185
图4-12　陶砚、扑满、瓶、盒、杯、盘分期图 ……188
图4-13　绳纹砖分期图 ……189
图5-1　瓷器纹饰 ……198
图7-1　TG148202早期陶器……205

图版目录

图版2-1　TG148202（由北向南）…………………………………………………………007

图版2-2　TG162218（由北向南）…………………………………………………………010

图版2-3　TG162202（由北向南）…………………………………………………………012

图版2-4　TG148175（由南向北）…………………………………………………………014

图版3-1　H24 ……………………………………………………………………………016

图版3-2　黑釉瓷钵（⑤：8）　………………………………………………………017

图版3-3　黑釉瓷盆（H24：11）　……………………………………………………018

图版3-4　黑釉瓷罐（H44：10）　……………………………………………………018

图版3-5　粗白瓷碗（H24：23）　……………………………………………………018

图版3-6　粗白瓷碗（H24：6）………………………………………………………019

图版3-7　粗白瓷碗（H1：3）　………………………………………………………019

图版3-8　粗白瓷盘（H38：13）　……………………………………………………019

图版3-9　陶碗（H24：3）……………………………………………………………019

图版3-10　敛口陶钵（H52：3）　……………………………………………………020

图版3-11　敛口陶钵（⑥：8）………………………………………………………020

图版3-12　敞口平底陶钵（H38：2）　………………………………………………021

图版3-13　敞口平底陶钵（H24：7）　………………………………………………021

图版3-14　敞口平底陶钵（H38：1）　………………………………………………021

图版3-15　敞口平底陶钵（H51：5）　………………………………………………021

图版3-16　敞口平底陶钵（H38：5）　………………………………………………021

图版3-17　敛口陶罐（⑤：12）　……………………………………………………022

图版3-18　直口广肩陶罐（H24：37）………………………………………………022

图版3-19　小口双耳陶罐（H42：1）　………………………………………………024

图版3-20　斜直腹陶盆（H24：36）…………………………………………………024

图版3-21　斜直腹陶盆（H54：5）　…………………………………………………024

图版3-22　斜直腹陶盆（H24：10）…………………………………………………024

图版3-23　斜直腹陶盆（H24：9）　…………………………………………………024

图版3-24　斜直腹陶盆（H24：8）……………………………………………………024
图版3-25　斜鼓腹陶盆（⑥：22）……………………………………………………025
图版3-26　斜鼓腹陶盆（H24：12）…………………………………………………025
图版3-27　斜鼓腹陶盆（H43：4）……………………………………………………025
图版3-28　斜鼓腹陶盆（H24：35）…………………………………………………025
图版3-29　直腹陶盆（H54：3）………………………………………………………026
图版3-30　弧腹陶盆（H43：7）………………………………………………………026
图版3-31　弧腹陶盆（H47：6）………………………………………………………026
图版3-32　石建筑构件（H44：3）……………………………………………………027
图版3-33　陶建筑构件（⑥：6）………………………………………………………027
图版3-34　石造像（⑤：7）……………………………………………………………027
图版3-35　素烧棋子（⑤：3）…………………………………………………………028
图版3-36　青瓷深腹碗（④：26）……………………………………………………029
图版3-37　青瓷深腹碗（H7：13）……………………………………………………029
图版3-38　青瓷浅腹碗（④：31）……………………………………………………029
图版3-39　青瓷浅腹碗（④：27）……………………………………………………030
图版3-40　青瓷浅腹碗（③：11）……………………………………………………030
图版3-41　青瓷盒盖（④：65）………………………………………………………031
图版3-42　青瓷盘（H5：2）……………………………………………………………031
图版3-43　粗白瓷盏（④：29）………………………………………………………032
图版3-44　粗白瓷罐（H7：47）………………………………………………………032
图版3-45　粗白瓷盒（④：45）………………………………………………………033
图版3-46　瓷枕残片（H7：50）………………………………………………………033
图版3-47　细白瓷花口盏（④：30）…………………………………………………033
图版3-48　细白瓷器盖（H7：24）……………………………………………………033
图版3-49　黑釉瓷灯盏（②：1）………………………………………………………034
图版3-50　黑釉瓷灯盏（④：32）……………………………………………………034
图版3-51　黑釉瓷灯盏（③：12）……………………………………………………035

图版3-52　黑釉瓷灯盏（④：28）……035
图版3-53　黑釉瓷盒（③：2）……036
图版3-54　陶盒（H7：25）……036
图版3-55　陶钵（③：13）……036
图版3-56　陶钵（H1：2）……036
图版3-57　陶杯（H7：26）……036
图版3-58　侈口卷沿陶罐（H29：8）……037
图版3-59　直口平沿陶罐（H26：3）……037
图版3-60　斜鼓腹陶盆（④：46）……038
图版3-61　深弧腹陶盆（H26：8）……038
图版3-62　骨簪（④：44）……039
图版3-63　骨骰子（H7：20）……039
图版3-64　陶模具（④：68）……039
图版3-65　陶模具（H7：46）……039
图版3-66　陶模具（④：63）……040
图版3-67　瓷俑（④：19）……040
图版3-68　陶俑（④：9）……040
图版3-69　陶俑（H7：3）……040
图版3-70　陶俑（④：10）……040
图版3-71　陶建筑构件（④：64）……042
图版3-72　陶屋檐（H7：12）……042
图版3-73　石质棋子（H7：17）……042
图版3-74　素烧棋子（H7：10）……042
图版3-75　青瓷壶（④：27）……045
图版3-76　粗白瓷碗（H49：8）……045
图版3-77　粗白瓷盆（④：29）……046
图版3-78　粗白瓷碟（④：33）……046
图版3-79　细白瓷骑马人塑（④：3）……047

图版3-80　茶叶末釉瓷瓶（④：28）……047
图版3-81　黑釉瓷钵（⑤：2）……049
图版3-82　黑釉瓷钵（⑤：3）……049
图版3-83　黑釉瓷钵（H50：1）……049
图版3-84　黑釉瓷器盖（H50：11）……049
图版3-85　鼓腹陶盆（H50：3）……051
图版3-86　束颈陶罐（④：6）……051
图版3-87　敞口斜腹陶钵（⑥：4）……053
图版3-88　敞口斜腹陶钵（⑥：6）……053
图版3-89　陶擂钵（H50：5）……053
图版3-90　陶瓶（④：13）……053
图版3-91　陶球（④：5）……053
图版3-92　骨簪（③：5）……054
图版3-93　骨器（H49：2）……054
图版3-94　骨器（②：1）……054
图版3-95　H45……057
图版3-96　TG162218堆石基址（上为东）……058
图版3-97　粗白瓷盒（③：4）……060
图版3-98　黑釉瓷钵（⑤：9）……060
图版3-99　陶瓮（H45：5）……061
图版3-100　陶瓮（H45：10）……061
图版3-101　直口广肩陶罐（H46：11）……062
图版3-102　直口广肩陶罐（H45：14）……062
图版3-103　小口双耳陶罐（H45：3）……063
图版3-104　小口双耳陶罐（H45：6）……063
图版3-105　斜直腹陶盆（H45：9）……064
图版3-106　斜直腹陶盆（H45：2）……064
图版3-107　斜直腹陶盆（H45：13）……065

图版3-108　斜直腹陶盆（H45：19）…065
图版3-109　斜折腹陶盆（JX1：1）…065
图版3-110　陶扑满（H45：7）…065
图版3-111　陶扑满（H45：8）…065
图版3-112　敛口鼓腹陶钵（⑤：3）…066
图版3-113　敞口弧腹陶钵（JX1：4）…066
图版3-114　敞口弧腹陶钵（H45：1）…067
图版3-115　敞口弧腹陶钵（H45：4）…067
图版3-116　细白瓷灯盏（③：28）…070
图版3-117　黑釉瓷钵（③：1）…072
图版3-118　黑釉瓷罐（③：49）…072
图版3-119　斜腹陶盆（④：10）…073
图版3-120　弧腹陶盆（H35：5）…073
图版3-121　敞口斜腹陶钵（③：6）…074
图版3-122　H20…076
图版3-123　H34…077
图版3-124　陶砚（H32：5）…079
图版3-125　陶纺轮（H32：10）…079
图版3-126　陶罐（H32：4）…080
图版3-127　陶瓮（H32：6）…080
图版3-128　陶盆（H34：38）…082
图版3-129　陶盆（H34：40）…082
图版3-130　陶盆（H34：39）…082
图版3-131　陶盆（H34：44）…082
图版3-132　陶盆（H34：43）…082
图版3-133　陶钵（H34：18）…083
图版3-134　陶钵（H34：6）…083
图版3-135　陶钵（H34：7）…083

图版3-136　陶钵（H34：14）……083
图版3-137　陶罐（H34：17）……084
图版3-138　陶辟雍砚（H34：9）……085
图版3-139　陶辟雍砚（H34：45）……085
图版3-140　骨耳勺（H34：3）……086
图版3-141　骨簪（H34：11）……086
图版3-142　陶盆（⑥：13）……088
图版3-143　陶盆（⑥：23）……088
图版3-144　陶砚（⑥：9）……089
图版3-145　陶带流器（⑥：16）……089
图版3-146　圆陶片（⑥：12）……090
图版3-147　陶球（⑥：3）……090
图版3-148　骨簪（⑥：4）……091
图版3-149　骨器（⑥：7）……091
图版3-150　石锛（⑥：2）……091
图版3-151　铜铃（⑥：8）……091
图版3-152　粗白瓷盏（H20：6）……092
图版3-153　粗白瓷盏（H20：11）……092
图版3-154　粗白瓷盒盖（H20：12）……093
图版3-155　粗白瓷盒盖（H20：13）……093
图版3-156　粗白瓷小盒（H20：143）……093
图版3-157　粗白瓷钵（H20：7）……093
图版3-158　粗白瓷钵（H20：28）……093
图版3-159　珍珠地划花瓷枕（H20：130）……094
图版3-160　细白瓷灯盏（H20：14）……095
图版3-161　细白瓷灯盏（H20：18）……095
图版3-162　细白瓷碟（H20：141）……095
图版3-163　细白瓷碟（H20：10）……095

图版3-164　细白瓷器盖（H20：142）……095
图版3-165　细白瓷盏（H20：145）……096
图版3-166　细白瓷盏（H20：180）……096
图版3-167　青瓷盘（H20：35）……097
图版3-168　青瓷盘（H20：23）……097
图版3-169　青瓷壶（H20：36）……097
图版3-170　青瓷五足炉（H20：38）……098
图版3-171　青瓷钵（H20：40）……098
图版3-172　黑釉瓷碗（H20：60）……099
图版3-173　黑釉瓷灯盏（H20：16）……099
图版3-174　黑釉瓷灯盏（H20：17）……100
图版3-175　黑釉瓷灯盏（H20：24）……100
图版3-176　黑釉瓷灯盏（H20：25）……100
图版3-177　黑釉瓷灯盏（H20：26）……100
图版3-178　黑釉器盖（H20：29）……100
图版3-179　酱釉瓷钵（H20：31）……101
图版3-180　酱釉瓷灯盏（H20：15）……101
图版3-181　酱釉瓷器盖（H20：8）……102
图版3-182　青白瓷碗（H20：140）……102
图版3-183　青白瓷壶盖（H20：4）……102
图版3-184　兔毫釉瓷盏（H20：65）……103
图版3-185　素烧炉（H20：5）……104
图版3-186　素烧壶（H20：103）……104
图版3-187　素烧壶（H20：106）……104
图版3-188　陶罐（H20：155）……105
图版3-189　陶罐（H20：156）……105
图版3-190　陶盘（H20：166）……107
图版3-191　陶筒形器（H20：169）……107

图版3-192　陶器盖（H20：20）……107
图版3-193　陶模具（H20：21）……108
图版3-194　陶模具（H20：22）……108
图版3-195　陶盆（H11：2）……108
图版3-196　陶罐（⑤：1）……111
图版3-197　陶罐（⑤：6）……111
图版3-198　绳纹砖（⑤：8）……111
图版3-199　陶构件（⑤：2）……111
图版3-200　陶碗（H10：2）……112
图版3-201　陶盆（H6：1）……113
图版3-202　粗白瓷碗（④：6）……115
图版3-203　粗白瓷盒盖（④：32）……115
图版3-204　黑釉瓷盏（④：12）……116
图版3-205　黑釉瓷钵（④：14）……116
图版3-206　黄釉瓷钵（④：7）……117
图版3-207　茶叶末釉瓷钵（④：35）……117
图版3-208　素烧器盖（④：30）……117
图版3-209　陶盆（④：13）……118
图版3-210　陶罐（④：25）……119
图版3-211　陶罐（④：23）……119
图版3-212　粗白瓷棋子（③：4）……120
图版3-213　黑釉瓷钵（③：7）……120
图版3-214　黄釉瓷碗（③：8）……121
图版3-215　细白瓷灯盏（③：3）……121
图版3-216　H78……123
图版3-217　Z5（左）、Z6（右）……124
图版3-218　黑釉瓷钵（H65：4）……126
图版3-219　青瓷钵（H65：5）……126

图版3-220　酱釉瓷钵（H65：6）……126
图版3-221　三彩残片（H65：18）……126
图版3-222　黑釉瓷盆（H67：2）……128
图版3-223　陶盆（H67：4）……129
图版3-224　陶罐（H67：7）……129
图版3-225　粗白瓷盏（H77：8）……131
图版3-226　粗白瓷盆（H77：5）……131
图版3-227　粗白瓷盆（H77：6）……131
图版3-228　粗白瓷盆（H77：7）……131
图版3-229　白瓷盆（H78：48）……133
图版3-230　白瓷盆（H78：70）……133
图版3-231　白瓷三足盘（H78：29）……133
图版3-232　白瓷碗（H78：20）……133
图版3-233　白瓷碗（H78：22）……133
图版3-234　白瓷碗（H78：25）……134
图版3-235　白瓷碗（H78：26）……134
图版3-236　白瓷碗（H78：31）……134
图版3-237　白瓷碗（H78：35）……134
图版3-238　白瓷碗（H78：38）……135
图版3-239　白瓷碗（H78：39）……135
图版3-240　白瓷碗（H78：40）……135
图版3-241　白瓷碗（H78：41）……135
图版3-242　白瓷碗（H78：43）……136
图版3-243　白瓷碗（H78：44）……136
图版3-244　白瓷碗（H78：45）……137
图版3-245　白瓷碗（H78：46）……137
图版3-246　白瓷碗（H78：58）……137
图版3-247　白瓷碗（H78：59）……137

图版3-248　白瓷碗（H78：60）……138

图版3-249　白瓷碗（H78：61）……138

图版3-250　白瓷碗（H78：62）……138

图版3-251　白瓷碗（H78：63）……138

图版3-252　白瓷碗（H78：64）……139

图版3-253　白瓷碗（H78：65）……139

图版3-254　白瓷碗（H78：66）……139

图版3-255　外底书“臣”字款白瓷碗（H78：36）……140

图版3-256　外底书“臣”字款白瓷碗（H78：37）……140

图版3-257　外底书“臣”字款白瓷碗（H78：42）……141

图版3-258　外底书“臣”字款白瓷碗（H78：47）……141

图版3-259　黄釉瓷碗（H78：27）……141

图版3-260　黄釉瓷碗（H78：28）……141

图版3-261　黄釉瓷碗（H78：33）……142

图版3-262　黑釉瓷钵（H78：34）……142

图版3-263　青瓷钵（H78：21）……143

图版3-264　青瓷钵（H78：30）……143

图版3-265　青瓷钵（H78：32）……143

图版3-266　陶罐（H78：73）……144

图版3-267　骨篦（H78：67）……145

图版3-268　铜铃（H78：14）……146

图版3-269　粗白瓷碗（④：8）……147

图版3-270　粗白瓷碗（④：23）……147

图版3-271　粗白瓷盒盖（④：6）……148

图版3-272　细白瓷碗（④：25）……148

图版3-273　细白瓷碗（④：5）……148

图版3-274　黑釉瓷钵（④：3）……149

图版3-275　黑釉瓷钵（④：4）……149

图版3-276　黑釉瓷钵（④：7）…………………………………………………149
图版3-277　黑釉瓷钵（④：9）…………………………………………………150
图版3-278　黄釉瓷盆（④：22）………………………………………………150
图版3-279　黄釉瓷盆（④：24）………………………………………………150
图版3-280　三彩瓷钵（④：21）………………………………………………150
图版3-281　陶钵（H73：13）…………………………………………………152
图版3-282　陶瓶（H73：14）…………………………………………………152
图版3-283　黄釉瓷碗（H75：6）……………………………………………154
图版3-284　青瓷钵（H75：7）………………………………………………154
图版3-285　茶叶末釉瓷罐（H75：10）……………………………………154
图版3-286　黑釉瓷盒（③：11）………………………………………………155
图版3-287　青瓷钵（③：12）…………………………………………………156
图版3-288　酱釉瓷灯盏（③：10）……………………………………………156
图版3-289　黄釉瓷碗（③：13）………………………………………………156
图版3-290　黄釉瓷碗（③：14）………………………………………………156
图版3-291　黄釉瓷罐（③：30）………………………………………………158
图版3-292　茶叶末釉执壶执柄（③：27）…………………………………158
图版3-293　三彩瓷碗（③：28）………………………………………………158
图版3-294　三彩执壶执柄（③：26）…………………………………………158
图版3-295　陶碗（③：15）……………………………………………………160
图版3-296　陶瓶（③：16）……………………………………………………160
图版3-297　粗白瓷盒盖（H58：5）…………………………………………161
图版3-298　粗白瓷瓶（H58：17）……………………………………………161
图版3-299　黑釉瓷钵（H58：3）……………………………………………162
图版3-300　黑釉瓷钵（H58：4）……………………………………………162
图版3-301　青瓷碗（H58：2）………………………………………………162
图版3-302　茶叶末釉执壶（H58：18）……………………………………162
图版3-303　绞胎瓷枕（H58：19）……………………………………………163

图版3-304　陶罐（H58：6）……163
图版3-305　陶盆（H58：8）……164
图版3-306　陶砚（H58：13）……164
图版3-307　黑釉瓷钵（H57：1）……166
图版3-308　素烧瓶（H57：4）……166
图版3-309　粗白瓷碗（H71：13）……168
图版3-310　粗白瓷盒（H71：2）……168
图版3-311　黑釉瓷钵（H71：4）……168
图版3-312　黑釉瓷钵（H71：5）……168
图版3-313　青瓷钵（H71：3）……169
图版3-314　三彩器耳（H71：11）……169
图版3-315　陶盆（H71：6）……169
图版3-316　陶罐（H71：8）……170
图版3-317　陶罐（H71：9）……170
图版3-318　粗白瓷碗（②：4）……172
图版3-319　粗白瓷碗（②：5）……172
图版3-320　青瓷碗（②：6）……172
图版3-321　黑釉瓷碗（②：7）……172
图版3-322　茶叶末釉瓷罐（②：14）……172
图版5-1　三彩瓷枕（TG162218⑤：16）……196
图版5-2　花卉纹珍珠地划花瓷枕（TG148202④：48）……197
图版5-3　文字款珍珠地划花瓷枕（TG148202H7：51）……197
图版5-4　花草纹白釉褐彩瓷片（TG148202⑤：21）……197
图版5-5　团花纹细白瓷盏（TG148202④：66）……197
图版5-6　团花纹细白瓷盏（TG148202④：67）……198
图版5-7　印花团花纹青瓷片（TG148202④：52）……198
图版5-8　印花缠枝牡丹纹青瓷片（TG148202H7：36）……199
图版5-9　印花莲花纹青瓷片（TG148202④：51）……199

图版5-10　刻花缠枝菊纹青瓷片（TG162202H20：44）……………………………………199
图版5-11　刻花水波纹青瓷片（TG148202③：19）……………………………………………199
图版5-12　刻花钱纹青瓷片（TG148202H7：44）……………………………………………199
图版5-13　刻花几何纹三彩瓷片（TG162202H20：112）……………………………………199
图版5-14　刻花花草纹三彩瓷片（TG162202H20：115）……………………………………199
图版5-15　刻花莲瓣纹三彩瓷片（TG162218③：26）…………………………………………200
图版5-16　内印花卉纹青白瓷碗（TG162202H20：140）……………………………………200

第一章　遗址概述

第一节　地理位置与自然环境

蒲州故城遗址位于山西南部永济市西 15 千米的蒲州镇境内。遗址地处黄河滩涂，地域广阔，地势平坦。地理坐标为东经 110°17'59.9" ~ 110°18'03.3"，北纬 34°50'43.6" ~ 34°50'44.2"，海拔高程为 341.446 米（图 1-1）。

蒲州地处运城盆地西端陕、晋、豫三省交会处，南依中条山，北望峨嵋岭，东部地势平坦，黄河在其西侧蜿蜒而过。属温带大陆性气候，四季分明，光热资源丰富，自然降水不足。年平均有光照日数近 200 天，平均日照 2183.9 小时；年最高气温 41.7℃，年最低气温 -5.5℃，年平均气温 20.1℃，最大冻土深度 31 厘米。地势东高西低，东有中条山，山麓漫坡，板块平坦，西有黄河漫滩，气候温和，土壤肥沃，光照充足，适宜农业和畜牧业发展，是传统的农业大区。历史上“河滨制陶”“舜耕历山”等与农业有关的优美传说均发生在这里。

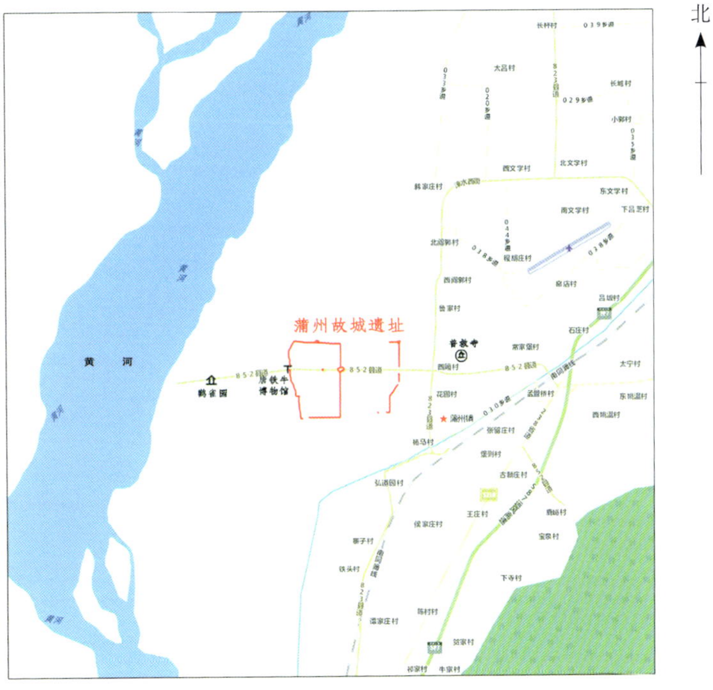

图1-1　蒲州故城遗址地理位置图

第二节 遗址概况

蒲州故城遗址分为东、西两城，遗址整体东西长 2.5 千米，南北宽 1.75 千米，占地面积 4.375 平方千米。2001 年，蒲津渡与蒲州故城遗址由国务院公布为第五批全国重点文物保护单位，是国家文物局大遗址保护专项经费重点支持的 150 处大遗址保护项目之一。

由于黄河的泥沙堆积和自然条件变迁，现在的自然地平面较原来均有不同程度的提高，最高处达 5.2 米。这样就使得城外的护城河、城内的街道体系和古建筑遗址均被埋于地下，现地面残存的遗迹有古城墙、瓮城、鼓楼、西城东城门、西城南城门、西城西城门、西城北城门及东城东北角楼。

东城现存主要为唐宋遗迹。除残存少量夯土城墙外，其他遗迹均被埋藏于地下。除东城墙保存相对较为完整且连续，其余部分多数缺失。城墙现存最高处约 4 米，城基最宽处达 12 米。

西城现存主要为明清遗迹。城墙为砖包夯土城墙，保存状况较好，基本连续完整，城墙外有马面。由于受到人为和自然因素的影响，四面城墙保存状况各不相同。其中东城墙和北城墙现为高低不一、宽窄不等的土质城墙；南城墙在南瓮城的东边有 60 米长的砖包城墙，但由于年久失修，包砖碱化脱落严重；西城墙由于后人不断加固，现多比较连续，砖包处较多。西城四门瓮城亦保存较好，均有残缺程度不等的遗迹。西瓮城保存比较完整；北瓮城仅城门洞比较完好，其余部分已为残墙断壁；东瓮城和南瓮城残损比较严重，城门洞包砖碱化脱落严重。西城鼓楼位于城中心偏东处，台基尚存，为砖砌方形，四面均有砖券洞门，大门上方各有匾额，东书“曦光普照”，西书“应庚思过”，南书“迎薰解愠”，北书“仰望霄汉”，由于年久失修，台基包砖酥碱破损严重。

第三节 历史沿革

蒲州故城有着深厚的历史文化底蕴，史传舜都蒲坂故址即在城东南隅。顾祖禹《读史方舆纪要》谓：“州控据关、河，山川要会……自古天下有事，争雄于河、山之会者，未有不以河东为噤喉者也。……河中之地，黄河北来，太华南倚，有羊肠、底柱之险，浊河、孟门之限，以轘辕为襟带（谓洛阳也），与关中为表里，建都于此，可以总水陆之形势，将关、河之气色。”春秋秦、晋战于河曲，即其地也。战国为魏蒲邑。《读史方舆纪要》载“故曰蒲，秦始皇东巡见长坂，故加反，云反，与坂同”，曰蒲坂。西汉仍称蒲坂县，属河东郡。王莽改名蒲城，东汉改为蒲坂县。山西博物院青铜藏品中有东汉“甫反田官”刻铭。魏、晋、北魏、北齐、北周均名蒲坂县。晋时先后为秦州治、雍州治。北魏神䴥元年（428年）为河东郡治。故治在蒲州古城东南1千米的外城部位。北周建国第二年（558年）“于河东置蒲州”。隋开皇十六年（596年）蒲坂县移治城东，于蒲坂故城置河东县。隋大业三年（607年）蒲坂县并入河东县。唐、五代、宋、金、元俱名河东县。唐武德三年（620年）蒲州来治，后为河中府治。《旧唐书·地理志》记载，河中府，隋河东郡。唐武德元年（618年），置蒲州，治桑泉县（故城在今临猗县东北）。二年（619年），置蒲州总管府。三年，移蒲治河东县，依旧总管府。九年（626年），又置都督府；其年，罢都督府。开元八年（720年），置中都，改蒲州为河中府；其年，罢中都，依旧为蒲州，又与陕、郑、汴、怀、魏为“六雄”。十二年（724年），升为“四辅”。天宝元年（742年），改为河东郡。上元元年（760年），复为蒲州。《通典》记载河东郡蒲州：大唐初，为蒲州。开元九年五月，置中都，改为河中府，寻罢仍旧。宋代为河中府治，金天会六年（1128年）降河中为蒲州，天德元年（1149年），复升河中府，元初仍为河中府治。明洪武三年（1370年），废元河中府，改河东县为蒲州。清雍正六年（1728年）置永济县，属蒲州府。1912年裁府留县。1948年，永济县解放后，县治移往赵伊镇。1959年，为保证三门峡水库蓄水，旧城内居民全部移出。1994年永济县改市。

乾隆十九年（1754年）版《蒲州府志》卷四《蒲州府城》记载：“郡城旧为州城，平阳府志谓即虞都旧城，通志因之。盖传说之误，而未尝考其始筑。在元魏之世，魏置河东郡，治蒲阪，又改秦州，行台在焉，周隋因之，至唐为河中节度军使镇城……五代汉李守贞反河中，使郭威讨之，威曰城临大河，楼堞完固，未可易克，千载已远，形式犹是。旧城所筑，其周几二十里。金哀宗正大八年，元兵攻河中府，金将草火讹可，以兵少力不能守，乃截其半为内城以守，周八里三百四十九步，则今城是矣。……元代葺之，元至正十年宣慰使赛因赤答忽怀远，与守御宣抚同知危国英增修。明洪武四年，千户张盖重筑，用砖裹堞，城高三丈八尺，堞高七尺，门四，东曰迎熙，南曰首阳，西曰蒲津，北曰振威。上各建楼一，楼皆三重，观甚壮。其楼东曰景虞，西曰凤仪，南曰卿云，北曰鉴光。又设角楼四，敌台七，土库五，窝铺五十七，门外各建月城。西临黄河，东南北三面池，深一丈五尺，阔十丈，环六里四十五步。嘉靖三十四年，地震城坏。河东道赵祖元、知州边像重修。隆庆元年河东道欧阳縠、知州宋训复加砖甓。”

光绪十二年（1886年）版《永济县志·蒲州府城》记载：“康熙元年壬寅知州侯康民重修，自为记。……至同治七年已阅五十余载，渐多倾圮……捐输兴修。”康熙、同治多次重修，光绪欲修，无资未修。

乾隆十九年版《蒲州府志》卷四《蒲州府城》对蒲州的兴衰有如下记载：

> 河中古为大藩重镇，其城郭素号壮峻而完固，唐宋以往不得见已，即明中世州萃而居者巷陌常满，既多仕宦，甲宅连云，楼台崔巍，交接睥睨，南郭以外，别墅幽营，贵家池馆，绮带霞映，关城所聚，货别队分，百贾骈辏，河东诸郡，此为其最。□飞甍荡于朝烟，列第销乎蔓草，郭中计户不及千余，砾石盈于道周，田犁半入城阙，比于鲍照所赋，可为顾之而兴喟者也。

清代末年，黄河河道侧移，西墙已直接受到黄河的冲刷，城西北角已经坍塌，城中多次被黄河侵蚀。1940 年前后，城西部已化为一片野草茫茫的沼泽，只有东门附近和东关还有一部分住户，但也没有像样的人家，人口大概两三千人。20 世纪 60 年代后对城西北角进行加固，城外又修建防洪堤。20 世纪 90 年代后期，黄河水量减少，水位下降。古城内的水塘全部干竭，少数养鱼池也只能靠深水泵抽水维持。西城鼓楼周边仅存几个部队农场、县农场、造纸厂等少数单位。近几年，黄河滩地种植了芦笋，城里又建起芦笋加工厂，冷清的古城又增添了生气。

第四节　发掘经过和资料整理

2011 年，“蒲津渡与蒲州故城遗址”被列入“十二五”大遗址保护专项，山西省考古研究所等单位首次在该遗址开始考古工作。以西城东城门瓮城为中心基点，万鹳线和西城东城墙为十字轴线，顺时针编号，将蒲州故城遗址依次划分为Ⅰ、Ⅱ、Ⅲ、Ⅳ四个工作区。2013 年度在Ⅱ区布设 5 条探沟，具体位置是在东城城内东南部。其中 2 米 ×30 米探沟 3 条，2 米 ×10 米探沟 2 条，发掘面积 220 平方米。本次发掘的目的是寻找唐代遗存和弄清发掘区域的地层堆积状况（图 1-2）。

一、发掘经过

Ⅱ TG148202 按《田野考古操作规程》要求布设探沟，开始发掘。第 1、2 层堆积为耕土层和近现代垫土层；第 3、4 层堆积出土大量典型的宋金时期的瓷片、陶片，以及陶俑、

图1-2　东城东南部发掘区位置图

棋子、骰子、骨簪等遗物，出土“皇宋通宝”“元丰通宝”等铜钱6枚；第5层堆积下发现灰坑10个，逐一对其进行清理并拍照绘图。6层堆积下即为生土。

Ⅱ TG126204按照《田野考古操作规程》要求布设探沟，开始发掘。第1、2层堆积为耕土层和近现代垫土层；第3层堆积下发现4个灰坑，逐一对其进行清理并拍照绘图，灰坑内出土遗物较少；第4～6层堆积出土少量典型的唐五代时期玉璧底碗、饼状足盆等瓷器和“开元通宝”铜钱，在第5层下发现1个灰坑，在第6层下发现4个灰坑，逐一对其进行清理，灰坑内出土遗物均较少。探沟内6层下即为生土。

Ⅱ TG162218按《田野考古工作规程》要求布设探沟，开始发掘。探沟南部第3层下发现一处堆石遗迹和踩踏面，用大块砾石铺砌，石头分布密集，排列较规整，推测其可能为一处建筑基址；根据地层叠压关系及出土遗物，判断第5层堆积为唐五代文化层，于该层下发现灰坑2个和废弃的窖穴1处，出土盆、罐、瓮、扑满、钵等可复原陶器15件，以及少量“开元通宝”铜钱。

Ⅱ TG162202按《田野考古工作规程》要求布设探沟，开始发掘。第1、2层堆积，分别为耕土层和近现代垫土层；第5层下开口的H20出土大量宋金时期的瓷片、陶片，以及碗、灯盏、盏、碟等可复原瓷器29件；第6层堆积下发现3个灰坑，出土少量唐五代时期的瓷片和盆、钵、辟雍砚等陶器12件，以及“开元通宝”铜钱。7层堆积下即为生土。

Ⅱ TG148175 按《田野考古工作规程》要求布设探沟，正式发掘。先对探沟北半部 15 米进行发掘，清理完表土层，继续发掘第 2 层堆积，在该层下发现 2 个灰坑，逐个清理并拍照、绘图；第 3 层及该层下的 3 个灰坑出土遗物较少；第 4 层堆积及该层下的 4 个灰坑出土较多陶片、瓷片，以及少量铜钱和动物骨骼；4 层下即为生土。随后扩大发掘探沟南半部 15 米的区域，第 2 层及该层下的 2 个灰坑出土遗物不多；第 3 层堆积下发现 4 个灰坑和 1 处灶址，逐一对其进行清理，其中 H75 内发现 1 件残漆器，对其进行加固并整体套箱提取；第 4 层下发现 2 个灰坑和 2 处灶址，依次对其进行清理。在 H78 内出土大量典型的唐代玉璧底碗，以及 2 件饼状足盆、1 件白瓷三足盘，有 6 件白瓷碗底部墨书“臣”字款，另外还出土“开元通宝”“乾元通宝”铜钱共 28 枚。

本次发掘是首次在蒲州故城城内开展的考古发掘工作，获得了一批唐、五代至宋金时期的遗迹、遗物材料，为研究蒲州故城的历史、文化、民俗提供了丰富的实物资料。

二、资料整理

第一阶段：对Ⅱ区五条探沟内的出土遗物按单位进行分类、清洗、统计、拼对并挑选标本。

第二阶段：绘小件器物图，制作小件器物卡片；对挑选出的陶片标本进行分类排队；用硫酸纸描绘各探沟的总平面图、四壁剖面图，以及单个遗迹平、剖面图；对出土的可复原器进行修复。

第三阶段：对各探沟内出土的小件器物和挑选出的陶片、瓷片标本进行拍照；按单位对陶片进行器型统计，挑选陶片标本并绘图、做卡片；对出土的瓷片进行分类、统计、称重，挑选标本并绘图、做卡片；继续修复出土的可复原器；对五条探沟的所有发掘资料进行汇总，编辑成册，并编写Ⅱ TG148202 和Ⅱ TG126204 发掘简报。

第四阶段：完善各探沟内的器物卡片，并制作出土文物暂存清单；将基础资料分工至各位执笔者，各自完成书写任务。

第五阶段：汇集各部分内容，最终成稿。

第二章　地层堆积

第一节　Ⅱ TG148202

发掘面积为60平方米，南北向，其地层堆积共分六层，以其东壁为例说明其地层堆积情况（图2-1；图版2-1）。

图版2-1　TG148202（由北向南）

第1层为近代耕土层，第2层为近代垫土层，第3～6层为古代文化层。

第1层：土色为灰褐色，土质较硬，包含植物根系、炭屑、烧土粒，以及极少量的陶片、瓷片。厚5～15厘米。

第2层：土色为灰色，土质较松散，包含炭屑、烧土块、少量的钙化石块、陶片、瓷片。厚60～85厘米。

第3层：土色为深灰褐色，土质较硬，出土物有大量陶片、瓷片，瓷片可见青瓷、粗白瓷、细白瓷、黑釉酱釉瓷、茶叶末釉瓷、黄釉瓷等。厚32～75厘米。

第4层：土色为浅红褐色，土质较硬，出土物与第3层较相似。厚32～70厘米。

第5层：土色为褐灰色，土质较硬，出土大量陶片，还有少量瓷片，以粗白瓷和黑釉瓷为主，还可见极少量茶叶末釉瓷和三彩残片。厚10～55厘米。

第6层：土色为红褐色，土质略硬，出土物与上一层相似。厚25～97厘米。

6层下即为黄褐色生土层。

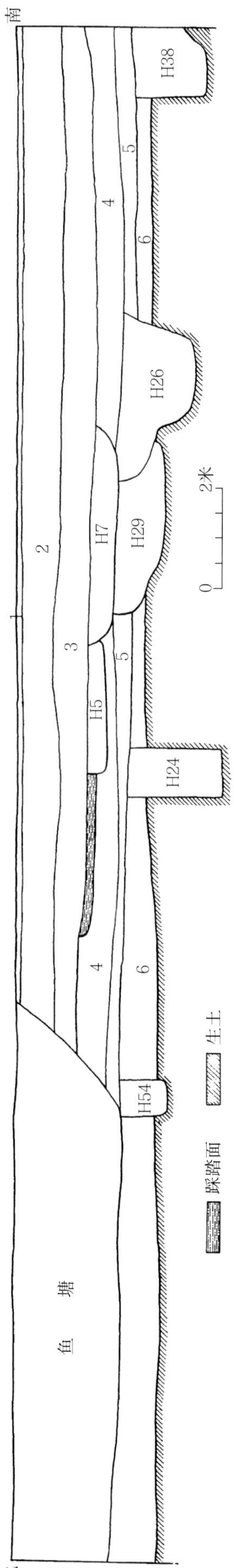

图2-1 TG148202东壁剖面图

第二节　Ⅱ TG126204

发掘面积为 20 平方米，南北向，其地层堆积共分六层，以其东壁为例说明其地层堆积情况（图 2-2）。

第 1 层为近代耕土层，第 2 层为近代垫土层，第 3 ~ 6 层为古代文化层。

第 1 层：土色为黄褐色，土质松软，包含植物根系、炭屑、烧土粒，以及极少量的陶片、瓷片。厚 20 ~ 25 厘米。

第 2 层：土色为灰褐色，土质较硬，包含较多炭屑、烧土块、少量的钙化石块、陶片和瓷片。厚 110 ~ 116 厘米。

第3层：土色为褐黄色，土质松软，内含少量炭屑，出土较多陶片、瓷片，少量骨器、铜钱、碎砖瓦、动物骨骼等。厚 20 ~ 30 厘米。

第 4 层：土色为灰色，土质较硬，内含较多炭屑，出土较多陶片，少量瓷片、动物骨骼、瓦片等。厚 10 ~ 20 厘米。

第 5 层：土色为深黄褐色，土质较硬，内含较多炭屑，少量烧土粒、石块，出土较多陶片，少量瓷片、动物骨骼。厚 20 ~ 45 厘米。

第 6 层：土色为灰褐色，土质较硬，内含有少量炭屑、生土块等，出土较多陶片，少量瓷片、动物骨骼、铁块、碎砖瓦等。厚 20 ~ 90 厘米。

6 层以下即为黄褐色生土层。

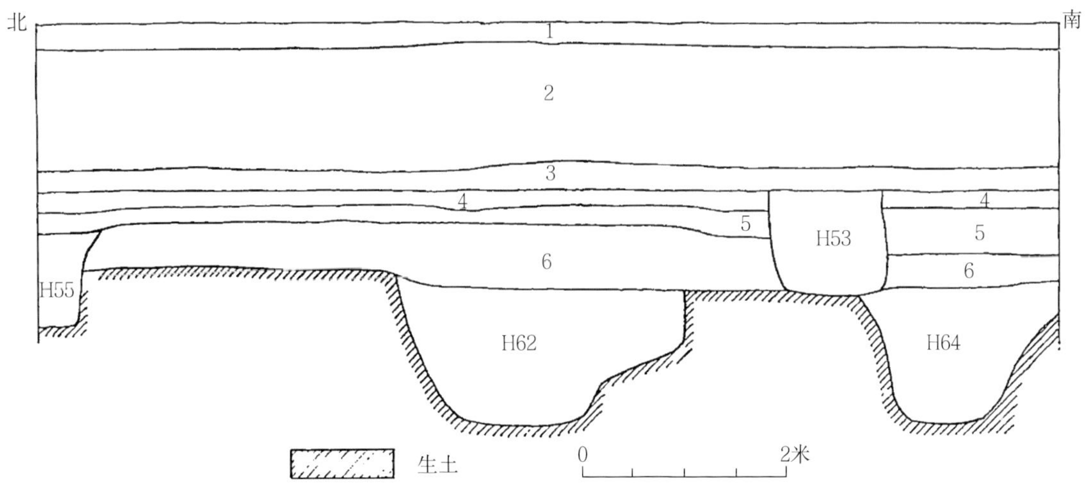

图2-2　TG126204东壁剖面图

第三节 Ⅱ TG162218

图版2-2 TG162218（由北向南）

发掘面积为60平方米，南北向，位于发掘区域最东侧，其地层堆积共分五层，以其西壁为例说明其地层堆积情况（图2-3；图版2-2）。

第1层为淤积层，与发掘区域之前被用作鱼塘有关，第2层为近代垫土层，第3～5层为古代文化层。

第1层：黄褐色沙土和灰褐色淤泥相间水平分布，土质较疏松，较黏，堆积中包含较多植物根系、炭屑及少量碎砖瓦、炼渣、烧土粒，出土少量陶片、瓷片和动物骨骼、铁块，以瓷片为主，有青瓷、黑釉瓷、白瓷、青花瓷等。厚115～170厘米。

第2层：土色为深灰褐色，土质较致密，北薄南厚，堆积中包含大量炭屑、碎砖瓦以及少量烧土粒、炼渣、白灰粒、小石块，出土遗物以瓷片为主，其次为陶片，还有少量动物骨骼和铁块。出土瓷片以青瓷为主，次为粗白瓷和黑釉瓷。厚12～80厘米。

第3层：土色以浅灰色为主，局部为红褐色，土质较疏松，南厚北薄，包含大量碎砖瓦、石块，少量炭屑、白灰粒等，出土大量陶片、较多的动物骨骼以及少量瓷片和铁块。瓷片以粗白瓷为主，还有少量细白瓷、黑釉瓷、青瓷等。厚25～105厘米。

第4层：土色为青灰色，土质较疏松，呈坡状分布，堆积中包含少量炭屑、烧土粒、白灰块，大量碎砖瓦和石块，出土大量陶片和动物骨骼以及少量瓷片和铁块。出土瓷片以粗白瓷为主，少量细白瓷、黑釉瓷、青瓷、黄釉瓷等。厚5～33厘米。

第5层：土色为褐灰色，土质较硬，内含少量炭屑、碎砖瓦，出土少量陶片和瓷片。出土瓷片以粗白瓷为主，还有极少的黑釉瓷、细白瓷、黄釉瓷等。厚18～40厘米。

5层以下即为黄褐色生土层。

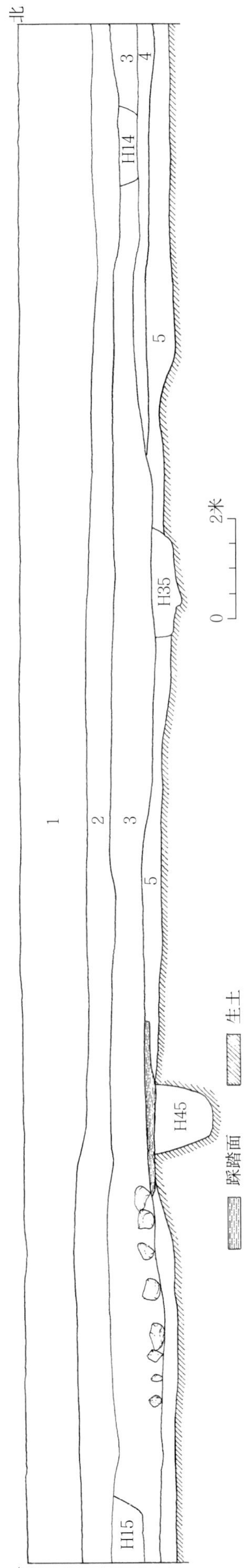

图2-3　TG162218西壁剖面图

第四节 Ⅱ TG162202

发掘面积为 20 平方米，南北向，其地层堆积共分七层，以其东壁为例说明其地层堆积情况（图 2-4；图版 2-3）。

图版2-3 TG162202（由北向南）

第 1 层为近代耕土层，第 2 层为近代垫土层，第 3 ~ 7 层为古代文化层。

第 1 层：土色为灰褐色，土质较硬，内含较多植物根系、炭屑及少量陶片、瓷片、瓦片。厚 20 ~ 25 厘米。

第 2 层：土色为灰色，土质松散，夹杂较多炭屑、烧土粒及少量石块。出土较多瓷片、陶片，少量铁器、兽骨，以及“天启通宝”1 枚。瓷片有黑釉瓷、青瓷、青花瓷、粗白瓷、细白瓷等，以黑釉瓷和青瓷为主。厚 60 ~ 75 厘米。

第 3 层：土色为深灰褐色，土质上部硬下部松软，夹杂较多炭屑。出土物以瓷片为主，陶片次之，并有少量骨器、铁块及建筑构件等。出土瓷片以粗白瓷为主，少量黑釉瓷、青瓷、细白瓷和茶叶末釉瓷。厚 30 ~ 65 厘米。

第 4 层：土色为红褐色，土质松软，内含较多烧土块及少量白灰，出土物以陶片为主，次为瓷片，还有少量铁器、骨器和铜钱。出土瓷片以粗白瓷为主，少量黑釉瓷、青瓷、细白瓷、茶叶末釉瓷和三彩瓷。厚 20 ~ 60 厘米。

第 5 层：土色为灰褐色，质地较硬，夹杂较多石块、瓦片。出土物以陶片为主，瓷片较少，以及少量石器、铜钱、兽骨等。厚 20 ~ 60 厘米。

第 6 层：土色为浅灰色，质地松软，夹杂少量炭屑、烧土粒。出土物以陶片为主，瓷片极少，还有少量石器、骨器、铜铃、“开元通宝”铜钱等。出土瓷片有粗白瓷、黑釉瓷、三彩瓷、黄釉瓷、茶叶末釉瓷。厚 15 ~ 65 厘米。

第 7 层：土色为褐灰色，质地较硬，出土物以陶片为主，瓷片仅 1 片，以及少量兽骨和瓦片、“开元通宝”铜钱。厚 40 ~ 65 厘米。

7 层下即为黄褐色生土。

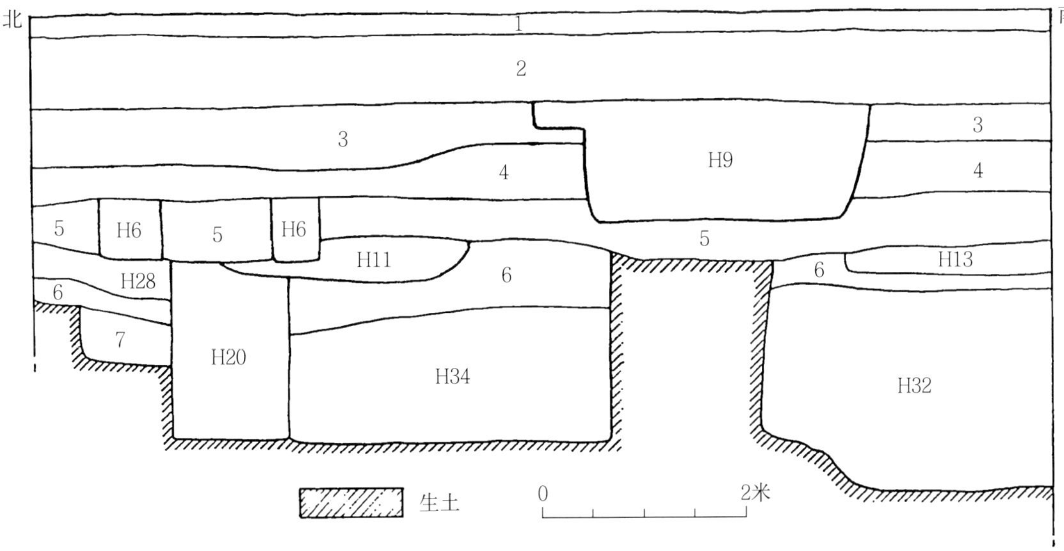

图2-4　TG162202东壁剖面图

第五节　Ⅱ TG148175

发掘面积为 60 平方米，南北向，位于发掘区域最西侧。地层堆积较薄，保存较好，共分四层，以其东壁为例说明其地层堆积情况（图 2-5；图版 2-4）。

第 1 层为近代耕土层，第 2 ~ 4 层为古代文化层。

第 1 层：土色为黄褐色，土质较疏松，水平分布，堆积内包含大量植物根系，少量炭屑、石块，出土少量陶片、瓷片和较多砖瓦碎块。厚 10 ~ 35 厘米。

第 2 层：土色为浅灰褐色，土质较疏松，水平分布，堆积内包含较多炭屑、白灰粒、植物根系、烧土粒，出土少量陶片、瓷片、动物骨骼。出土瓷片以粗白瓷和黑釉瓷为主，还有少量青瓷、细白瓷、茶叶末釉瓷、白釉绿彩瓷。厚 50 ~ 95 厘米。

第 3 层：土色为灰褐色，土质略疏松，水平分布，堆积内包含较多碎砖瓦，极少的炭屑、烧土粒、白灰屑，出土较多陶片和少量瓷片。出土瓷片以粗白瓷为主，极少的细白瓷、青瓷、绿彩瓷、茶叶末釉瓷。厚 40 ~ 130 厘米。

第 4 层：土色为红褐色，土质略硬，水平分布，包含有较多炭屑和烧土粒，出土较多陶片和少量瓷片。出土瓷片有粗白瓷、黄釉瓷、黑釉瓷、细白瓷、茶叶末釉瓷和三彩瓷等。厚 20 ~ 70 厘米。

4 层下即为黄褐色生土。

图版2-4 TG148175（由南向北）

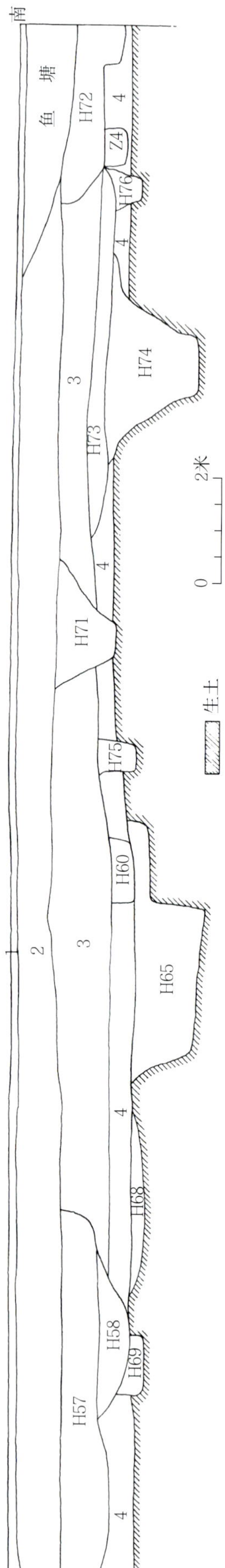

图2-5 TG148175东壁剖面图

第三章　遗迹和遗物

第一节　Ⅱ TG148202

一、遗迹

根据地层叠压关系以及其出土遗物特征，将该探沟内遗存分为早晚两个阶段。早期遗存包括第 5 层和第 6 层及叠压在其下的遗迹，晚期遗存包括第 3 层和第 4 层以及叠压在其下的遗迹。

探沟内遗迹现象较简单，包括灰坑 17 个、灶 1 个，其中 H1 为一近代鱼塘。

早期遗迹有灰坑 10 个（H24、H38、H41、H42、H47、H43、H44、H51、H52、H54），均为 5 层下开口，平面近圆形或不规则形状。

H24　5 层下开口，打破第 6 层及生土。平面呈圆形，剖面呈规则的竖长方形，深 175.185 厘米。灰坑内堆积灰色及青灰色土，土质极松软，土内含有较多的炭屑、烧土粒、动物骨骼，出土有瓦片、551 片陶片以及 4 片瓷片。陶片均为泥质灰陶，素面为主，少量饰篮纹和绳纹，可辨器型有瓮、盆、罐等。瓷片极少，可见黑釉瓷以及粗白瓷，可辨器型有玉璧底白瓷碗、黑釉罐。推测其可能为古代水井（图 3-1，1；图版 3-1）。

晚期遗迹略少，包括灰坑 4 个（H5、H7、H26、H29），灶 1 个。

H7　3 层下开口，打破 4 层和 H5。平面近椭圆形，弧壁平底，东西宽 142 厘米，南北长 455 厘米，深 53 ~ 60 厘米。灰坑内土呈深灰色，土质松软。包含物有炭屑、动物骨骼等，出土遗物有大量的陶瓷片、陶制雕塑、建筑构件、骨器、铜钱以及铜饰品等。陶片皆是泥质灰陶，以素面为主，少量饰篮纹，可辨器型有盆、罐、碗、钵、盒、杯等。瓷片种类繁多，有青瓷、粗白瓷、细白瓷、黑釉酱釉瓷，可辨器型有碗、罐、器盖、盏、盘、枕等。根据堆积状况及出土遗物，推测其性质为生活垃圾坑（图 3-1，2）。

Z3　4层下开口，打破5层。平面大致呈椭圆形，东西宽约35厘米，南北长约50厘米，深约 45 厘米。灶壁因火烧呈红褐色，灶坑内堆积灰黑色土，底部有灰白色草木灰，土质十分疏松。

图版3-1　H24

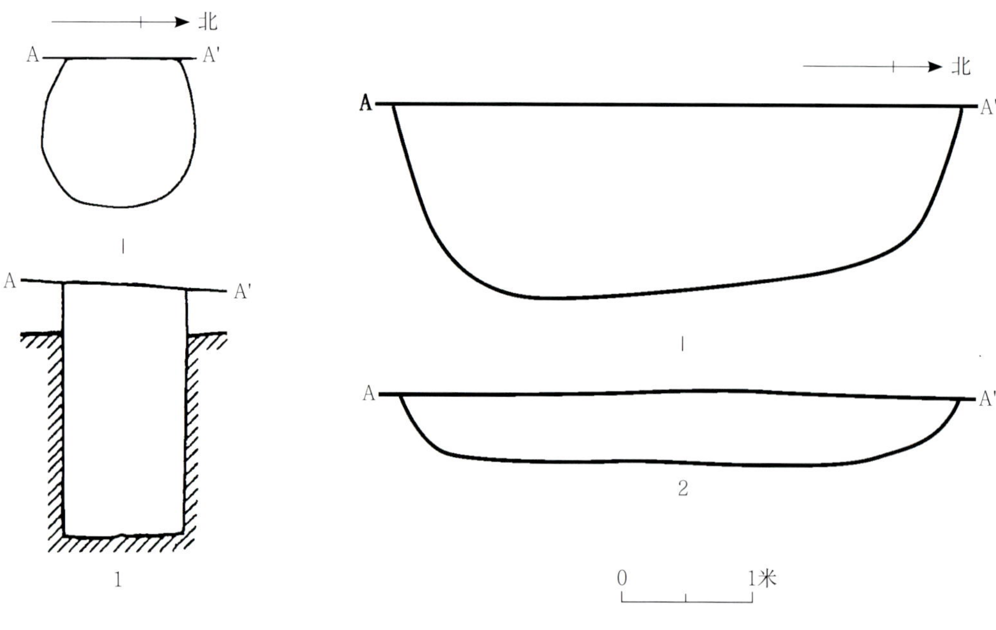

图3-1　TG148202遗迹平、剖面图
1.H24　2.H7

二、遗物

（一）早期遗物

1. 瓷器

（1）黑釉瓷

钵 1件。⑤：8，可复原。敞口，圆唇，斜腹微弧，平底，内底微凸。灰胎，质粗。黑釉，仅内壁施釉，釉面不平，内含小气泡。外壁可见轮修痕迹，器底有漩涡状刮痕。口径10.5厘米，底径4.8厘米，高3.6厘米（图3-2，8；图版3-2）。

图版3-2 黑釉瓷钵（⑤：8）

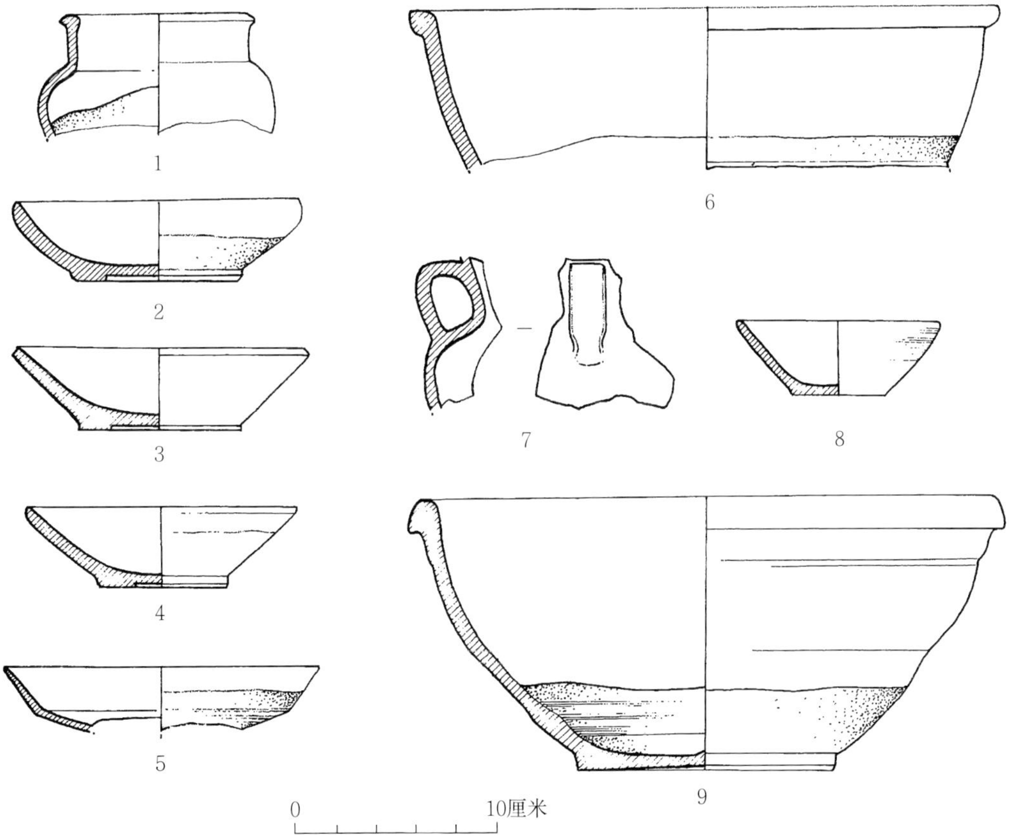

图3-2 TG148202早期瓷器

1.黑釉瓷罐（H44：10） 2～4.粗白瓷碗（H24：23、H24：6、H1：3） 5.粗白瓷盘（H38：13） 6.粗白瓷盆（⑤：22） 7.黑釉瓷瓶（H44：9） 8.黑釉瓷钵（⑤：8） 9.黑釉瓷盆（H24：11）

图版3-3　黑釉瓷盆（H24：11）

盆　1 件。H24 ：11，可复原。敞口，平沿，沿较细，圆唇，弧腹，饼状足平底，内底处有一圆形凸起。土黄胎，胎质粗。内腹施满釉，外腹施釉至腹中部，釉色黑，釉面有磨砂玻璃感。瓷盆内壁有泥条盘筑痕迹，外壁上腹部有一圈凹弦纹。口径 29 厘米，底径 13 厘米，高 13.5 厘米（图 3-2，9；图版 3-3）。

图版3-4　黑釉瓷罐（H44：10）

瓶　1 件。H44 ：9，仅余颈、腹及耳部。颈较细，呈外撇喇叭状，圆肩，肩颈部有一竖耳，耳系扁平方形泥条制成。灰胎，胎质略粗，胎体可见少量黑色颗粒物。通体施釉，釉呈黑色，釉面隐泛金属光泽，釉面可见少量气孔痕迹。残高 7.8 厘米（图 3-2，7）。

罐　1 件。H44 ：10，直口，折沿尖唇，短直颈，圆肩鼓腹。灰色胎。外壁施满釉，内壁施釉至上腹部，釉色黑，釉面有大量细小气孔。口径 9 厘米，残高 5.8 厘米（图 3-2，1；图版 3-4）。

（2）粗白瓷

均为土黄色胎，胎质粗糙，胎骨可见大量气孔及细颗粒物。

碗　3 件。H24 ：23，可复原。敞口，尖唇，斜腹较浅，玉璧底，足缘经二次修削。内壁施满釉，外壁施釉至上腹近口沿处，釉色乳白微泛黄，釉下有白色化妆土，釉面有冰裂纹，内底处可见支钉痕迹。口径 14.4 厘米，底径 8 厘米，高 4 厘米（图 3-2，2；图版 3-5）。H24 ：6，可复原。敞口，圆唇略外斜，斜腹，腹较浅，玉璧底圈足。白釉，釉色泛黄，通体施釉，仅圈足及器底无釉。圈足及器底可见轮状刮痕。口径 14.4 厘米，底径 8.2 厘米，高 4.2 厘米（图 3-2，3；图版 3-6）。H1 ：3，可复原。敞口，圆唇，斜弧腹较浅，玉璧底，底经

图版3-5　粗白瓷碗（H24：23）

二次刮削。白釉，釉色泛黄，釉面有气泡、冰裂纹，器物内壁、口沿及外腹上部施釉，外腹上部有挂釉痕迹。内外壁可见轮修痕迹，器底有轮状刮痕。口径13.7厘米，底径6.4厘米，高4厘米（图3-2，4；图版3-7）。

盆 5件。⑤：22，底部残。口略直，折沿圆唇，斜腹略直。内壁施满釉，外壁施釉至下腹部，釉色白，口沿积釉处发黄，釉下施白色化妆土。釉面有冰裂纹及黑色颗粒。口径30厘米，残高7.8厘米（图3-2，6）。

盘 2件。H38：13，底部残。敞口，圆尖唇，斜腹下向内折收。内壁施满釉，外壁施釉至上腹部，釉色白中泛黄，部分釉层已脱落，釉面有冰裂纹。口径16厘米，残高3.2厘米（图3-2，5；图版3-8）。

2. 陶器

大部分为泥质灰陶。仅有1个陶盆为泥质红陶。

碗 1件。H24：3，敞口，尖唇，斜腹微弧，腹较深，饼状足，平底。碗内外壁均有轮修痕迹，器底有涡轮状刮痕。口径18厘米，底径6.4厘米，高7.4厘米（图3-3，8；图版3-9）。

钵 9件，据口部形态可分为二类。

敛口钵 4件。均为敛口，圆鼓腹。H52：3，折沿，圆尖唇，外壁饰凹弦纹。口径14厘米，残高7.5厘米（图3-3，1；图版3-10）。⑥：11，圆唇，唇外缘有一圈凹弦纹，圆鼓腹，素面。口径12厘米，

图版3-6 粗白瓷碗（H24：6）

图版3-7 粗白瓷碗（H1：3）

图版3-8 粗白瓷盘（H38：13）

图版3-9 陶碗（H24：3）

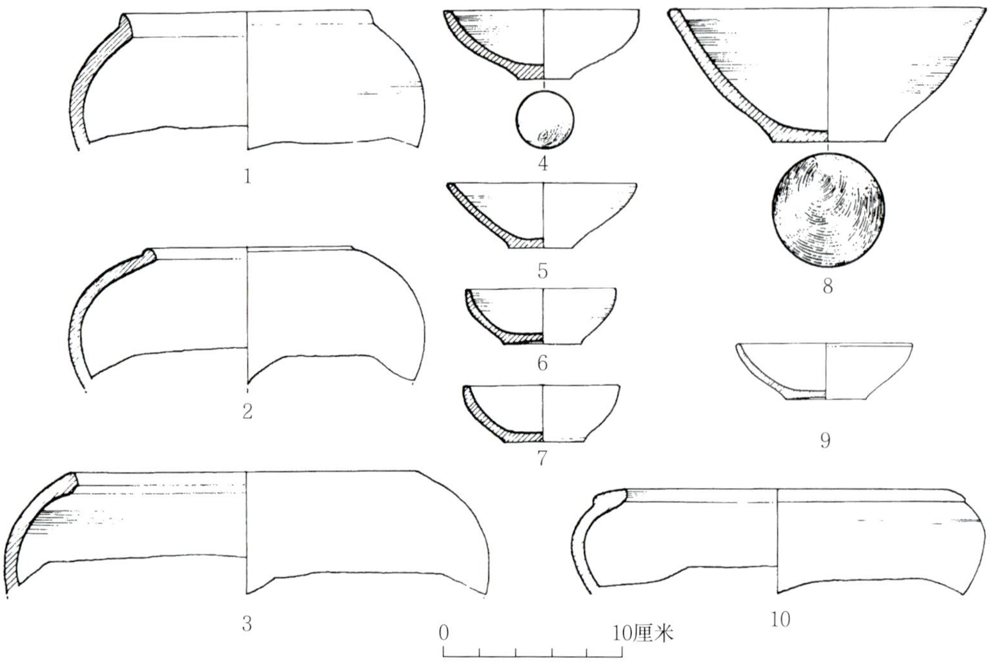

图3-3　TG148202早期陶器
1～7、9、10.钵（H52：3、⑥：11、⑥：10、H38：2、H24：7、H38：1、H51：5、 H38：5、⑥：8）
8.碗（H24：3）

残高 7.4 厘米（图 3-3，2）。⑥：10，圆唇，唇部由口沿向内折叠加厚，素面，器物内壁可见轮修线痕。口径 20 厘米，残高 6.6 厘米（图 3-3，3）。⑥：8，唇部由口沿向外折叠加厚，圆唇较宽，素面，器物口沿及内壁可见轮修线痕。口径 18 厘米，残高 7 厘米（图 3-3，10；图版 3-11）。

敞口平底钵　5 件。均为敞口，斜弧腹，平底。H38 ：2，可复原。弧腹下急收，底较小。素面，内外壁均有轮修线痕，器底有漩涡状刮痕。口径 11 厘米，底径 3 厘米，高 3.6 厘米（图 3-3，4；图版 3-12）。H24 ：7，可复原。器物内壁可见轮修痕迹，器底可见漩涡状刮痕。口径 10.8 厘米，底径 3.5 厘米，高 3.6 厘米（图 3-3，5；图版 3-13）。H38 ：1，可复原。

图版3-10　敛口陶钵（H52：3）

图版3-11　敛口陶钵（⑥：8）

平底内凹，素面，内外壁均有轮修线痕，器底有漩涡状刮痕。口径 8.5 厘米，底径 4.4 厘米，高 2.9 厘米（图 3-3，6；图版 3-14）。H51 ：5，可复原。弧腹下近底部微外撇，内底微凸。口径 9 厘米，底径 4.3 厘米，高 3 厘米（图 3-3，7；图版 3-15）。H38 ：5，可复原。方唇，平底微内凹。素面，内外壁均有轮修线痕，器底有漩涡状刮痕。口径 9.2 厘米，底径 4.2 厘米，高 2.8 厘米（图 3-3，9；图版 3-16）。

罐 6 件，依口部形态可分为三类。

敛口罐 1 件。⑤：12，敛口圆唇，沿向内折，口沿外缘装饰有一圈凹弦纹，短直颈，圆肩鼓腹，肩部与腹部之间装饰有一圈带均匀掐痕的凸棱，器物内外壁均可见明显轮修线痕。口径 16 厘米，残高 3.6 厘米（图 3-4，5；图版 3-17）。

直口广肩罐 3 件。均为大口，短直颈，圆肩鼓腹，体态浑圆。⑥：19，直口，平沿，圆唇，唇部由口沿向外折叠加厚。器物内外壁均可见轮修线痕。口径 32 厘米，残高 7 厘米（图 3-4，1）。H38 ：9，直口，平沿略向内斜，沿略细，唇部由口沿向外折叠加厚，方唇，器物内外壁均可见明显

图版3-12　敞口平底陶钵（H38：2）

图版3-13　敞口平底陶钵（H24：7）

图版3-14　敞口平底陶钵（H38：1）

图版3-15　敞口平底陶钵（H51：5）

图版3-16　敞口平底陶钵（H38：5）

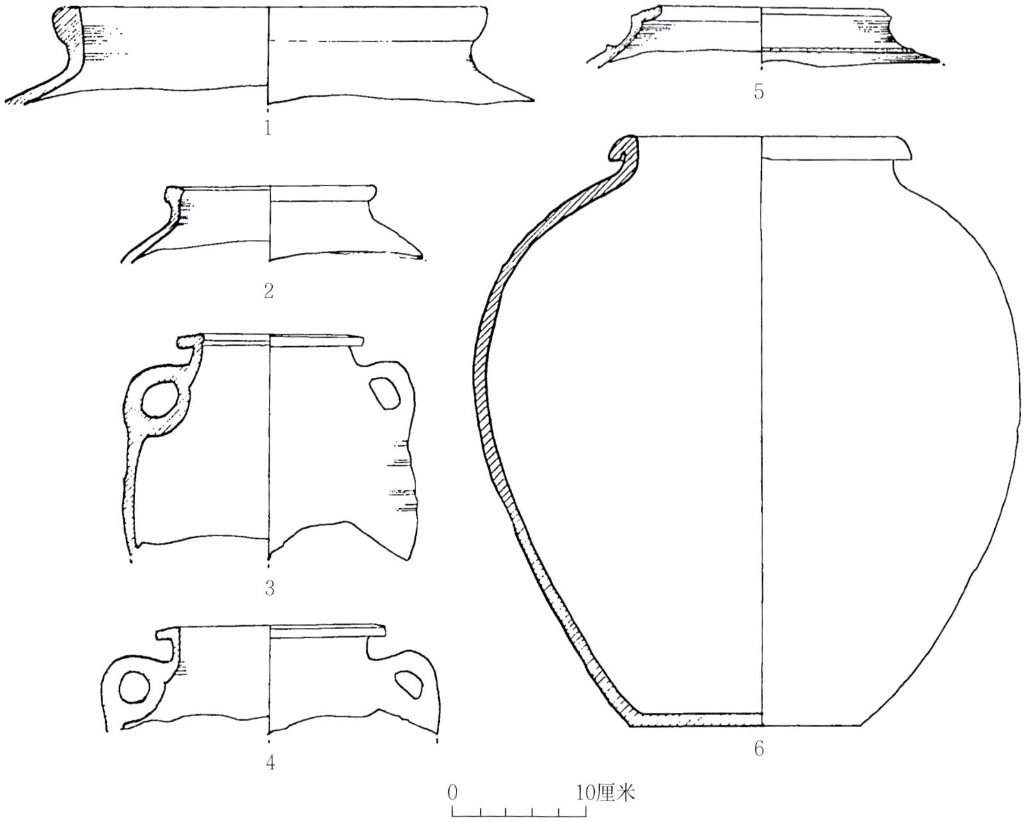

图3-4　TG148202早期陶罐
1、2、6.直口广肩罐（⑥：19、H38：9、H24：37）　3、4.小口双耳罐（H42：1、H24：15）
5.敛口罐（⑤：12）

图版3-17　敛口陶罐（⑤：12）

图版3-18　直口广肩陶罐（H24：37）

轮修线痕。口径16厘米，残高5.6厘米（图3-4，2）。H24：37，可复原。直口微侈，卷沿，平底。胎色略泛青。素面。口径25厘米，底径26厘米，高44厘米（图3-4，6；图版3-18）。

小口双耳罐　2件。小口，短直颈，溜肩鼓腹，体态瘦长。H42：1，口微敛，平沿略外斜，沿较宽，方唇，口沿内部有一圈明显凹弦纹，肩部有一对桥状器耳，器耳由近圆柱体泥条制成，耳孔呈近椭圆形，腹内侧器耳对应部位可见泥条捏塑固定痕迹。陶罐内外部均有明显轮修线痕。口径 14.5 厘米，残高 16.5 厘米（图 3-4，3；图版 3-19）。H24 ：15，直口，平沿微外斜，方唇，溜肩鼓腹，肩部有一对桥状器耳，耳由近圆柱体泥条制成，耳略大，耳孔呈圆形，腹内侧器耳对应部位凸起，可见泥条捏塑固定痕迹。陶罐内外部均有明显轮修线痕。口外径 18 厘米，残高 7.8 厘米（图 3-4，4）。

盆　19 件，依腹部形态分为四类。

斜直腹盆　7 件。腹部斜直，平底。H24 ：36，可复原。敞口，平沿，圆唇，唇部由泥片重叠加厚。素面。口径 37 厘米，残高 6.2 厘米（图 3-5，1；图版 3-20）。H54 ：5，可复原。侈口，宽折沿内斜，方唇，平底略内凹。内外壁均可见轮修线痕。口径 20.5 厘米，高 19 厘米（图 3-5，3；图版 3-21）。H24 ：10，可复原。敞口，卷沿，方唇，口沿上有一圈凹弦纹。器物外腹部饰数圈篮纹。口径 52 厘米，底径 25 厘米，高 20 厘米（图 3-5，4；图版 3-22）。H38 ：12，底部残。侈口，宽折沿内斜，方唇。外腹部饰篮纹。口径 48 厘米，残高 10 厘米（图 3-5，7）。H47 ：1，侈口，宽折沿内斜，方唇，折沿外缘饰有一圈凹弦纹，腹部可见 3 个对穿圆孔，可能为二次利用痕迹。口径 44 厘米，残高 7 厘米（图 3-5，11）。H24 ：9，可复原。敞口，卷沿，圆唇，平底。素面，内腹上部有一圈凸棱。口径 50 厘米，底径 25.5 厘米，高 18.5 厘米（图 3-5，12；图版 3-23）。H24 ：8，可复原。口微侈，折沿略内斜，方唇。素面，器物外口沿处可见轮修线痕。口径 81 厘米，底径 37 厘米，高 36 厘米（图 3-5，13；图版 3-24）。

斜鼓腹盆　6 件。斜腹，上部微鼓，平底。其中 1 件为夹砂灰陶。H51 ：3，侈口，平沿外折，方唇，唇部由泥片折叠加厚。外腹上部有两条间距较宽的凹弦纹，内腹中部有

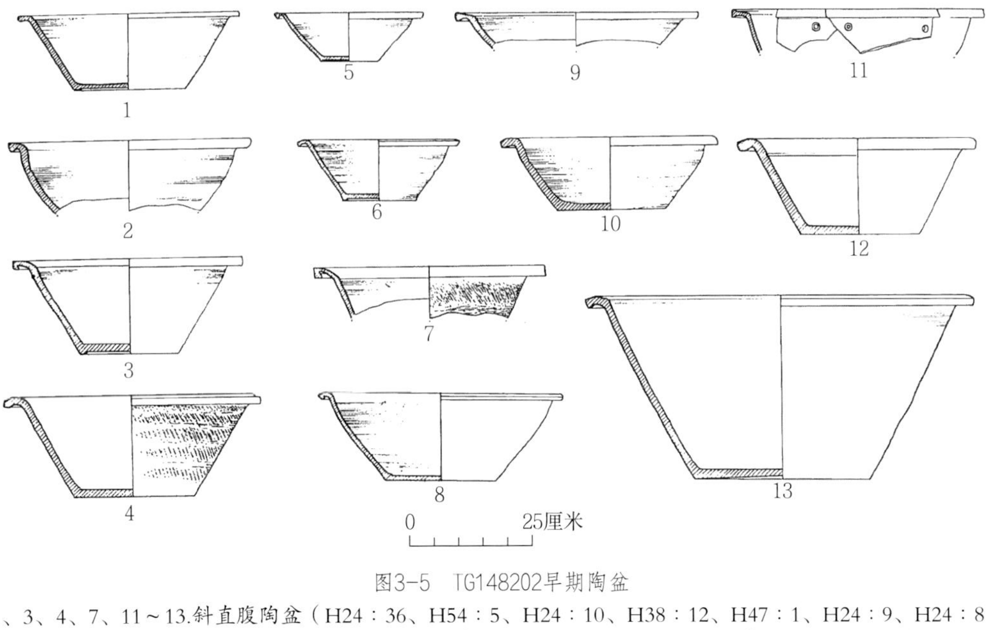

图3-5　TG148202早期陶盆

1、3、4、7、11～13.斜直腹陶盆（H24：36、H54：5、H24：10、H38：12、H47：1、H24：9、H24：8）
2、5、6、8～10.斜鼓腹陶盆（H51：3、⑥：22、H24：12、H43：4、⑥：30、H24：35）

图版3-19　小口双耳陶罐（H42：1）

图版3-20　斜直腹陶盆（H24：36）

图版3-21　斜直腹陶盆（H54：5）

图版3-22　斜直腹陶盆（H24：10）

图版3-23　斜直腹陶盆（H24：9）

图版3-24　斜直腹陶盆（H24：8）

一条凹弦纹。内外壁均可见轮修线痕。口径50厘米，残高13.7厘米（图3-5，2）。⑥：22，可复原。敞口，平沿，沿缘向外、向下翻折，方唇，平底内凹。器物内外壁均可见轮修线痕。口径30.5厘米，底径11.8厘米，高9.6厘米（图3-5，5；图版3-25）。H24：12，可复原。敞口，卷沿，圆唇。器腹中部有一圈凹弦纹，内壁可见暗弦纹，内外壁均有轮修痕迹。口径33.5厘米，底径15厘米，高12厘米（图3-5，6；图版3-26）。H43：4，可复原。侈口，卷沿，尖唇。内壁可见暗弦纹，口径41厘米，底径23厘米，高17.5厘米（图3-5，8；图版3-27）。⑥：30，口微侈，宽折沿略内斜，圆唇。器物内外壁均可见轮

图版3-25　斜鼓腹陶盆（⑥：22）

图版3-26　斜鼓腹陶盆（H24：12）

图版3-27　斜鼓腹陶盆（H43：4）

图版3-28　斜鼓腹陶盆（H24：35）

修线痕。口径 50 厘米，残高 9.4 厘米（图 3-5，9）。H24 ：35，可复原。敞口卷沿，圆唇。内腹上部有一条凹弦纹，内外壁均可见轮修线痕。口径 44 厘米，底径 22 厘米，高 14.4 厘米（图 3-5，10；图版 3-28）。

直腹盆　3 件。腹较直。H54 ：3，底部残。侈口，宽折沿微内斜，宽方唇，斜腹略直。内素面，外腹部表面可见涂抹及修整痕迹。口径 48 厘米，残高 10.2 厘米（图 3-6，1；图版 3-29）。⑥：29，底部残。侈口，宽折沿略内斜，方唇。器物外腹部饰篮纹。口径 60 厘米，残高 10 厘米（图 3-6，3）。H41 ：9，侈口，折沿内斜，方唇略宽，外腹近口沿处装饰几圈刻画线痕，外腹部满饰数圈篮纹，器物内壁可见轮修线痕。口径 112 厘米，残高 12.5 厘米（图 3-6，7）。

弧腹盆　3 件。弧腹，平底。H43 ：7，可复原。侈口，宽折沿内斜，方唇。弧腹上部微鼓，最大径在上腹部。外腹上部饰有一圈篮纹。口径 30 厘米，高 11.5 厘米（图 3-6，4；图版 3-30）。⑤：19，底部残。侈口，卷沿，圆唇。外壁口沿下有一圈凸弦纹，内腹可见轮修线痕。口径 36 厘米，残高 11 厘米（图 3-6，6）。H47 ：6，底部残。弧腹，最大径在腹中部。侈口平沿，沿略宽，方唇，唇上有一圈凹弦纹，鼓腹。器物外壁饰有数圈篮纹。口径 56 厘米，残高 16.5 厘米（图 3-6，2；图版 3-31）。

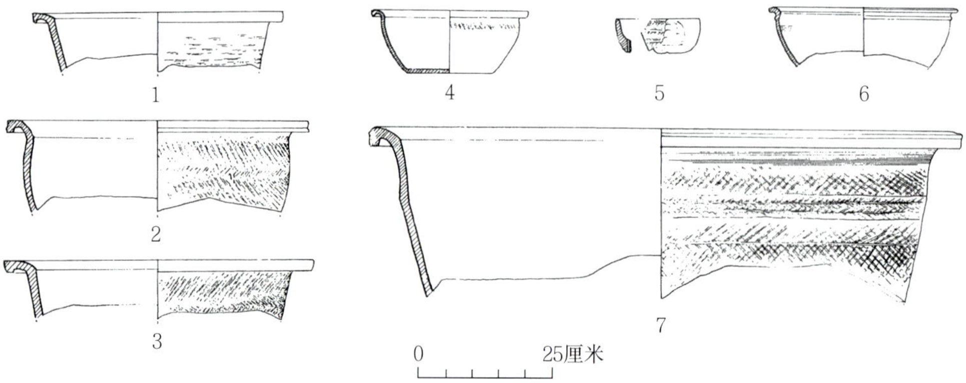

图3-6　TG148202早期陶盆及石建筑构件
1、3、7.直腹陶盆（H54：3、⑥：29、H41：9）　2、4、6.弧腹陶盆（H47：6、H43：7、⑤：19）
5.石建筑构件（H44：3）

图版3-29　直腹陶盆（H54：3）

图版3-30　弧腹陶盆（H43：7）

图版3-31　弧腹陶盆（H47：6）

3. 其他遗物

建筑构件 2件。H44：3，石制。雕刻有麦穗和鱼鳞纹饰，边缘处有2个单钻孔痕迹。残宽11厘米，高6.2厘米（图3-6，5；图版3-32）。⑥：6，陶制。浅灰色，一面平底，一面有兽面雕塑，面部略残。兽头鬃毛微竖，剑眉斜飞，圆目横嗔，鼻若牛，口微张（图3-7；图版3-33）。

图版3-32　石建筑构件（H44：3）

石造像 1件。⑤：7，头及腰腹残。站立形象，右手平托一物，左手握一物垂于身侧。人物身着长裙，腰系带，臂间有飘逸的长带，腰间有垂悬的串珠装饰。造像为石制，石料有片状纹理，造像表面长裙部位涂有红色颜料，有些装饰部位还涂有白色、金色颜料。残高约12厘米（图3-8；图版3-34）。

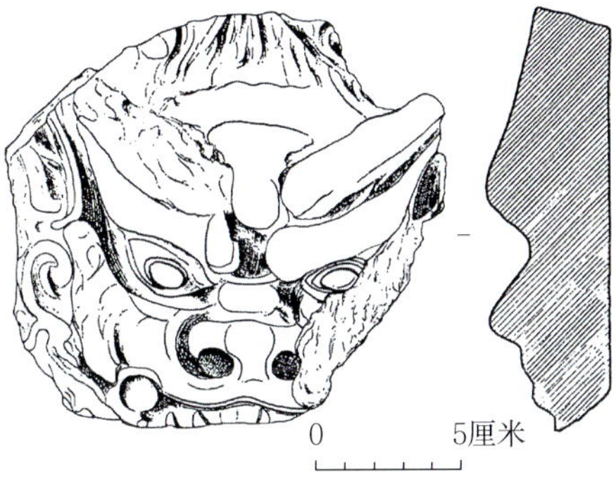

图3-7　TG148202陶建筑构件（⑥：6）

图版3-33　陶建筑构件（⑥：6）

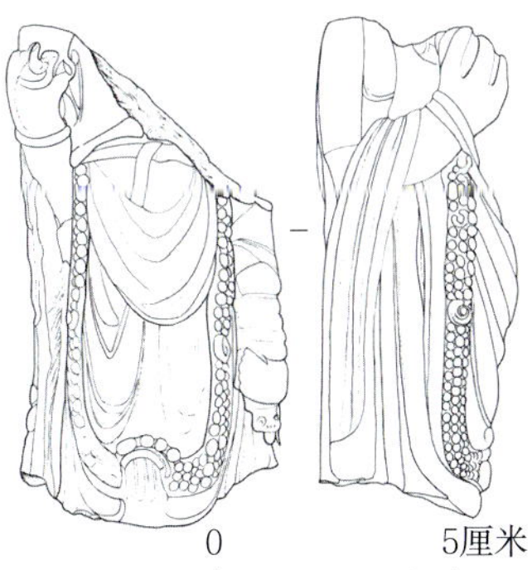

图3-8　TG148202早期石造像（⑤：7）

图版3-34　石造像（⑤：7）

图版3-35　素烧棋子（⑤：3）

素烧棋子　共3枚，2枚白色，1枚黑色，均为圆饼状。⑤：3，乳白色，表面光滑，两面均有轮状刮痕。直径约1.6厘米，厚约0.5厘米（图版3-35）。

钱币　13枚。

五铢　1枚。⑥：4，钱体轻薄，方穿，穿较广。直径2.5厘米（图3-9，1）。

开元通宝　8枚（图3-9，2～9）。⑥：3，方穿，穿较狭，有内外郭，钱文顺读，背素面。直径约2.5厘米（图3-9，2）。

乾元重宝　2枚。H24：2，方穿，有内外郭，钱文楷书顺读，直径约2.5厘米（图3-9，10）。H41：3c，方穿，穿较广，有外郭，肉薄，钱文楷书顺读。直径2厘米（图3-9，11）。

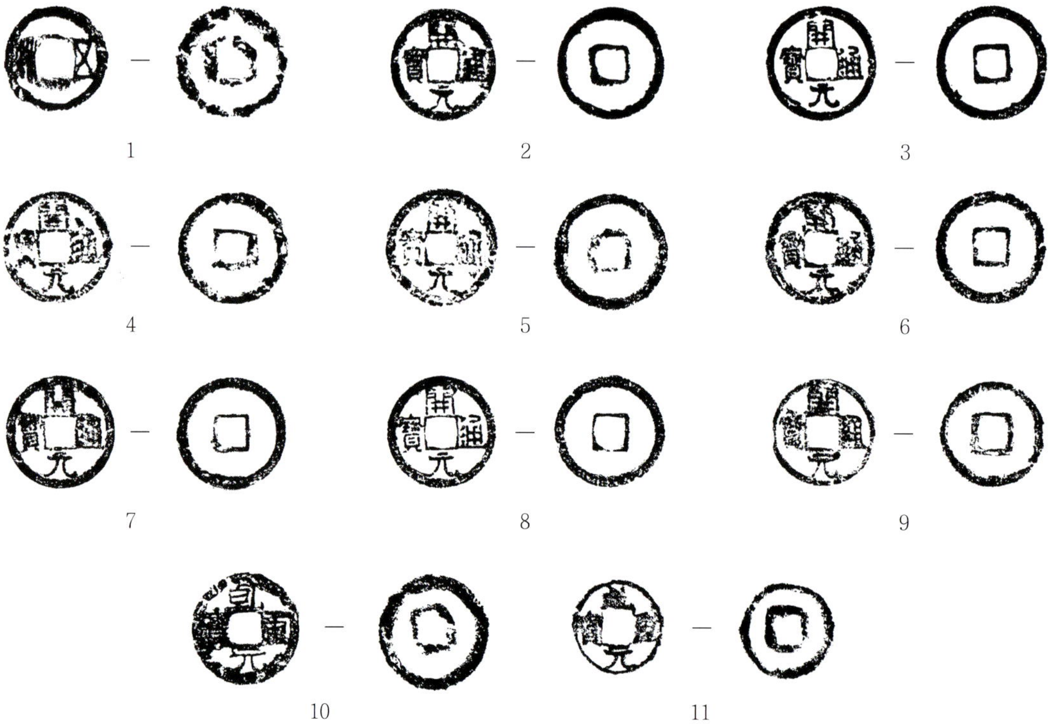

图3-9　TG148202早期铜钱

1.五铢（⑥：4）　2～9.开元通宝（⑥：3、⑥：5、H41：3a、H44：5、H41：4、H41：6、H41：2、H41：3b）　10、11.乾元重宝（H24：2、H41：3c）

（二）晚期遗物

1. 瓷器

（1）青瓷

均为灰色胎，胎质细腻，橄榄青色釉。

深腹碗 2件。④：26，可复原。口部略直，斜腹下急收，细圈足，外底微凸。通体施釉，仅足底经刮削露胎，外底及足部呈铁锈红色，器物内腹部饰刻花水波莲纹，外腹上部划有一圈细弦纹。口径20.8厘米，底径5.4厘米，高8厘米（图3-10，1；图版3-36）。H7：13，口部残，直腹，细圈足，足较高，挖足过肩。内外施釉，足底及圈足内墙露胎。釉面有冰裂纹。内壁素面，碗外壁饰刻花缠枝牡丹纹。残腹径12厘米，底径5厘米，残高4.3厘米（图3-10，5；图版3-37）。

浅腹碗 3件。均为敞口，细圈足，圈足内墙外斜，细灰白胎，青釉泛黄。④：31，可复原。平沿，沿较细，弧腹，矮圈足，圈足内墙略外斜。内壁施满釉，外壁施釉至下腹近底处。器物内腹部饰印花缠枝牡丹纹。足底有粘砂痕迹。口径16厘米，底径5.5厘米，高4厘米（图3-10，4；图版3-38）。④：27，可复原。尖唇，弧腹。内外施满釉，内底有涩圈，外壁仅圈足部位露胎。器物内壁饰印花缠枝牡丹纹饰。口径13.6厘米，底径4厘米，高4.6厘米（图3-10，6；图版3-39）。③：11，可复原。圆唇，斜腹，腹中部内折。通体施釉，内底有涩圈，圈足底经刮削露胎。器物内壁饰有印花花草纹饰。口径12.1厘米，底径

图版3-36 青瓷深腹碗（④：26）

图版3-37 青瓷深腹碗（H7：13）

图版3-38 青瓷浅腹碗（④：31）

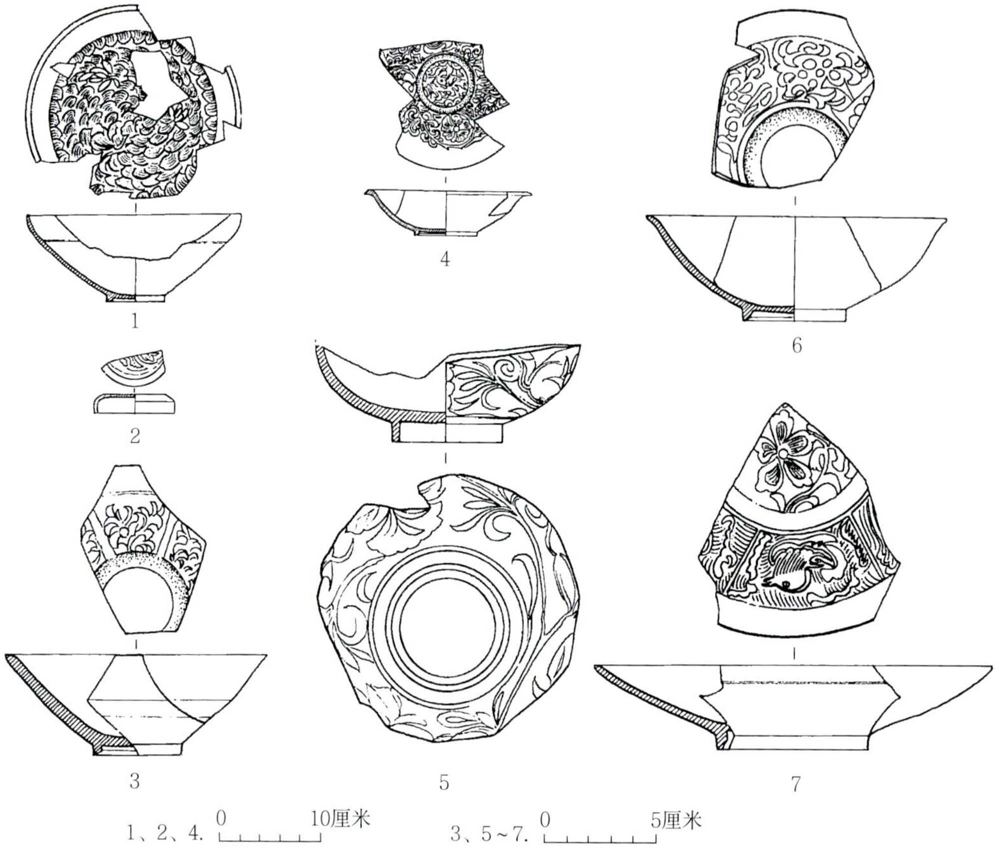

图3-10　TG148202晚期青瓷器

1、5.深腹碗（④：26、H7：13）　2.盒盖（④：65）

3、4、6.浅腹碗（③：11、④：31、④：27）　7.盘（H5：2）

图版3-39　青瓷浅腹碗（④：27）

图版3-40　青瓷浅腹碗（③：11）

4.1 厘米，高 4.6 厘米（图 3-10，3；图版 3-40）。

盒盖　1 件。④：65，直侧边，侧边较窄，顶部近平四周外斜。灰胎，胎质细腻。仅外壁施釉，釉色青，略泛黄，釉面有冰裂纹。盖顶划一圈弦纹，弦纹内刻花草纹，器盖内壁可见轮修线痕。直径 7.8 厘米，高 2 厘米（图 3-10，2；图版 3-41）。

盘 1件。H5 ：2，可复原。斜腹较浅，圈足较细，挖足过肩，内墙外斜、足略尖。内壁施满釉，足底及足内墙露胎。外壁口沿下饰一圈凹弦纹，内底印团花纹，内腹印水波鸳鸯纹。口径18厘米，底径6.8厘米，高3.6厘米（图3-10，7；图版3-42）。

图版3-41　青瓷盒盖（④：65）

图版3-42　青瓷盘（H5：2）

（2）粗白瓷

均为土黄色胎，胎质较粗糙。

碗 1件。H7 ：49，底部残。敞口尖唇，斜弧腹，通体施釉，釉色白中泛黄，釉下施白色化妆土，釉面可见气泡及黑色颗粒物。内壁饰印花牡丹纹。口径20厘米，残高7厘米（图3-11，4）。

盏 1件。④：29，可复原。敞口，圆唇，口沿较厚，略外撇，斜腹，圈足外撇，内墙外斜使足外底面呈弧状内凹形。内壁施满釉，有涩圈，外壁施釉至口沿下部，釉色白，釉面下施有化妆土。素面，外腹部可见轮修线痕。口径10.6厘米，底径4厘米，高3.2厘米（图3-11，1；图版3-43）。

罐 1件。H7 ：47，口部残片。敛口，圆唇，直颈略长，圆肩，外壁口沿与颈部交汇处有一圈凸起，肩部原有一对耳，现仅有部分残余。通体施釉，釉下施白色化妆土，釉色白中泛黄，釉面玻璃感强，有冰裂纹，部分釉面可透出胎色。器物内壁可见轮修痕迹。口径11厘米，残高7.4厘米（图3-11，6；图版3-44）。

盒 1件。④：45，可复原。子口微敛，直角折肩，直腹，腹下内折，平底。仅子口及外底部无釉，釉色白中微泛黄。口径6.2厘米，底径5.4厘米，高2.5厘米（图3-11，2；图版3-45）。

枕 3片。H7 ：50，枕面残片。枕面微内凹，侧墙较直，枕面与侧墙相交转折处平缓圆润，仅外壁施釉，釉色白中泛黄，釉面有气泡，少量积釉处泛青黄色。枕面边缘划两周弦纹，其内有刻划莲纹，辅以戳印珍珠地，纹饰线条呈炭黑色。残高2.2厘米（图3-11，7；图版3-46）。

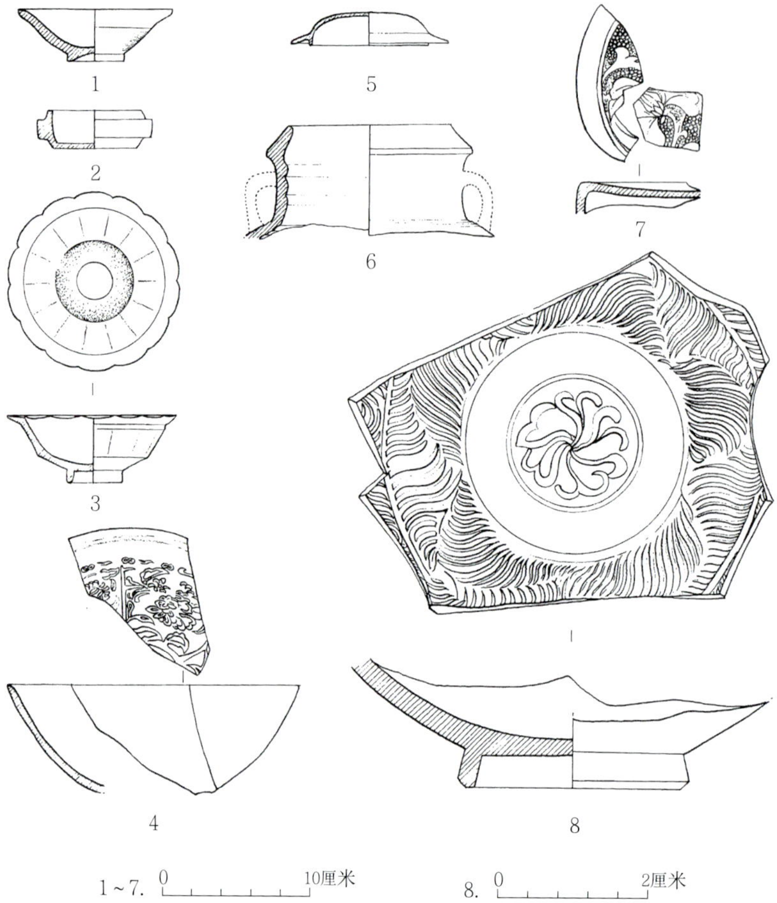

图3-11 TG148202晚期白瓷器

1、3、8.细白瓷盏（④：29、④：30、④：66） 2.粗白瓷盒（④：45） 4.粗白瓷碗（H7：49）
5.细白瓷器盖（H7：24） 6.粗白瓷罐（H7：47） 7.粗白瓷枕（H7：50）

图版3-43 粗白瓷盏（④：29）

图版3-44 粗白瓷罐（H7：47）

图版3-45　粗白瓷盒（④：45）

图版3-46　瓷枕残片（H7：50）

（3）细白瓷

均为白色胎，胎紧致细腻，胎体轻薄。

盏　2件。④：66，仅余器底。弧腹，细高圈足，圈足外撇，足外缘经二次修削内斜。通体施釉，圈足底经刮削无釉，内底有涩圈，釉色洁白。内底中心印团花纹，四周印水波纹。底径约3厘米（图3-11，8）。④：30，可复原。侈口，圆唇，花口，沿上花口对应腹上凹痕，斜腹，腹下内折急收，折棱锐利，高圈足外撇。内壁施满釉，底有涩圈，外壁施釉至腹部近底处，釉色洁白光亮。器物内壁可见轮修线痕。口径11.4厘米，底径3.6厘米，高4.4厘米（图3-11，3；图版3-47）。

器盖　1件。H7：24，可复原。宽沿向下斜，隆顶，顶部略平，子口内敛。仅外壁施釉，釉色白中泛黄，出沿部位部分釉层剥落，釉面有冰裂纹。直径10.5厘米，高1.85厘米（图3-11，5；图版3-48）。

（4）黑釉瓷

灯盏　4件。②：1，可复原。口微敛，圆唇，斜腹内收，饼状足平底。土黄胎，仅内壁腹部及底部施釉，釉面有磨砂玻璃质感。口径6厘米，底径3厘米，高1.9厘米（图

图版3-47　细白瓷花口盏（④：30）

图版3-48　细白瓷器盖（H7：24）

3-12，1；图版 3-49）。④：32，可复原。敞口平沿，尖唇，内口沿处有一圈凸起，外口沿下有一圈凹弦纹，斜腹较浅，饼状足平底，足底微内凹。土黄胎发灰，仅内腹部及底部施釉，釉面有金属光泽。口径 8.3 厘米，底径 4 厘米，高 2.3 厘米（图 3-12，2；图版 3-50）。③：12，可复原。敞口，圆唇，唇较厚，斜弧腹，腹较浅，平底内凹。白胎微泛灰。仅内腹及底部施釉，釉色不均，有些部位釉层较薄可露出胎色。器底有漩涡状刮痕。口径 8 厘米，底径 3.3 厘米，高 2.2 厘米（图 3-12，3；图版 3-51）。④：28，可复原。敞口圆唇，弧腹，上腹部有一圈略凹弦纹，平底。灰白胎，胎质略粗，胎体可见大量细小颗粒物。仅内腹及底部施釉，内底釉面有白点。口径 9 厘米，底径 4.4 厘米，高 3.3 厘米（图 3-12，5；图版 3-52）。

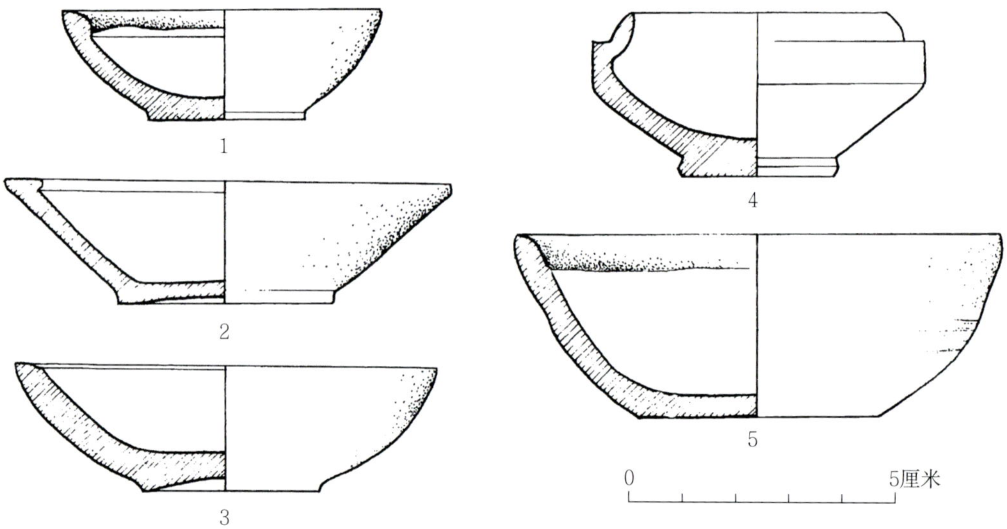

图3-12　TG148202晚期黑釉瓷器
1～3、5.灯盏（②：1、④：32、③：12、④：28）　4.盒（③：2）

图版3-49　黑釉瓷灯盏（②：1）

图版3-50　黑釉瓷灯盏（④：32）

图版3-51　黑釉瓷灯盏（③：12）

图版3-52　黑釉瓷灯盏（④：28）

盒　1件。③：2，可复原。子口微敛，直腹下急剧斜折，折棱较高，饼状足，平底，足底经二次修削。灰胎质粗，黑釉，内腹、内底及外腹施釉，外腹釉大多脱落。口径4.8厘米，底径2.8厘米，高3厘米（图3-12，4；图版3-53）。

2. 陶器

均为泥质灰陶。

盒　1件。H7：25，可复原。敛口，圆唇，平沿，折肩，直腹，平底内凹，沿上饰有弦纹，器物外壁可见数道凹弦纹，外底可见同心圆样线痕。口径3.2厘米，残高4.4厘米（图3-13，1；图版3-54）。

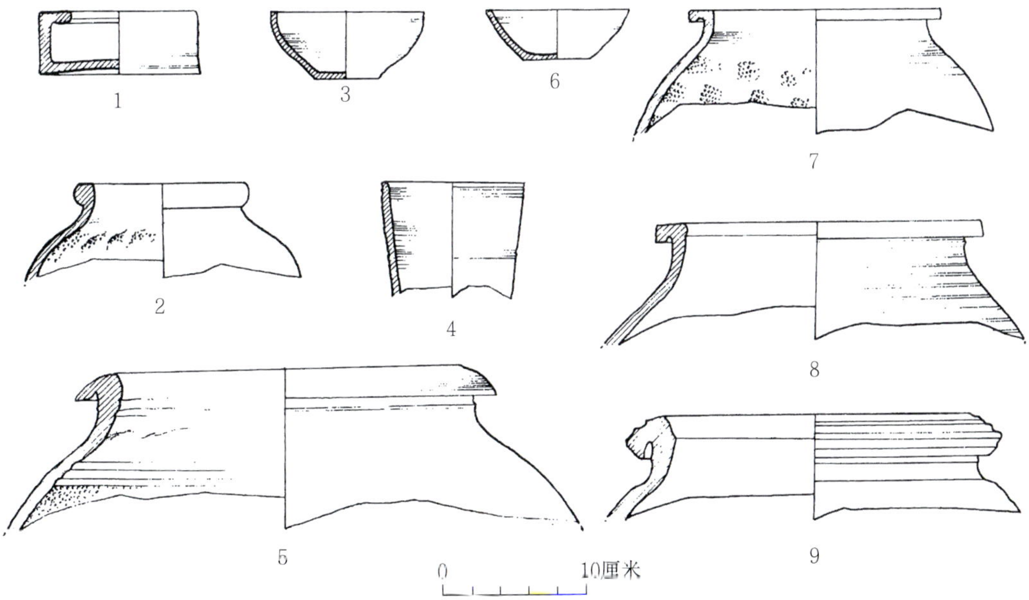

图3-13　TG148202晚期陶器

1.盒（H7：25）　2、7、8.直口平沿罐（H29：7、④：35、H26：3）　3、6.钵（③：13、H1：2）　4.杯（H7：26）　5、9.侈口卷沿罐（H29：8、④：36）

图版3-53　黑釉瓷盒（③：2）

图版3-54　陶盒（H7：25）

图版3-55　陶钵（③：13）

图版3-56　陶钵（H1：2）

图版3-57　陶杯（H7：26）

钵　2件。均为敞口，弧腹，平底。③：13，可复原。方唇。口径11厘米，底径4.5厘米，高4.7厘米（图3-13，3；图版3-55）。H1：2，可复原。圆唇。口径10.2厘米，底径4.8厘米，高3.4厘米（图3-13，6；图版3-56）。

杯　1件。H7：26，口微敞，圆唇，直腹微内斜，腹部及口沿部饰数道凹弦纹。口径10厘米，残高7.8厘米（图3-13，4；图版3-57）。

罐　均为口部残片。共5件。

侈口卷沿罐　2件。短直颈，圆肩鼓腹，体态浑圆。④：36，方唇，唇部及颈部有凹弦纹。口径22.2厘米，残高7厘米（图3-13，9）。H29：8，圆唇，短直颈。口径24厘米，残高11厘米（图3-13，5；图版3-58）。

直口平沿罐　3件。短直颈，溜肩鼓腹，体态瘦长。④：35，沿略宽，方唇。陶罐内、外部均有明显轮修线痕。罐内部可见有成组的圆形篦点纹。口径18厘米，残高8.5厘米（图3-13，7）。H26：3，方唇，口沿内侧有一圈凸起。器物内部可见明显轮修线痕，器物外腹部有数道平行

图版3-58　侈口卷沿陶罐（H29：8）

图版3-59　直口平沿陶罐（H26：3）

凹弦纹。口径19.3厘米，残高8厘米（图3-13，8；图版3-59）。H29 ：7，沿略细，圆唇。器物内壁隐约可见成组的圆形篦点纹。口径10厘米，残高6.5厘米（图3-13，2）。

盆　均为口沿残片。共7件。

斜直腹盆　2件。腹部斜直。H29 ：10，侈口，宽折沿，方唇。内素面，外腹部饰成组篮纹。口径76厘米，残高13.2厘米（图3-14，6）。H7 ：33，侈口，宽折沿，沿向内斜，圆唇，直腹。内素面，外腹部饰篮纹。口径62厘米，残高9厘米（图3-14，4）。

斜鼓腹盆　3件。斜腹上部微鼓。③：15，敞口，平沿，圆唇，口沿内侧有一圈凸起，素面，器物内、外壁均有明显轮修线痕。口径22厘米，残高5.8厘米（图3-14，2）。④：46，侈口，卷沿，圆唇，唇部由泥片折叠加厚。内壁可见轮修线痕。口径34厘米，残高6厘米（图3-14，3；图版3-60）。H7 ：34，敞口，卷沿，圆唇。外壁上腹部有两条间距较大的凹弦纹，内壁可见涂抹形成的暗弦纹。口径52厘米，残高9.8厘米（图3-14，7）。

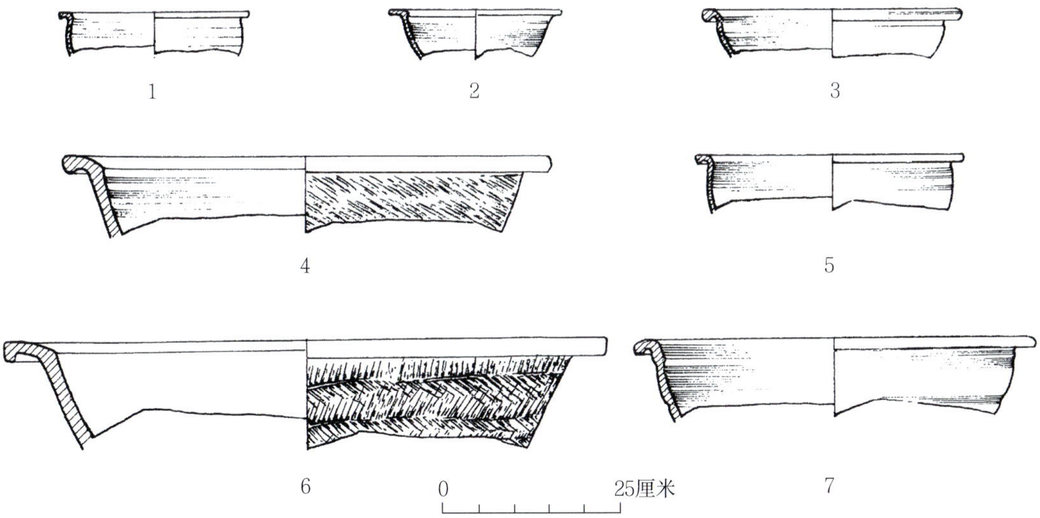

图3-14　TG148202晚期陶盆

1、5.深弧腹盆（H26：2、H26：8）　2、3、7.斜鼓腹盆（③：15、④：46、H7：34）

4、6.斜直腹盆（H7：33、H29：10）

图版3-60　斜鼓腹陶盆（④：46）

图版3-61　深弧腹陶盆（H26：8）

深弧腹盆　2件。弧腹，最大径在腹中部。H26：2，直口，平沿，沿较宽，方唇较细，器物外腹部装饰几道凹弦纹。口径24厘米，残高5厘米（图3-14，1）。H26：8，口微侈，卷沿，圆唇。口径40.5厘米，残高7厘米（图3-14，5；图版3-61）。

3. 骨器

簪　2根。④：44，粗针状骨簪，一端圆润，背部有磨平痕迹，向另一端减收为尖形，通体光滑，有明显打磨痕迹。长约13.2厘米，厚0.07厘米（图3-15，1；图版3-62）。④：23，长锥状骨簪，一端有骨头，向另一端渐渐收敛变细，横截面为三角形。残长约8.7厘米（图3-15，2）。

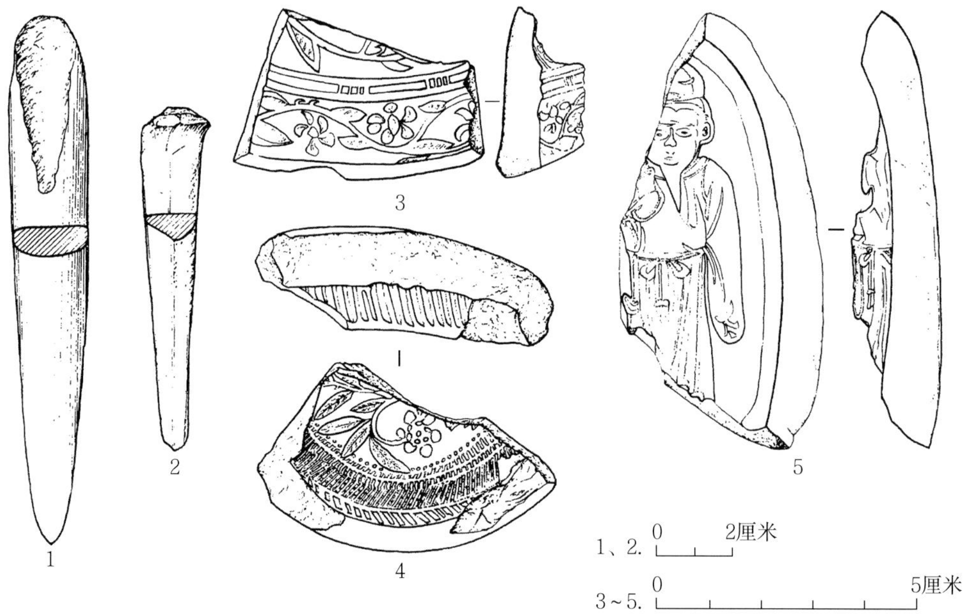

图3-15　TG148202晚期骨器、陶模具
1、2.骨簪（④：44、④：23）　3～5.陶模具（④：68、H7：46、④：63）

骰子 1个。H7 ：20，立方体骰子，六面分别钻有1～6点数，骨制，通体光滑，棱角经打磨为弧边。立方体边长约0.7厘米（图版3-63）。

4. 其他遗物

（1）模具

共3块，均为粗糙的泥质红陶，内凹一面有凸起的纹饰。④：68，外周饰缠枝花草纹，向内可见两圈凸弦纹，弦纹间或装饰斜线纹，中心部位残余较少，仅可见部分花草纹样。残长约4厘米（图3-15，3；图版3-64）。H7 ：46，外周有一圈细斜线交叉纹样，向内有一周细乳丁纹，中心印花草纹（图3-15，4；图版3-65）。④：63，为站立人物造型，面目清晰栩栩如生，头戴帽，上身着宽衣，下着长裙，腰系带，长袖飘逸垂在体侧，一手抚胸，一手横置于腰间。残长约8厘米（图3-15，5；图版3-66）。

（2）人物俑

瓷俑 1个。④：19，女坐俑，体中空。有发髻。身着右衽宽袖长袍，右手置于膝上，左手握一枝花，盘膝而坐。灰胎，胎质细。通体施釉，釉呈乳白色，表面有少许冰裂痕。通高4.56厘米（图3-16，3；图版3-67）。

陶俑 4个，均为胎质略粗糙的泥质红陶。④：9，陶俑背部内凹，头部及底残，头部原有幞头帽，着长袍，腰束带，胸口衣饰菱形花纹，人物跷腿而坐，双手置于膝上。陶俑表面原刷有一层金色亮粉，

图版3-62 骨簪（④：44）

图版3-63 骨骰子（H7：20）

图版3-64 陶模具（④：68）

图版3-65 陶模具（H7：46）

图版3-66　陶模具（④：63）

图版3-67　瓷俑（④：19）

图版3-68　陶俑（④：9）

图版3-69　陶俑（H7：3）

图版3-70　陶俑（④：10）

现仅在部分凹槽处有余留。残高6.6厘米，厚18厘米（图3-16，5；图版3-68）。H7：3，人物坐像，头部残，背部内凹。人物系领巾，身着宽衣，两袖挽起，双手交放于身前，一手拎系带壶，双腿分开坐于座上，下身着裤，露出部分小腿及足部。残高9厘米（图3-16，2；图版3-69）。H7：1，站立俑。背部略凹，头、腿残，上身着圆领宽衣，腰系带，双手握于腹前。残高4.5厘米（图3-16，4）。④：10，站立俑，陶俑背部内凹，头部残。上身着圆领宽袖短衣，腰束带，下着长裙，一手抚胸，一手侧垂，衣物上刻画有花纹。残高9.3厘米，厚1.1厘米（图3-16，6；图版3-70）。

（3）建筑构件

2个。④：64，残片。四边形，两面对印有龙身图样，龙身鳞片分明。残片正中有一孔。泥质灰陶。残片长约8厘米（图3-16，1；图版3-71）。H7：12，屋檐残片，仅余一角。屋檐一角翘起，垂脊上有一兽首，可能还有一条正脊，正脊尽头伸出至屋檐上，其上亦有一兽首。泥质灰陶。残长10厘米，残宽10厘米，残高7.5厘

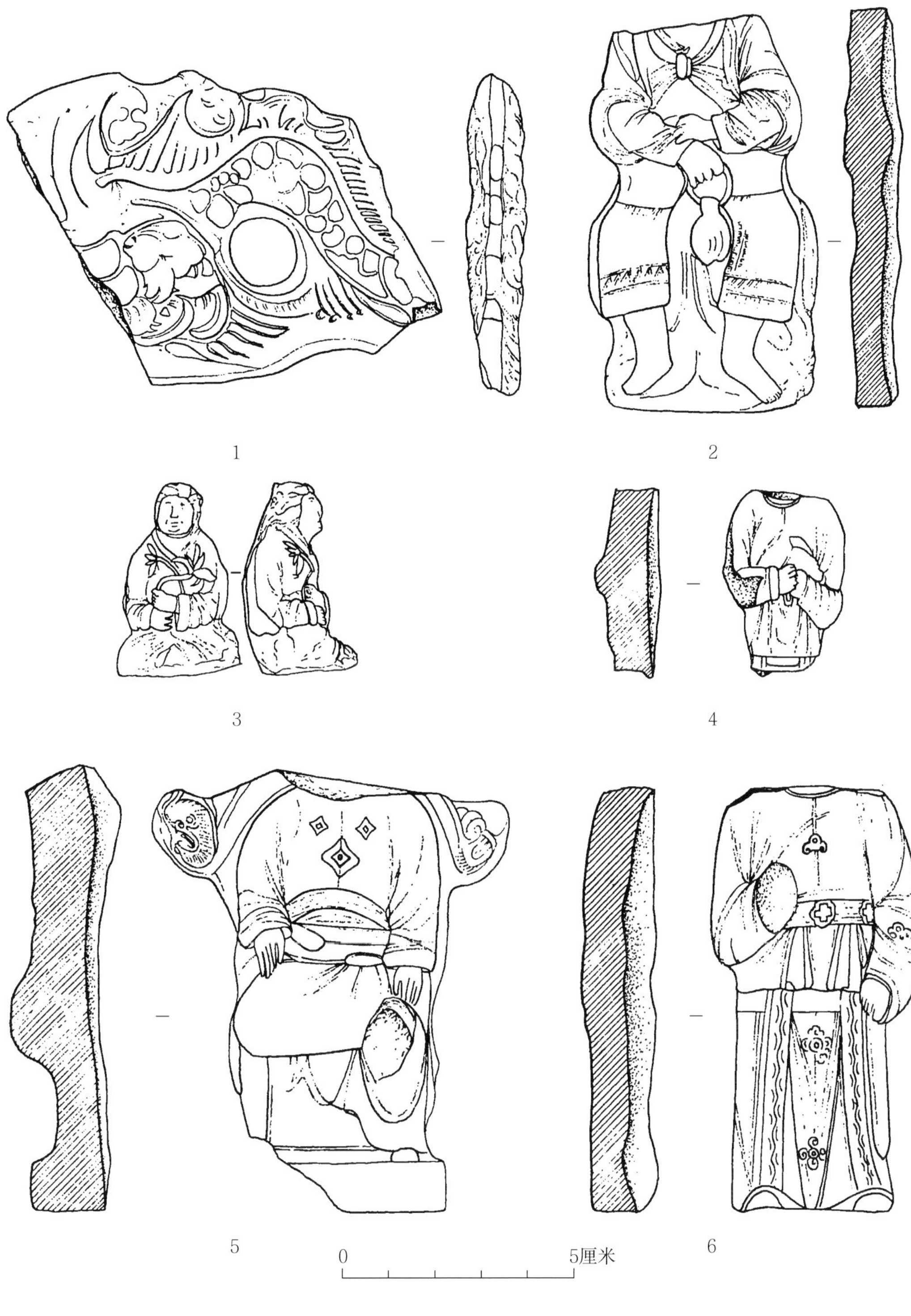

图3-16　TG148202晚期陶俑、瓷俑、建筑构件

1.建筑构件（④：64）　2、4～6.陶俑（H7：3、H7：1、④：9、④：10）　3.瓷俑（④：19）

图版3-71　陶建筑构件（④：64）

图版3-72　陶屋檐（H7：12）

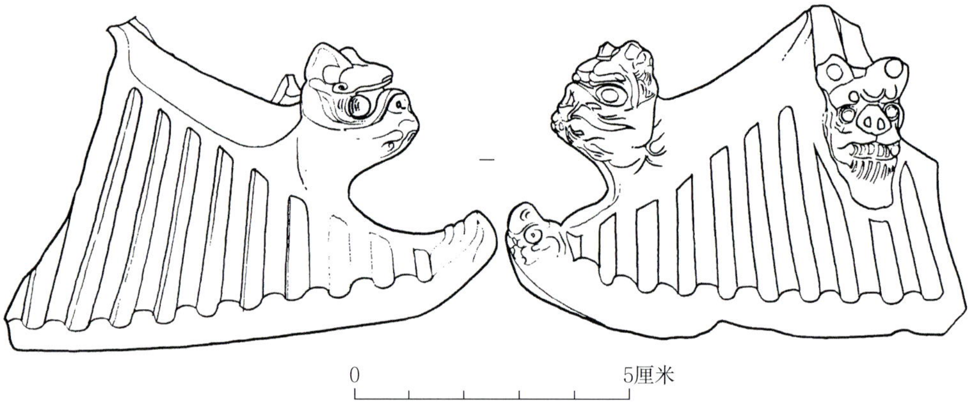

图3-17　TG148202晚期陶屋檐
（H7：12）

米（图 3-17；图版 3-72）。

（4）棋子

2 枚。H7 ：17，乳白色，半透明，石英石制成，通体打磨光滑。直径约 1.7 厘米，厚约 0.4 厘米（图版 3-73）。H7 ：10，一面微内凹，黑色，表面光滑。直径约 1.4 厘米，厚约 0.4 厘米（图版 3-74）。

图版3-73　石质棋子（H7：17）

图版3-74　素烧棋子（H7：10）

（5）钱币

共6枚。

天圣元宝 2枚。③：4，方穿，有内外郭，内郭较细，外郭较宽，肉厚，钱文楷书，旋读，背素面。直径约2.5厘米（图3–18，6）。④：8，方穿，有内外郭，外郭较宽，内郭较细，肉厚，钱文篆书，旋读。直径约2.5厘米（图3–18，4）。

皇宋通宝 1枚。H29：3，方穿，穿较广，内外郭均较细，肉厚，钱文篆书，顺读，背素面。直径约2.4厘米（图3–18，2）。

至和通宝 1枚。H7：8，方穿，穿较狭，内郭较细，外郭较宽，肉厚，钱文篆书，旋读。直径约2.4厘米（图3–18，3）。

熙宁元宝 1枚。③：1，方穿，有内外郭，内郭极细，外郭较宽，肉薄，钱文真书，旋读。直径约2.3厘米（图3–18，5）。

元丰通宝 1枚。H7：5，方穿，穿较狭，有内外郭，肉厚，锈蚀严重，钱文篆书，顺读。直径约2.9厘米（图3–18，1）。

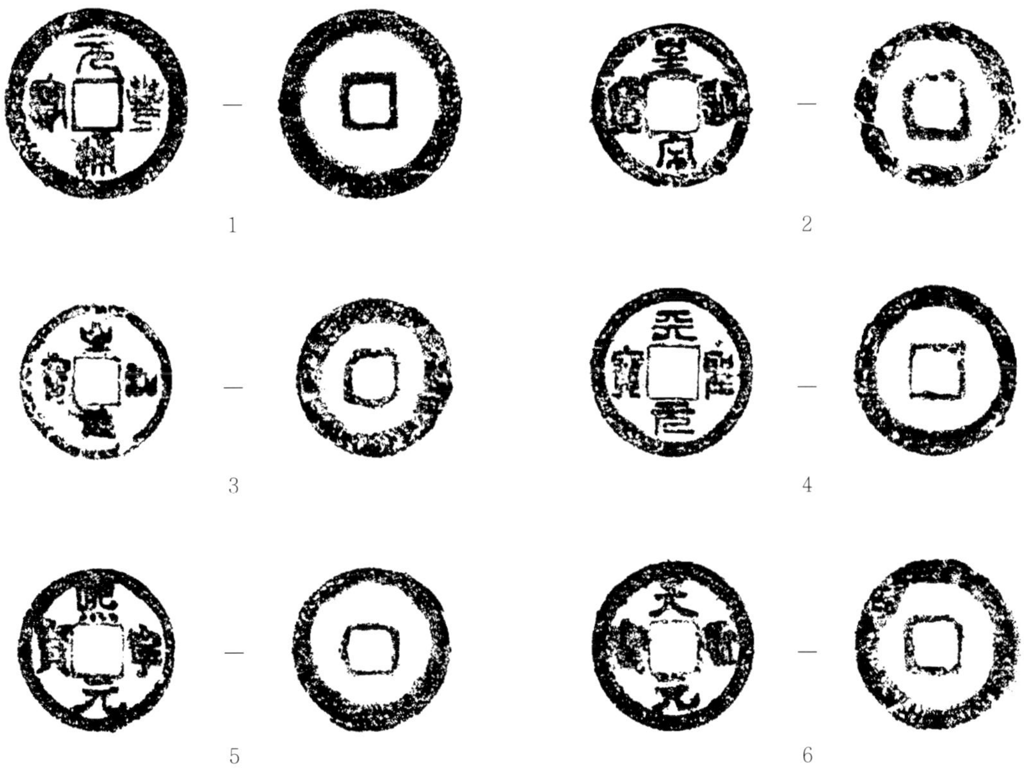

图3–18 TG148202晚期铜钱

1.元丰通宝（H7：5） 2.皇宋通宝（H29：3） 3.至和通宝（H7：8）
4、6.天圣元宝（④：8、③：4） 5.熙宁元宝（③：1）

第二节　ⅡTG126204

一、遗迹

该探沟遗迹现象较为单一，共发现灰坑 9 个（H48 ~ H50、H53、H55、H56、H62 ~ H64），均为垃圾坑或自然坑。

H49　3 层下开口，打破 H50 及第 4 层。平面开口呈长条形，南北长 452 厘米，东西宽 36 ~ 52 厘米，深 32 ~ 36 厘米，开口距地表 157 ~ 160 厘米。弧壁，平底，壁面粗糙，无明显人工加工痕迹。填土呈褐灰色，土质较硬，内含少量炭屑、红烧土块。出土少量陶片、瓷片、动物骨骼、铁块、碎砖瓦等。陶片以泥质灰陶为主，少量泥质红陶，可辨器型有钵、盆、罐等；瓷片以粗白瓷为主，还可见少量细白瓷、茶叶末釉瓷、黑釉瓷、素烧器以及三彩残片，可辨器型有碗、罐、盏等。根据堆积状况及出土遗物推测其性质为古代生活垃圾坑。

二、遗物

1. 瓷器

（1）青瓷

数量较少，大多为腹部残片。

壶　1 件。④ : 27，仅余部分口沿及流。直口，圆唇，直颈，短直流。土黄色胎，胎较粗，胎体可见气孔及黑色颗粒物。外壁施满釉，内壁仅口沿及颈部有釉，釉色青灰，釉面有冰裂纹。残高 5 厘米（图 3-19，6；图版 3-75）。

（2）粗白瓷

均为黄白色胎，胎质较粗糙。

碗　3 件。H49 : 8，敞口，尖圆唇，斜腹，饼状足平底，足缘经二次修削略尖。黄白色胎，胎色不均匀，口沿部位及部分腹部胎呈灰黑色。内壁施满釉，外壁施釉至腹中部，釉层较厚，乳浊感强，釉面较干，釉下施白色化妆土。外壁口沿下饰两周凹弦纹。口径 14 厘米，底径 7.6 厘米，高 3.8 厘米（图 3-19，5；图版 3-76）。④ : 25，底部残。敞口，折沿，方唇，斜腹。内壁施满釉，外壁施釉至腹中部，釉色白中泛黄，釉下施白色化妆土。口径 14 厘米，残高 2.7 厘米（图 3-19，4）。④ : 30，仅余底部。玉璧底，内墙微外斜。内外

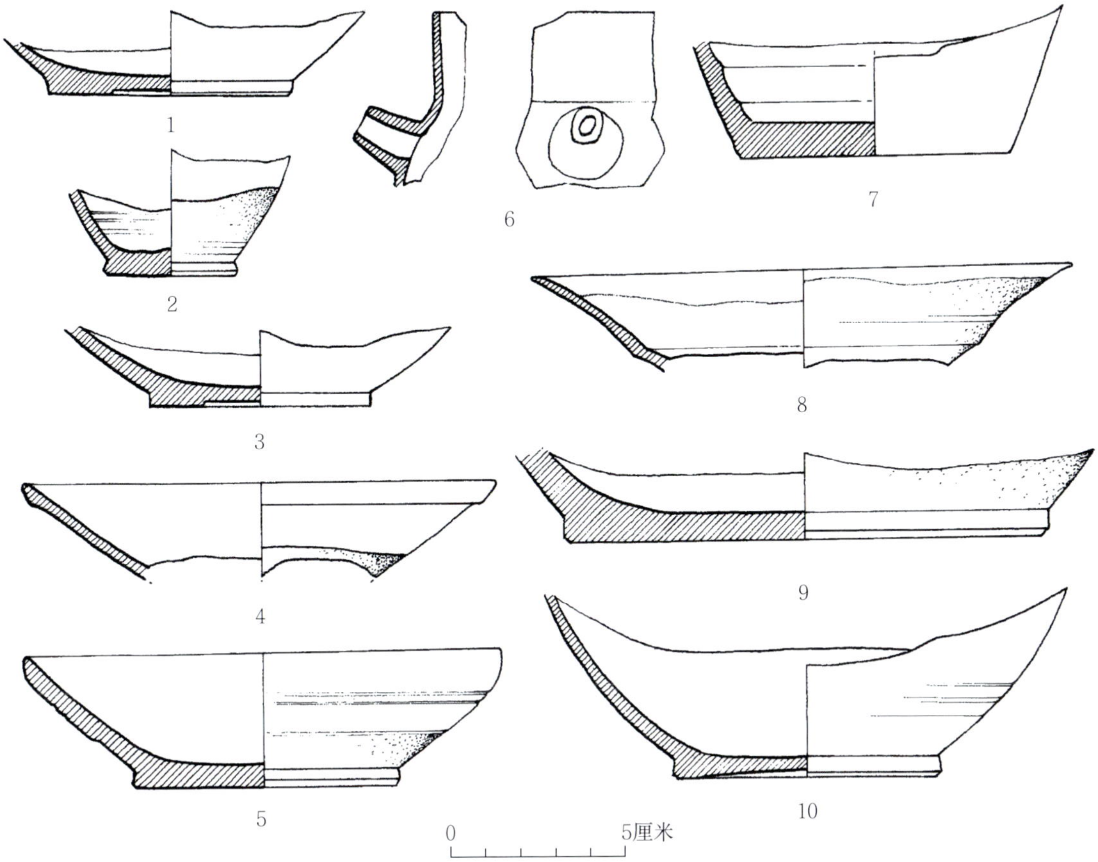

图3-19 TG126204粗白瓷、青瓷器

1、9、10.粗白瓷盆（③：7、⑥：17、④：29） 2、7.粗白瓷罐（③：9、⑤：8）
3～5.粗白瓷碗（④：30、④：25、H49：8） 6.青瓷壶（④：27） 8.粗白瓷碟（④：33）

图版3-75 青瓷壶（④：27）

图版3-76 粗白瓷碗（H49：8）

均施釉，仅足底经刮削露胎。釉色白中泛黄，釉下施白色化妆土。底径 6.5 厘米，残高 2.2 厘米（图 3–19，3）。

盆 3 件。均为器底，主要为饼状足平底及玉璧底二型。④：29，仅余器底。弧腹，饼状足平底内凹，足缘经二次修削。仅内壁施釉，釉色白中泛黄，釉面略凹凸，偶尔可见黑色颗粒物，釉面可见细冰裂纹。底径 7.8 厘米，残高 5.3 厘米（图 3–19，10；图版 3–77）。③：7，仅余器底。玉璧底，足缘经二次修削，内墙略外斜。仅内壁施釉，釉色白中泛青，釉面可见少量冰裂纹，并偶见颗粒物，内底可见 2 颗圆形支钉痕迹。底径 7 厘米，残高 2.4 厘米（图 3–19，1）。⑥：17，仅余器底。饼状足平底，足缘经二次修削略尖。内壁施釉，釉色白中泛青，釉下施白色化妆土。底径 14 厘米，残高 2.4 厘米（图 3–19，9）。

罐 2 件。均为器底，有平底罐及饼状足平底罐二型。⑤：8，仅余罐底。平底。乳白胎，胎质略细。内壁无釉，外壁施釉至下腹近底部，白釉。底径 8 厘米，残高 4.2 厘米（图 3–19，7）。③：9，仅余罐底。斜弧腹，饼状足平底，底较小，足缘经二次修削呈尖状。外壁施釉至下腹近底部，釉色白中泛青，釉下施白色化妆土。底径 3.7 厘米，残高 3.6 厘米（图 3–19，2）。

碟 1 件。④：33，底部残。敞口，尖唇，斜腹内收，下腹近底处折收。仅口沿部施黑釉，其余部分在胎上涂抹一层白色化妆土，釉面可见大量气泡痕迹。口径 16 厘米，残高 2.8 厘米（图 3–19，8；图版 3–78）。

（3）细白瓷

胎色洁白，胎质细腻，胎骨瓷化程度较高。

碗 2 件。⑤：12，仅余器底。细圈足，足缘经二次修削略尖，足底经修削略外斜。内壁施满釉，外壁施釉至足外墙。釉色莹润白中略泛青。底径 6 厘米，残高 1.4 厘米（图 3–20，3）。H50 ：13，仅余器底。细圈足略高。内外均施釉，仅足底经刮削露胎，釉色莹白，玻璃感强。底径 8 厘米，残高 1.5 厘米（图 3–20，4）。

骑马人塑 1 件。④：3，人头及半面人身、一侧两马腿残。马侧头，骑手端坐于马

图版3–77　粗白瓷盆（④：29）

图版3–78　粗白瓷碟（④：33）

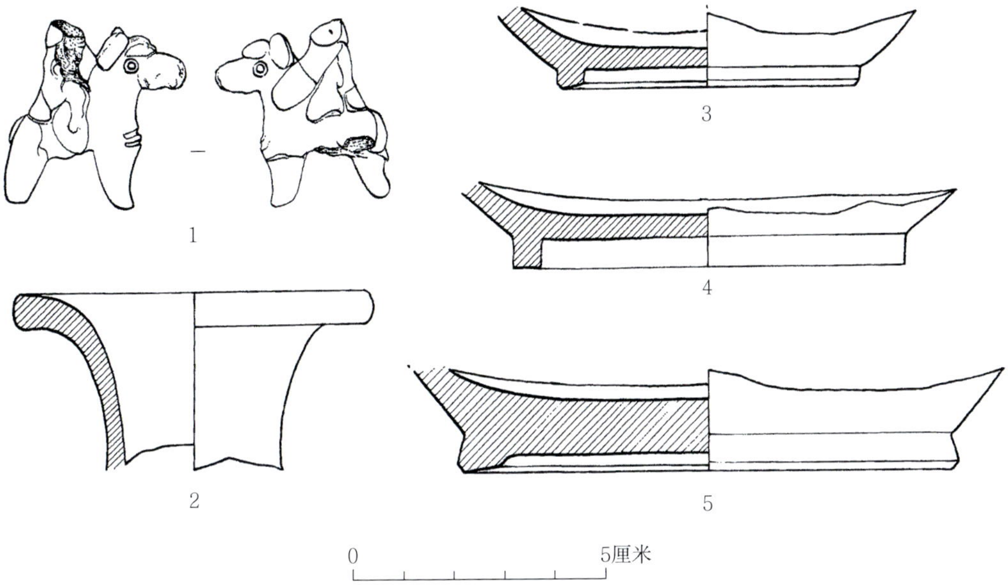

图3-20　TG126204细白瓷、茶叶末釉瓷器

1.细白瓷骑马人塑（④：3）　2.茶叶末釉瓷瓶（④：28）　3、4.细白瓷碗（⑤：12、H50：13）
5.茶叶末釉瓷盆（⑤：9）

背上。表面施白釉，釉色微泛黄，马身残存两腿上的釉已脱落。残高4厘米，身长3.5厘米（图3-20，1；图版3-79）。

（4）茶叶末釉瓷

瓶　1件。④：28，仅余口沿及颈部。敞口，圆唇，直颈。黄白胎，胎色不均，口沿部胎呈灰色。内外壁均施釉，釉色青绿，其上可见呈茶叶末状颗粒。口径7厘米，残高3.5厘米（图3-20，2；图版3-80）。

盆　1件。⑤：9，仅余器底。宽圈足较矮，足缘经二次修削略尖，内墙外斜，足底经修削外斜。土黄色胎略粗。仅内壁施釉，釉色青，釉面可见似茶叶末状颗粒。底径10厘米，残高2厘米（图3-20，5）。

图版3-79　细白瓷骑马人塑（④：3）

图版3-80　茶叶末釉瓷瓶（④：28）

（5）黑釉瓷

罐 3件。⑥：18，仅余器底。斜腹，饼状足平底，足缘经二次修削略尖。灰胎质细。内壁无釉，外壁施釉至下腹近底部，釉色黑亮，釉层较厚，玻璃感强。内壁可见明显泥条盘筑痕迹及轮修线痕。底径8厘米，残高4.8厘米（图3-21，3）。H49 ：9，仅余底部。饼状足平底内凹，足缘经二次修削呈尖状。黄白胎，胎质略细，胎色不均，靠近中心部位胎呈浅灰色。外壁施半釉至下腹近底部，釉色黑。底径8厘米，残高2.5厘米（图3-21，4）。③：8，仅余器底。饼状足平底，足缘经二次修削呈尖状。灰胎质细。内壁施满釉，外壁施釉至下腹近底部，釉色黑亮，外壁无釉处呈不均匀铁锈红色。底径18厘米，残高5厘米（图3-21，7）。

盆 2件。⑥：16，底部残。口略直，平沿较宽，沿略外斜，圆唇，斜弧腹。灰胎质粗，胎体可见大量黑色、白色细颗粒物。内外壁均施半釉，釉色黑，釉色不均匀，局部釉层较薄，隐约可见胎色，内壁釉面可见少量气泡。口径12厘米，残高6.5厘米（图3-21，10）。④：31，仅余器底。饼状足平底，足缘经二次修削略尖。乳白胎质细。内壁施满釉，外壁施釉至下腹近底部，外壁腹部可见流釉痕迹，釉色黑，釉面可见针眼状气孔。内底残余一支钉痕迹。底径9.5厘米，残高3厘米（图3-21，5）。

钵 4件。H50 ：7，底部残。敛口，折沿外斜，方唇，鼓腹。白胎略泛黄，质细。外壁上部及内外壁口沿部施白釉，釉面乳浊感强，隐约可见少量黑色细颗粒，内口沿处可见泪滴状白釉流釉痕迹，内壁腹部施黑釉，两种釉色在口沿下有少部分重叠，重叠部位釉面部分鼓起开裂，应为先涂黑色釉料再在其上涂白色釉料，白釉下施白色化妆土。口径12

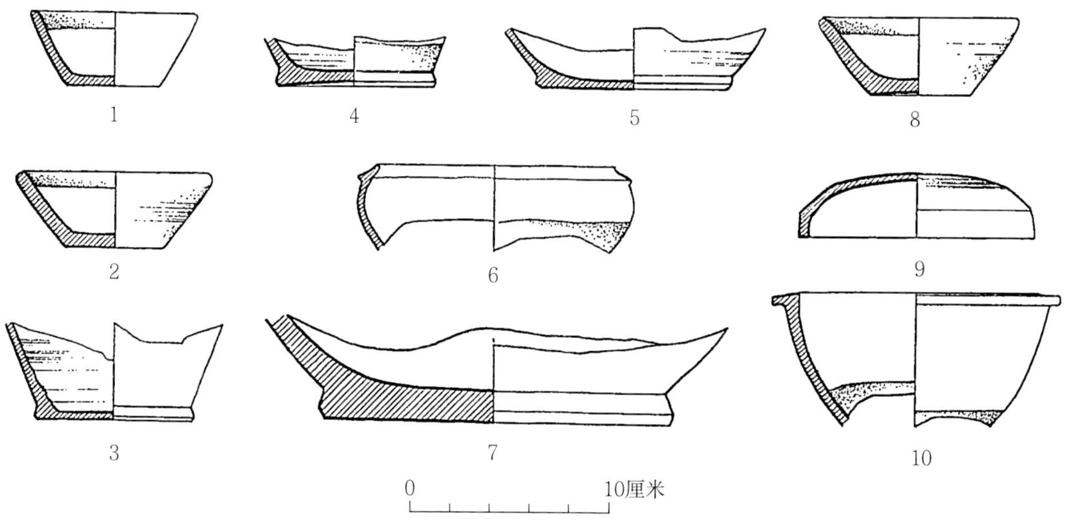

图3-21　TG126204黑釉瓷器

1、2、6、8.钵（H50：1、⑤：3、H50：7、⑤：2）　3、4、7.罐（⑥：18、H49：9、③：8）　5、10.盆（④：31、⑥：16）　9.器盖（H50：11）

厘米，残高 4.2 厘米（图 3-21，6）。⑤：2，可复原。敞口，圆唇，斜腹，饼状足平底。胎壁略厚，呈土灰色，胎质细腻。黑釉，仅内腹部及内底施釉，口沿及外壁、器底均无釉。器底可见轮状刮痕。口径 10 厘米，底径 5.3 厘米，残高 3.8 厘米（图 3-21，8；图版 3-81）。⑤：3，可复原。敞口，圆唇，斜腹，平底。胎呈灰色，胎质细腻。黑釉，仅内腹部及内底施釉，口沿及外壁、器底均无釉。外壁有轮修痕迹，器底可见轮状刮痕。口径 9.5 厘米，底径 5 厘米，残高 3.8 厘米（图 3-21，2；图版 3-82）。H50：1，可复原。口略直，圆唇，斜腹微鼓，平底。口沿及器物外壁无釉，仅器物内底及内腹部施黑釉。胎灰白色，质较细腻。口径 8.5 厘米，底径 4.8 厘米，残高 3.8 厘米（图 3-21，1；图版 3-83）。

器盖 1 件。H50：11，可复原。隆顶，直侧壁，顶部四周略斜折。土黄色胎，胎质略粗。仅外壁施釉，釉色黑，釉面隐约可见针眼状气孔。顶部饰三周弦纹。口径 12 厘米，高 3.2 厘米（图 3-21，9；图版 3-84）。

图版3-81　黑釉瓷钵（⑤：2）

图版3-82　黑釉瓷钵（⑤：3）

图版3-83　黑釉瓷钵（H50：1）

图版3-84　黑釉瓷器盖（H50：11）

2. 陶器

盆 8 件。均为泥质灰陶，胎质较粗糙。无复原器，根据腹部形态可将其分为鼓腹盆、弧腹盆、斜腹盆三型。

鼓腹盆 2 件。H49：5，侈口，折沿，圆唇，唇部由泥片折叠加厚。口径 32 厘米，残高 6 厘米（图 3-22，3）。H50：3，侈口，卷沿，圆唇，弧腹中部微鼓，下部斜

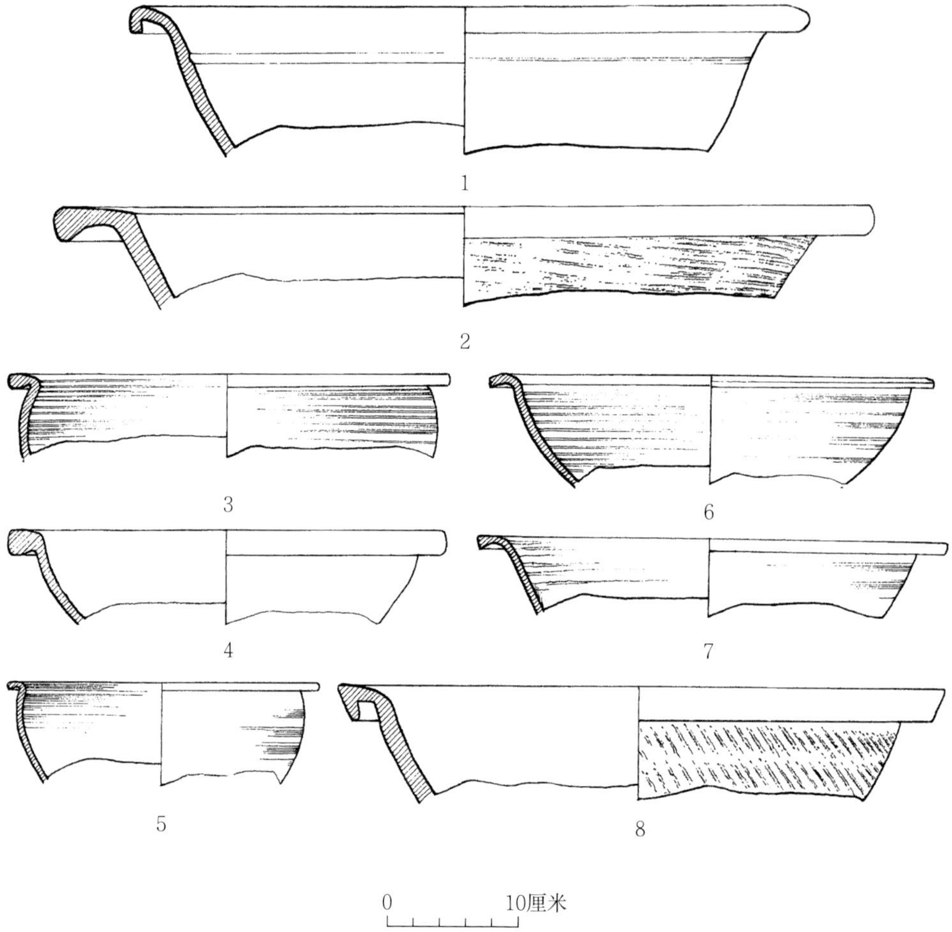

图3-22　TG126204陶盆
1、2、7.斜腹盆（⑥：12、⑥：14、H49：6）　3、5.鼓腹盆（H49：5、H50：3）
4、6、8.弧腹盆（H55：2、④：10、H56：1）

收。内外壁均隐约可见轮修线痕。口径24厘米，残高7.4厘米（图3–22，5；图版3–85）。

弧腹盆　3件。H56：1，敞口，折沿，方唇，斜腹上部微弧，外腹部饰两周篮纹。口径46.5厘米，残高8厘米（图3–22，8）。H55：2，敞口，宽平沿，方唇，唇部由泥片向外折叠加厚，斜腹上部微弧。口径34厘米，残高7厘米（图3–22，4）。④：10，侈口，卷沿，圆唇，斜弧腹。内壁可见暗弦纹，外壁隐约可见轮修线痕。口径34厘米，残高8厘米（图3–22，6）。

斜腹盆　3件。H49：6，敞口，卷沿，方唇，斜腹略直。内壁可见暗弦纹。口径36厘米，残高5.8厘米（图3–22，7）。⑥：12，敞口，卷沿，圆唇，斜腹。内壁上腹部可见一周凹弦纹。口径52厘米，残高10.6厘米（图3–22，1）。⑥：14，敞口，折沿，圆唇，唇部由泥片向外折叠加厚，斜腹。外腹部饰篮纹。口径66厘米，残高7厘米（图3–22，2）。

图版3-85　鼓腹陶盆（H50：3）

图版3-86　束颈陶罐（④：6）

罐　5件。均为胎质粗糙的泥质灰陶。无复原器，根据颈部形态可分为束颈罐、短直颈罐两型。

束颈罐　2件。④：6，口微敞，折沿外斜，方唇，短束颈，溜肩。内壁可见篦点纹。口径13.5厘米，残高4.4厘米（图3-23，3；图版3-86）。H49：4，口微敛，宽平沿，方唇，短束颈，溜肩。口径14厘米，残高3厘米（图3-23，1）。

短直颈罐　2件。③：6，直口，折沿略外斜，尖圆唇，短直颈，溜肩。器物内外壁均可见轮修线痕。口径9厘米，残高4.2厘米（图3-23，4）。⑥：8，直口，细平沿，圆唇，短直颈。口径12厘米，残高3.4厘米（图3-23，2）。

罐底　1件。H53：1，仅余器底。下腹微弧略直，平底。内壁可见泥条盘筑痕迹，外壁可见轮修线痕。底径7.2厘米，残高10厘米（图3-23，5）。

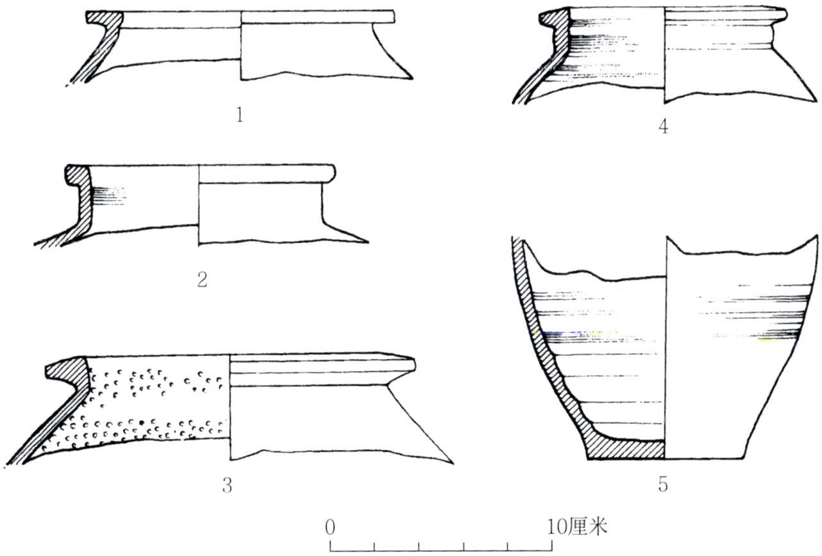

图3-23　TG126204陶罐
1、3.束颈罐（H49：4、④：6）　2、4.短直颈罐（⑥：8、③：6）　5.罐底（H53：1）

钵　6 件。根据口、腹部形态可分敞口斜腹钵、直口弧腹钵以及敛口鼓腹钵三型。以泥质灰陶为主，还有 1 件夹砂灰陶和 1 件夹砂红陶。

敞口斜腹钵　3 件。④：16，底部残。敞口，尖圆唇，斜腹略深。外壁上腹部饰三周凹弦纹。口径 16 厘米，残高 5 厘米（图 3-24，6）。⑥：4，可复原。敞口圆唇，斜腹内收，饼状底略内凹。泥质灰陶，胎厚重粗糙。素面，外壁隐约可见轮修线痕。口径 10 厘米，底径 4 厘米，残高 3.5 厘米（图 3-24，1；图版 3-87）。⑥：6，可复原。敞口圆唇，腹中部处弧起，饼状底。素面，内、外壁隐约可见轮修线痕，器底可见轮状刮痕。口径 9.5 厘米，底径 4.4 厘米，残高 3 厘米（图 3-24，8；图版 3-88）。

直口弧腹钵　2 件。④：11，底部残。夹砂灰陶，胎质粗糙。口略直，折沿外斜，圆唇，唇部饰三周凹弦纹。口径 18 厘米，残高 6.5 厘米（图 3-24，3）。⑥：11，仅余口沿。夹砂红陶，胎质粗糙。直口微敛，圆唇，唇部由泥片折叠加厚，斜腹。内、外壁均可见轮修线痕。口径 28 厘米，残高 5 厘米（图 3-24，5）。

敛口鼓腹钵　1 件。④：15，仅余口沿。敛口，圆唇，唇部由泥片折叠加厚，鼓腹。

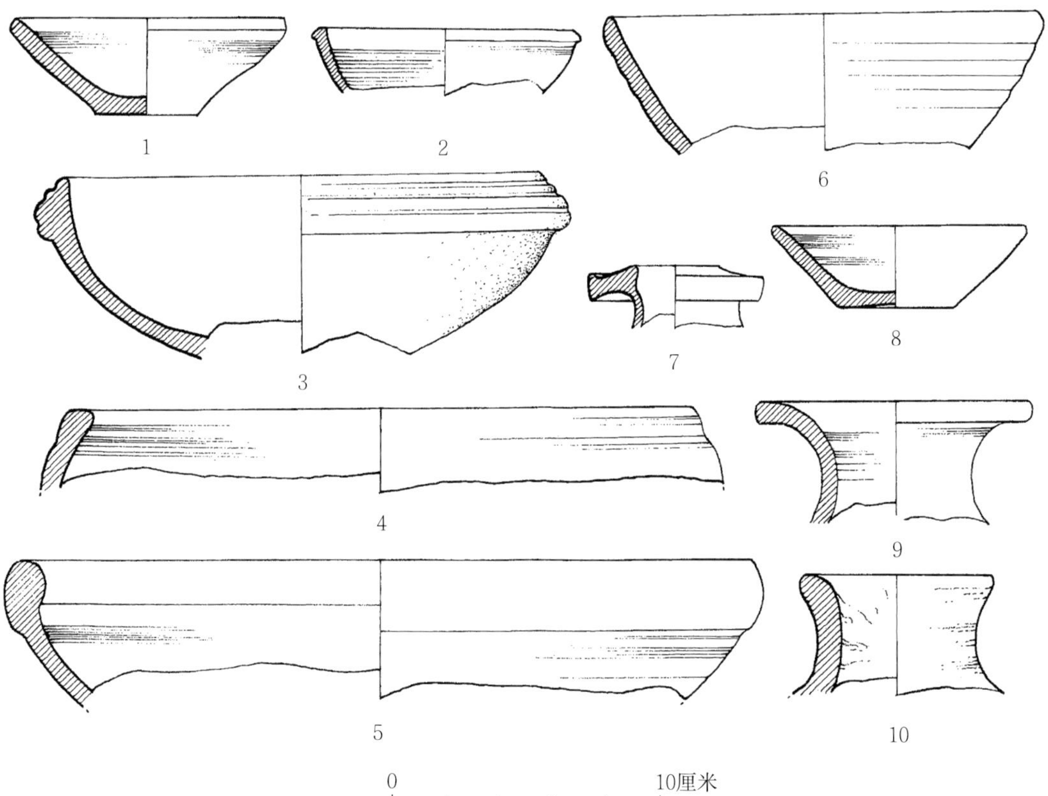

图3-24　TG126204陶器

1、6、8.敞口斜腹钵（⑥：4、④：16、⑥：6）　2.擂钵（H50：5）　3、5.直口弧腹钵（④：11、⑥：11）　4.敛口鼓腹钵（④：15）　7、9、10.瓶（H50：4、④：13、③：2）

内外壁均隐约可见轮修线痕。口径24厘米，残高3厘米（图3-24，4）。

擂钵 1件。H50：5，底部残。敞口，圆唇，唇部由泥片向外折叠加厚，斜腹微弧。内壁可见数周凹弦纹。口径10厘米，残高2.2厘米（图3-24，2；图版3-89）。

瓶 3件。均为泥质灰陶，胎质略粗。③：2，仅余口沿。敞口，圆唇，细直颈。口径7厘米，残高4.2厘米（图3-24，10）。④：13，仅余口沿及颈部。喇叭状敞口，卷沿，圆唇，细直颈。内外壁均可见轮修线痕。口径10厘米，残高4.5厘米（图3-24，9；图版3-90）。H50：4，仅余口沿。胎较薄。小口微敛，宽折沿略外斜，方唇，短束颈。口径3厘米，残高2.2厘米（图3-24，7）。

瓮 1件。H49：7，仅余口沿。泥质灰陶，胎体厚重粗糙。敞口卷沿，圆唇，短束颈，口沿上饰一圈凹弦纹。口径48厘米，残高5厘米。

陶球 1件。④：5，近球形，泥质灰陶，胎较粗，可见气孔及颗粒物，用途不明。球径约4.3厘米（图3-25，3；图版3-91）。

图版3-87 敞口斜腹陶钵（⑥：4）

图版3-88 敞口斜腹陶钵（⑥：6）

图版3-89 陶擂钵（H50：5）

图版3-90 陶瓶（④：13）

图版3-91 陶球（④：5）

3. 骨器

共 3 件，1 件为骨簪；2 件残缺，用途不详。③ ：5，骨簪。长立方体，横断面呈正方形，一端完整，一端残。通体光滑，有明显人工加工痕迹。残长 8.3 厘米（图 3-25，4；图版 3-92）。H49 ：2，长方形扁平柄状物，一端呈弧形，一端略残。器表光滑，有明显人工加工痕迹。用途不明。残长 5.5 厘米，宽 1.7 厘米（图 3-25，1；图版 3-93）。② ：1，残存部分呈半圆柱体，一头呈楔形。通体光滑，有明显加工痕迹。用途不详。残长 5 厘米（图 3-25，2；图版 3-94）。

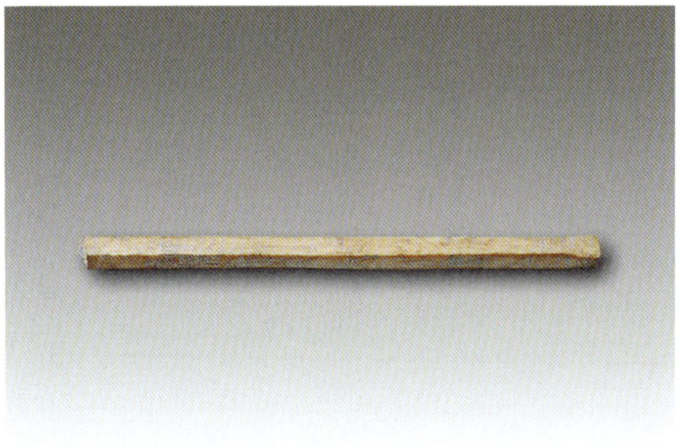

图版3-92　骨簪（③：5）

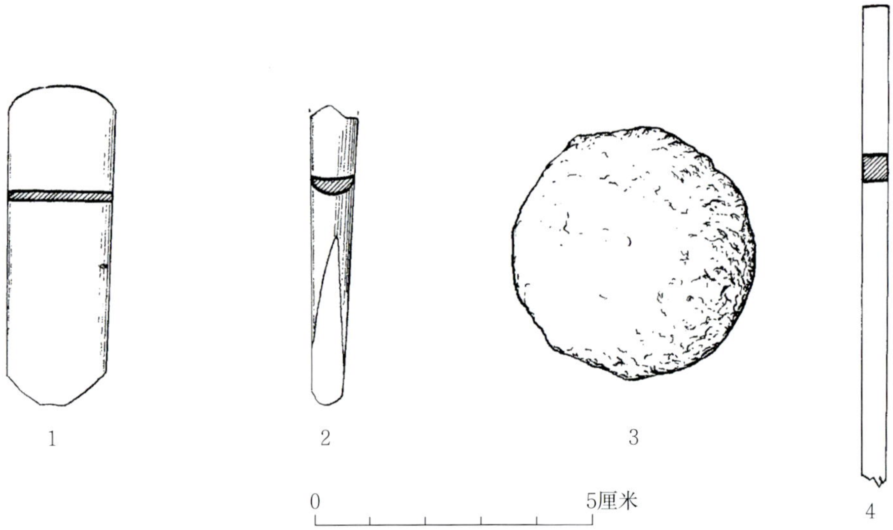

图3-25　TG126204陶球及骨器
1、2.骨器（H49：2、②：1）　3.陶球（④：5）　4.骨簪（③：5）

图版3-93　骨器（H49：2）

图版3-94　骨器（②：1）

4. 钱币

大多残碎，仅 3 枚钱文可辨认，均为开元通宝。H55 ：1，方穿，穿较广，内外郭均较宽，肉厚，锈蚀较严重，钱文隐约可见“开元通宝”四字，顺读，背素面。直径约 2.5 厘米。

第三节　Ⅱ TG162218

一、遗迹

根据地层间的叠压关系及其出土遗物，将该探沟内遗存分为早晚两个阶段，早期遗存包括第 5 层及叠压在其下的遗迹，晚期遗存包括第 3 层、第 4 层及叠压在其下的遗迹。

探沟内的遗迹现象较简单，包括灰坑 5 个、窖穴 1 个、堆石基址 1 处。

（一）早期遗迹

灰坑 2 个（H45 和 H46），窖穴 1 处（JX1）。

H45　5 层下开口，打破生土。坑口平面呈圆角长方形，剖面近筒形，平底，壁面粗糙无加工痕迹，坑深 110 ~ 118 厘米。坑内填土呈灰褐色，土质松软，其下部土色渐变为黄褐色，土质变硬，变黏，越往下发掘陶片越少，碎瓦片增多。填土中包含大量炭屑、烧土粒、草木灰、碎砖瓦（筒瓦、板瓦、绳纹砖）和少量石块，出土大量陶片和动物骨骼，不见瓷片。陶片多为泥质灰陶，也有少量红陶，多为素面，器表纹饰有绳纹、篮纹、弦纹和少量三角几何纹等。出土可复原陶器 13 件，包括陶钵 2 个、陶盆 4 个、小口双耳罐 2 个、陶瓮 2 件和陶扑满 3 个；出土动物骨骼的属种包括猪、牛、马、羊等，以猪为主。根据坑内堆积及出土遗物推测 H45 为生活垃圾坑（图 3-26，4；图版 3-95）。

H46　5 层下开口，打破生土。坑口平面近直角梯形，口径南北长 150 厘米，东西最宽处 61 厘米，剖面呈筒形，平底，坑壁规整，平直，壁面较光滑，深 150 ~ 160 厘米。坑内填土呈灰色，局部夹杂青灰色土，往下土色渐泛黄。土质较硬，填土中夹杂较多炭屑、碎砖瓦和少量石块，出土较多陶片，极少的瓷片和动物骨骼。陶片多为泥质灰陶，有少量夹砂陶，陶片多饰篮纹，次为素面，还有少量弦纹，可辨器型有钵、盆、罐、瓮等。

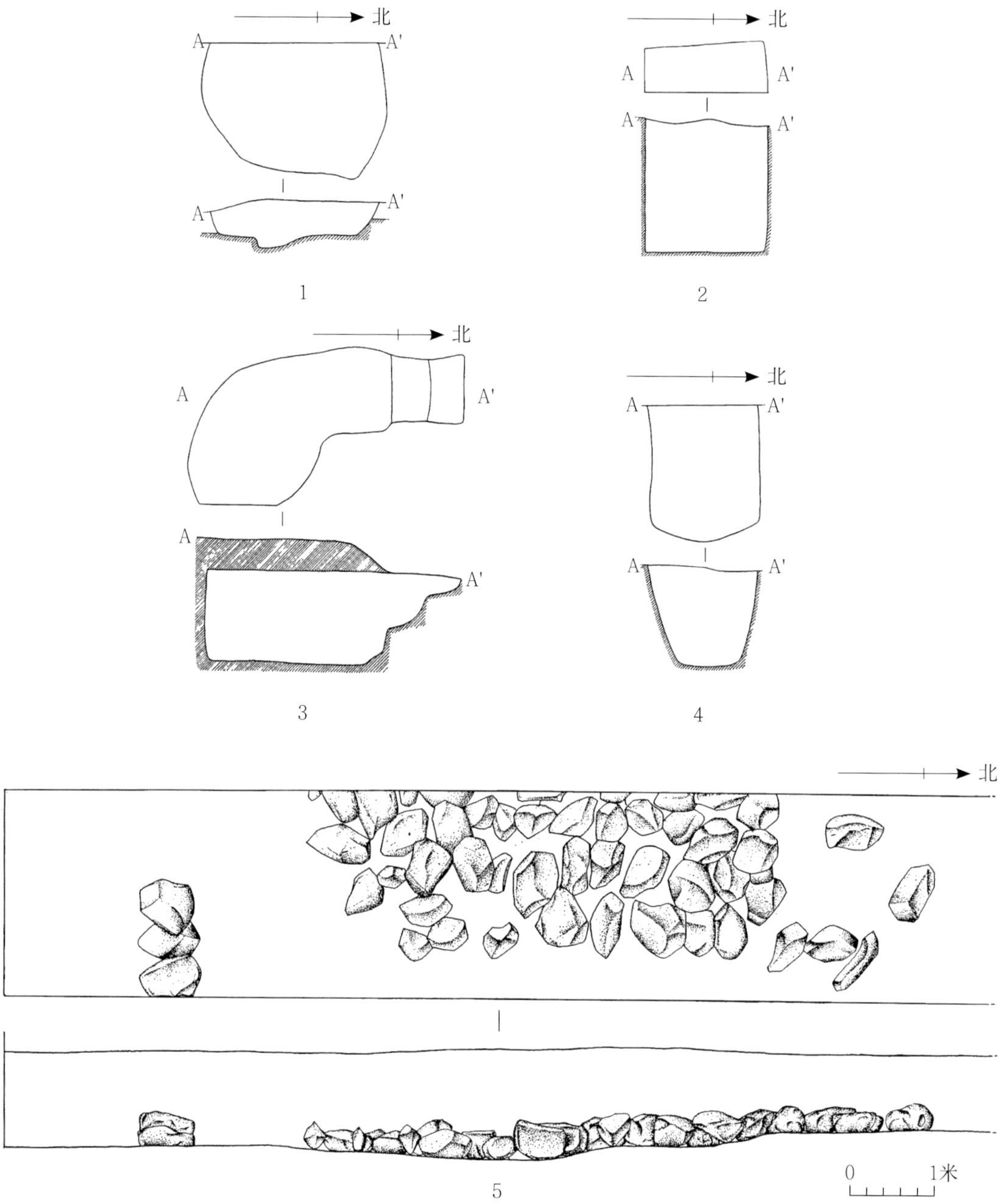

图3-26 TG162218遗迹平、剖面图
1.H35 2.H46 3.JX1 4.H45 5.堆石基址

坑壁规整，平直，应是人为修整过，之前的具体用途不详，废弃后被当作生活垃圾坑（图3-26，2）。

JX1 5层下开口，打破生土。平面形状近不规则的“凸”字形，口部朝北，口部往下有三层阶梯，阶梯高20～40厘米。长342厘米，最宽处为186厘米，深108～112厘米，直壁，壁面光滑齐整，底部较平。JX1内全为淤积的胶泥和黄沙，一层泥一层沙，相间分布，每层胶泥厚20～25厘米，土质较硬，包含较多炭屑、少量碎瓦片和极少的陶片、

图版3-95　H45

动物骨骼以及2枚开元通宝铜钱，出土陶片多为泥质灰陶，仅1件夹砂红陶，陶片以素面为主，次为篮纹，还有少量弦纹和麻花状几何纹，可辨器型有钵、盆、罐，出土可复原器陶钵1件、陶盆1件。每层黄沙厚2～5厘米，松软、纯净，无包含物。根据其结构、堆积状况和出土遗物，推测其为一处废弃的窖穴（图3-26，3）。

（二）晚期遗迹

灰坑共3个，堆石基址1处。

H35　3层下开口，打破第5层和生土。坑口平面形状近半圆形，口径南北长210厘米，东西最宽处181厘米，剖面呈弧形平底，壁面粗糙无加工痕迹，坑深30～60厘米。坑内填土呈黑灰色，土质疏松，填土中夹杂大量炭屑、烧土粒、草木灰、碎瓦片，少量白灰块，出土较多陶片，少量瓷片和动物骨骼，以及3枚残缺铜钱和1块铁饰件。陶片多为泥质灰陶，极少的夹砂灰陶和红陶，多素面，少量饰篮纹和弦纹，可辨器型有盆、碗。仅出土瓷片7片，2件青黄釉瓷、2件彩色瓷和3件粗白瓷，可辨器型有碗。出土铜钱锈蚀严重，字迹不清。依据其堆积状况及出土遗物，推测其应为生活垃圾坑（图3-26，1）。

堆石基址 3层下开口，打破5层。总长约974厘米，主体部分平面近长方形，长约476厘米，宽约183厘米。发现的砾石大小为15.62厘米，分布密集，排列较规整，共50余块。从已揭露的情况看，堆石的主体部分为南北向，每列（东西向）3至4块；在主体部分南约104米处，发现3块东西向排列的砾石，砾石的下方垫有大量的碎砖瓦，一直延伸至探沟西壁，主体部分的北面零散地分布有7块砾石；在堆石的北、东、南三面3层下发现一层硬的踩踏面，北面零散分布的几块砾石和最南面的三块砾石压于踩踏面之上，主体部分的砾石打破踩踏面。由于揭露面积较小，部分砾石叠压于探沟东、西壁下，无法得知其整体形状和结构，对其性质也难以定论，初步推测其可能为一处建筑基址（图3-26，5；图版3-96）。

图版3-96　TG162218堆石基址（上为东）

二、遗物

（一）早期遗物

1. 瓷器

出土的瓷片数量较少，共56片，包括粗白瓷、黑釉瓷、黄釉瓷、三彩瓷，可辨器型有盆、瓶、杯等。

（1）粗白瓷

多为土黄色或灰白胎，胎质粗，釉色白中泛黄或泛灰。

碗 1件。③：29，可复原。敞口，圆唇，斜腹，玉璧底，足缘经二次修削。土黄色胎，胎质略细。内壁施满釉，外壁施釉至足外墙。釉色白中泛黄，釉面有冰裂纹。内底可见垫圈痕迹，外足底可见轮状刮痕。口径13.6厘米，底径8厘米，高3.8厘米（图3-27，5）。

盒 1件。③：4，可复原，白釉，胎呈白色。敛口，尖圆唇，盖缺失，腹略直急收，

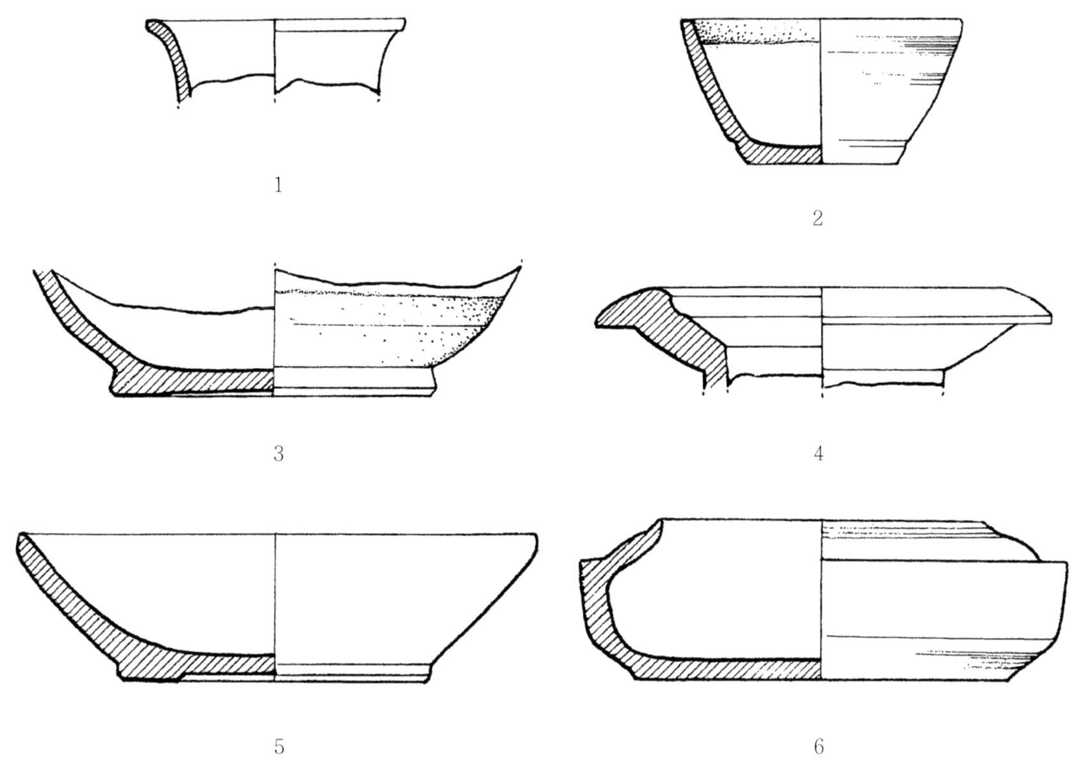

0　　5厘米

图3-27　TG162218早期瓷器

1.三彩瓷杯（⑤：15）　2.黑釉瓷钵（⑤：9）　3.粗白瓷盆（⑤：18）　4.粗白瓷瓶（⑤：17）　5.粗白瓷碗（③：29）　6.粗白瓷盒（③：4）

平底。口外部饰三周凹弦纹，腹下部隐见数条线痕。口径9厘米，腹径13.8厘米，底径10厘米，高4.1厘米（图3-27，6；图版3-97）。

瓶　1件。⑤：17，残余口沿及颈部。盘口，直颈，斜沿，沿内部有一周凹槽，圆唇，唇缘经削修。灰白胎，胎质略粗。仅外壁施釉，釉色灰白。口径13厘米，残高2.8厘米（图3-27，4）。

盆　1件。⑤：18，腹部及器底残片。弧腹，下腹近底部有一周突棱，饼状足，略外撇，平底内凹，足缘经修削较尖。黄白胎质较粗。内壁施满釉，外壁施釉至下腹近底处，釉色白中略泛黄，可见细小冰裂纹。底径9厘米，残高3.5厘米（图3-27，3）。

（2）黑釉瓷

钵　1件。⑤：9，可复原。敞口，圆唇，斜直腹，饼状足平底，外壁近足底部可见一圈凹弦纹。白胎，有些部位略泛灰，胎质紧致细腻。仅内腹部及底部施釉，釉色黑，底部釉面可见少量银色斑点。外壁可见明显轮修线痕。口径8厘米，底径4.4厘米，高4厘米（图3-27，2；图版3-98）。

图版3-97　粗白瓷盒（③：4）

图版3-98　黑釉瓷钵（⑤：9）

（3）三彩瓷

杯　1件。⑤：15，敞口，卷沿，圆唇，腹略直。白胎质略粗。内外壁均施白、绿两色彩。口径7.2厘米，残高2厘米（图3-27，1）。

枕面残片　1块。⑤：16，黄白胎，质粗。枕面绘纹饰，其上有白、绿、黄三色彩。

2. 陶器

出土陶片共1876件，可复原陶器15件，出土陶片多为泥质灰陶，还有极少的夹砂灰陶和红陶；器表以素面为主，次为篮纹，还有少量弦纹、三角几何纹、麻花状几何纹、篦点纹等；器类有瓮、罐、盆、钵和扑满，以陶罐和陶盆为主。

瓮　2件。H45：5，可复原。泥质灰陶，胎体厚重，胎质略粗。敞口，卷沿，圆唇，短束颈，溜肩鼓腹，下腹略直向内斜收，平底。口径49.5厘米，腹径75厘米，底径34厘米，高97厘米（图3-28，1；图版3-99）。H45：10，可复原。泥质灰陶，胎体厚重，胎质较粗。口微敞，卷沿，尖唇，短直颈，圆肩鼓腹，斜腹略直向内斜收，平底。口径36厘米，底径34厘米，高80厘米（图3-28，2；图版3-100）。

罐　5件。可分二型。

直口广肩罐　2件。H46：11，仅余口沿及肩部。泥质灰陶，胎质较粗。直口，折沿较细略外斜，方唇，短直颈，圆肩。外壁可见轮修线痕。口径34厘米，残高10厘米（图3-29，1；图版3-101）。H45：14，底部残。泥质灰陶，胎质略细。直口，口沿向外折叠加厚，尖唇，短直颈，圆肩鼓腹。口径14.5厘米，残高22.2厘米（图3-29，2；图版3-102）。

小口双耳罐　3件。H45：3，可复原。泥质灰陶，口微敞，平沿，圆唇，短束颈，溜肩，最大腹径位于上部，底内凹，肩部塑左右对称桥状耳。素面，口内显见手抹线纹，器底有弧状刮痕。口径10厘米，腹径19.8厘米，底径10.3厘米，高26厘米（图3-29，4；

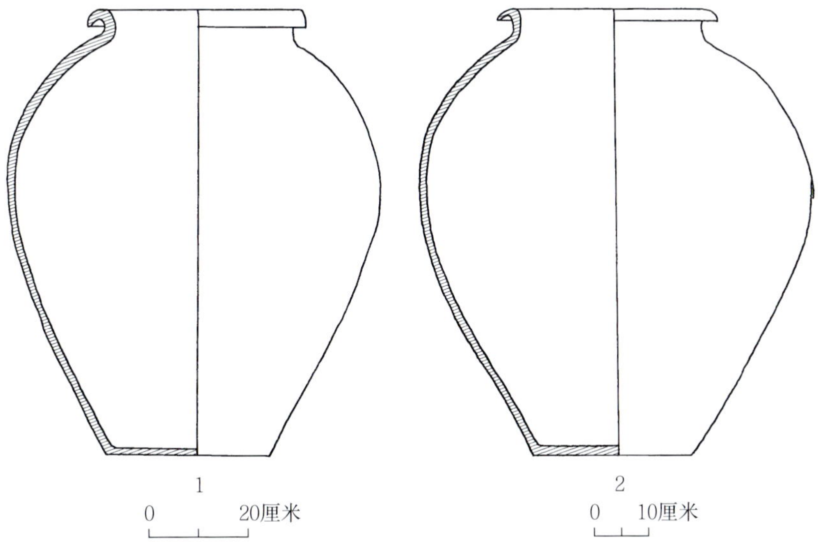

图3-28 TG162218早期陶瓮

1.H45：5 2.H45：10

图版3-99 陶瓮（H45：5）

图版3-100 陶瓮（H45：10）

图版3-103）。H45 ：6，可复原。泥质灰陶，胎色较浅且胎质略细。口略直，细平沿，尖唇，短直颈，溜肩鼓腹，下腹部略直，平底，肩部有一对桥状耳，耳由长方形泥片微内折制成，耳孔呈半圆状。口径11厘米，底径11.5厘米，高32厘米（图3-29，5；图版3-104）。H45 ：15，下腹部及底部残。泥质灰陶，胎质略细。口微敞，细平沿，圆唇，短直颈，溜肩鼓腹，肩部有一对桥状耳，耳较小，由柱状泥条制成，耳孔近圆形，内腹器耳对应处微凸，可见泥片捏塑固定痕迹。口径10厘米，残高11厘米（图3-29，3）。

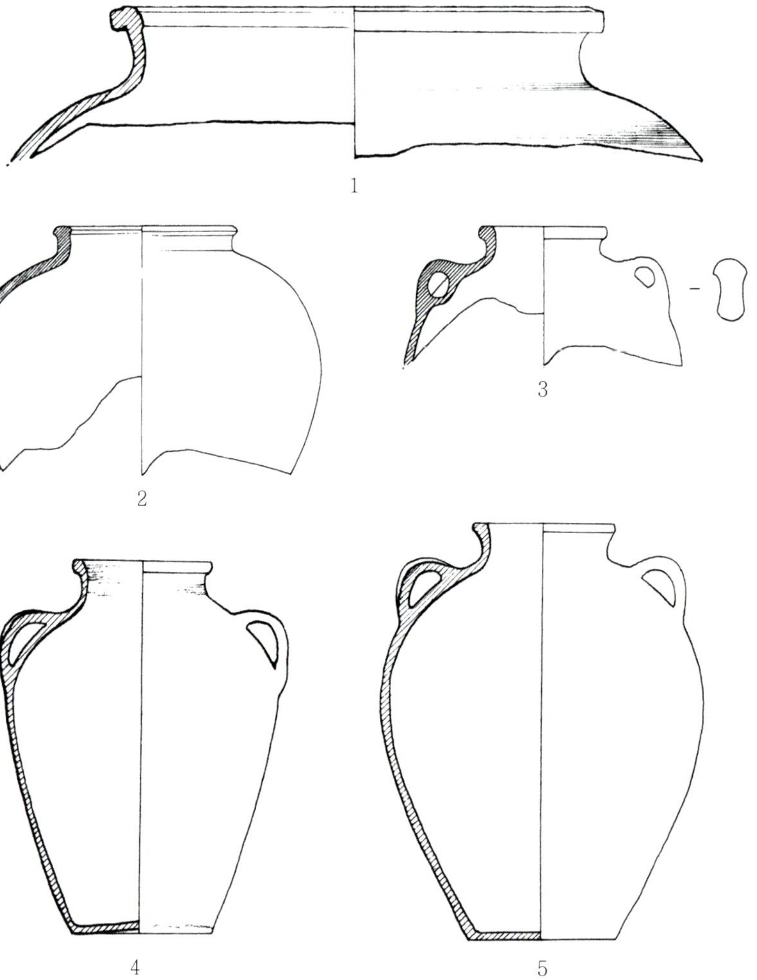

0 10厘米

图3-29　TG162218早期陶罐

1、2.直口广肩罐（H46：11、H45：14）　3～5.小口双耳罐（H45：15、H45：3、H45：6）

图版3-101　直口广肩陶罐（H46：11）

图版3-102　直口广肩陶罐（H45：14）

图版3-103　小口双耳陶罐（H45：3）

图版3-104　小口双耳陶罐（H45：6）

盆　5件。按腹部形态可分二型。

斜直腹盆　4件。H45：9，可复原。泥质灰陶，胎质略粗，胎体厚重。侈口，宽折沿内斜，方唇，斜腹较深，平底，外腹部饰交叉篮纹。口径63厘米，底径24.5厘米，高31.4厘米（图3-30，2；图版3-105）。H45：2，可复原。泥质灰陶，侈口，方唇，唇部略凹，斜直腹急收，平底，外壁腹下部可见泥条盘筑痕，内壁及内底显见数周暗弦纹，外底部有螺旋状刮痕。口径26.5厘米，底径11.6厘米，高6.6厘米（图3-30，5；图版3-106）。H45：13，可复原。泥质灰陶，胎质较粗糙，胎体厚重。侈口，宽折沿内斜，方唇，斜腹上部微鼓，平底。外腹部饰呈麦穗状的篮纹。口径60厘米，底径26厘米，高28厘米（图3-30，1；图版3-107）。H45：19，可复原。泥质灰陶，胎质较粗糙。侈口，宽折沿内斜，宽方唇，斜腹上部略鼓，平底，外腹部饰成组麦穗状篮纹。口径36.6厘米，底径16厘米，高14厘米（图3-30，3；图版3-108）。

斜折腹盆　1件。JX1：1，泥质灰陶。口微敛，圆唇，下腹折收，平底，素面，外腹部及口内显见轮修线痕。口径23厘米，底径10.4厘米，高6.4厘米（图3-30，4；图版3-109）。

扑满　2件。H45：7，可复原。泥质灰陶，胎质略粗，胎体可见大量气孔。隆顶，近顶部略平，鼓腹，平底，顶部正中有一窄长方形开口，腹部一侧可见一圆形钻孔。底径7厘米，腹径13厘米，高12厘米（图3-31，2；图版3-110）。H45：8，可复原。泥质

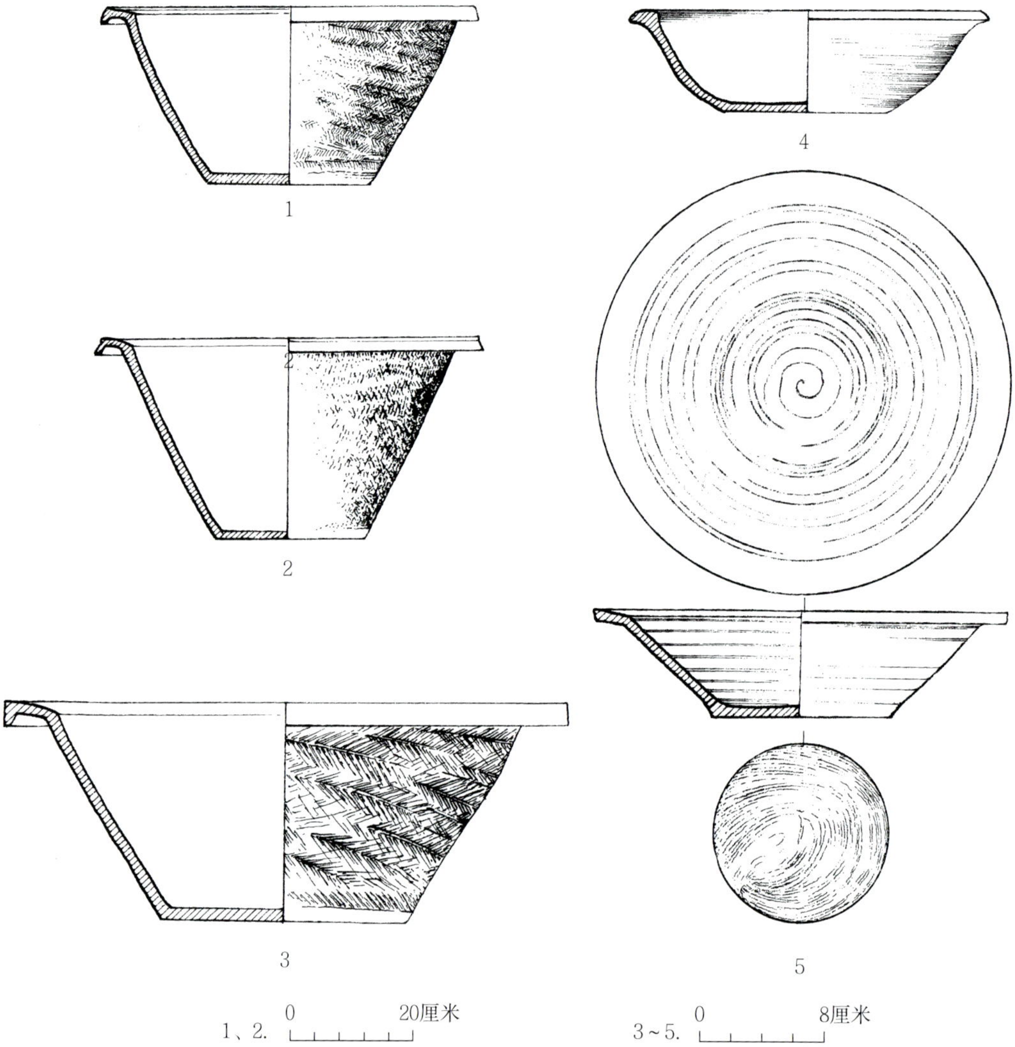

图3-30 TG162218早期陶盆

1～3、5.斜直腹盆（H45：13、H45：9、H45：19、H45：2） 4.斜折腹盆（JX1：1）

图版3-105 斜直腹陶盆（H45：9）

图版3-106 斜直腹陶盆（H45：2）

图版3-107　斜直腹陶盆（H45：13）

图版3-108　斜直腹陶盆（H45：19）

灰陶，胎色较深而近黑，胎质略细。顶部较平，腹中部鼓而下部直，平底，顶部一侧可见一纵细长方形开口。上腹近口沿处饰数周凹弦纹，腹部零星饰篮纹。底径 9.4 厘米，腹径 18.7 厘米，高 16.5 厘米（图 3-31，5；图版 3-111）。

钵　4 件。根据口沿、腹部形态可分二型。

敛口鼓腹钵　1 件。⑤：3，下腹部及底部残。泥质灰陶，胎质略细。敛口，圆唇，唇部由泥片折叠加厚，鼓腹。内外壁均可见轮修线痕。口径 28 厘米，残高 4.2 厘米（图 3-31，6；图版 3-112）。

敞口弧腹钵　3 件。JX1：4，可复原。泥质灰陶。素面。敞口，圆唇，弧腹，平底。腹部可见泥条盘筑痕，底部显见涡状刮痕。口径 9.3 厘米，底径 4.6 厘米，高 2.9 厘米（图 3-31，4；图版 3-113）。H45：1，可复原。泥质灰陶。敞口，圆唇，圆弧腹，饼状平底。内外壁上腹部可见轮修线痕。口径 11.4 厘米，底径 6.2 厘米，高 4.8 厘米（图 3-31，3；图版 3-114）。H45：4，可复原。泥质灰陶。敞口，圆唇，弧腹，腹下近底部微凸，平底内凹，素面，内壁腹

图版3-109　斜折腹陶盆（JX1：1）

图版3-110　陶扑满（H45：7）

图版3-111　陶扑满（H45：8）

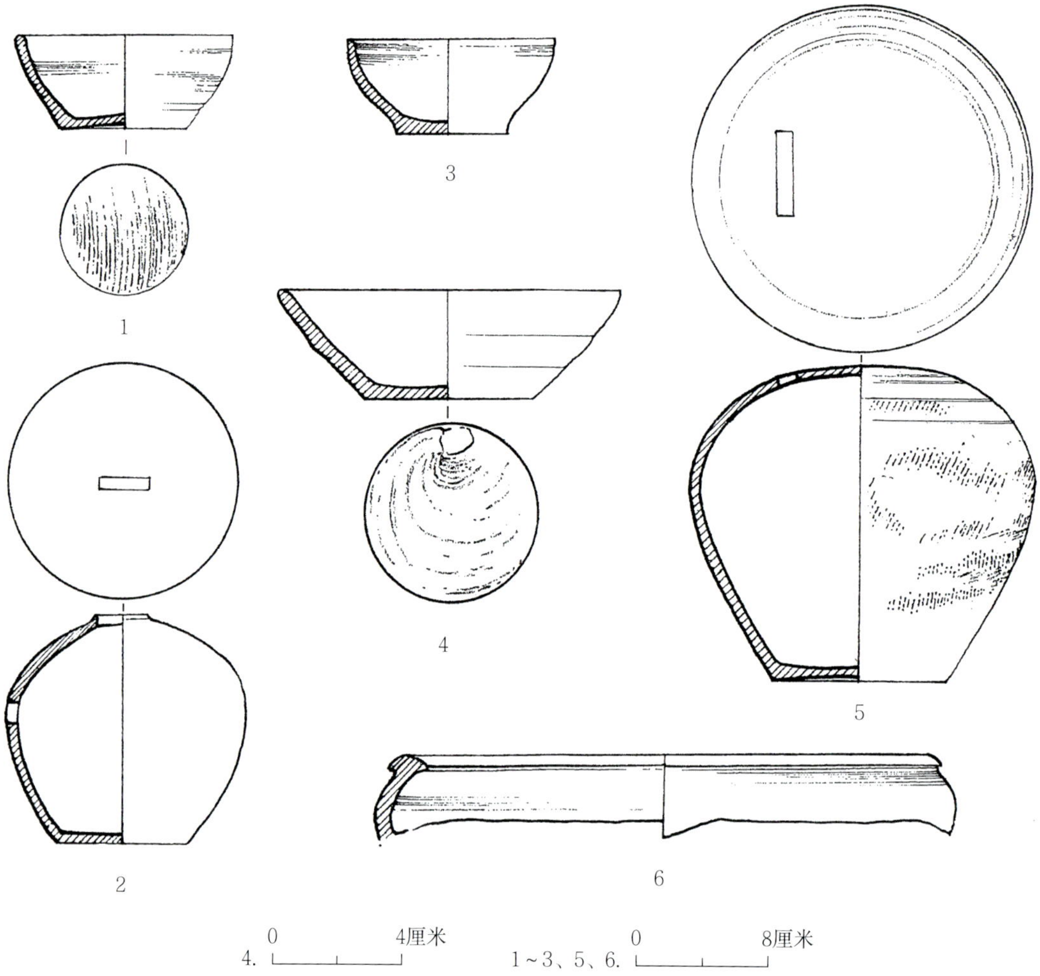

图3-31　TG162218早期陶器
1、3、4.敞口弧腹陶钵（H45：4、H45：1、JX1：4）　2、5.扑满（H45：7、H45：8）
6.敛口鼓腹陶钵（⑤：3）

图版3-112　敛口鼓腹陶钵（⑤：3）

图版3-113　敞口弧腹陶钵（JX1：4）

图版3-114　敞口弧腹陶钵（H45：1）

图版3-115　敞口弧腹陶钵（H45：4）

部及外壁隐约可见轮修线痕，底部显见弧状刮痕。口径 11.6 厘米，底径 6.9 厘米，高 4.8 厘米（图 3-31，1；图版 3-115）。

3. 钱币

共出土 4 枚铜钱，其中可辨识钱文的有 2 枚“开元通宝”铜钱和 1 枚“五铢”钱。

开元通宝　JX1 ：2，完整。钱文正面楷书字体，自上而下，自右至左，方穿，有外郭，背素面。直径约 2.5 厘米。

五铢　⑤：2，钱体略残。方穿较广，有外郭，外郭较宽，钱文正面篆书“五铢”二字，自右至左，背素面。直径约 2.2 厘米。

4. 建筑构件

有板瓦、筒瓦、绳纹砖等。

板瓦　1 件，凹面饰布纹。H45 ：27，板瓦残块。凸面光素，凹面满饰布纹，瓦首饰一圈掐印纹。残长 6 厘米，残宽 3.3 厘米，厚 2 厘米（图 3-32，1）。

筒瓦　1 件，凹面饰布纹。H45 ：28，筒瓦残块。直唇，斜舌。凸面光素，凹面饰布纹。残长 19.4 厘米，残宽 13 厘米，厚 1.5 厘米，舌长 2.9 厘米，舌尖厚 0.9 厘米（图 3-32，2）。

绳纹砖　1 件。H45 ：29，完整。平头，背面满饰细绳纹。长 33.5 厘米，宽 17.5 ~ 17.9 厘米，厚 5.1 厘米（图 3-32，3）。

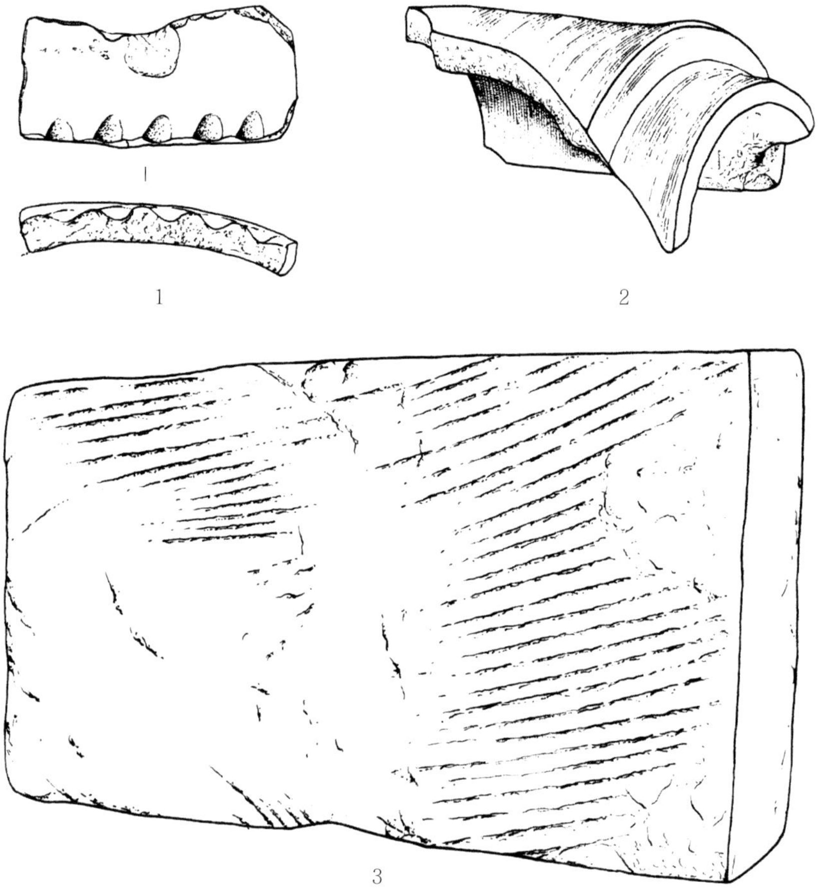

图3-32　TG162218早期建筑构件示意图
1.板瓦（H45：27）　2.筒瓦（H45：28）　3.绳纹砖（H45：29）

（二）晚期遗物

1. 瓷器

共出土瓷片408片，可复原瓷器5件。出土瓷片以粗白瓷为主，还有少量细白瓷、黑釉瓷、青瓷、黄釉瓷、茶叶末釉瓷、三彩瓷等；器型有碗、罐、盒、盆、灯盏、钵、枕，以碗、罐为主。

（1）粗白瓷

多为土黄色胎和灰白色胎，胎质略粗，釉色白中泛黄或泛青。

碗　4件。③：39，口沿及上腹部残片。敞口，圆唇，斜腹，上腹外侧有两周突棱。胎色土黄略泛红，胎质细腻。内外壁均施釉，釉色白中泛黄，釉下施白色化妆土。口径18

厘米，残高 2.6 厘米（图 3–33，1）。③：42，口沿及腹部残片。敞口，尖唇，浅弧腹。灰白胎，胎质略粗。内壁施满釉，外壁施釉至口沿下。釉色白中泛青黄，釉下施白色化妆土。口径 14 厘米，残高 3 厘米（图 3–33，3）。③：43，口沿及腹部残片。敞口，沿内斜，圆唇，斜腹略弧。土黄色胎，胎质略粗，夹杂较多细微颗粒物。内外壁均施釉，外壁施釉至上腹部。釉色白中略泛黄，釉面较干涩，可见细微冰裂痕。口径 20 厘米，残高 3 厘米（图 3–33，6）。③：47，器底残片。斜腹，矮圈足，足外撇，足缘经削修。浅灰色胎，胎质细腻。内壁施满釉，外壁施釉至下腹部。釉色白中泛青，可见细微冰裂痕。器内底有涩圈，涩圈处施白色化妆土。底径 6 厘米，残高 2.5 厘米（图 3–33，7）。

盆　1 件。④：20，仅余器底。细圈足，内墙外斜。白胎，胎骨瓷化程度较高。内外壁均施釉，釉色洁白莹润。底径 10 厘米，残高 2.8 厘米（图 3–33，2）。

（2）细白瓷

白胎或灰白胎，胎质细腻紧致，釉色洁白，厚匀明亮。

灯盏　1 件。③：28，可复原。敞口，宽平沿，圆唇，斜腹内收，腹下急向内折，饼状足平底。白胎，胎体轻薄，胎质细腻。内壁施满釉，外壁施釉至腹中部，釉色白中略泛黄，呈乳白色。内外壁均可见明显轮修线痕，底部可见漩涡状刮痕。口径 5.6 厘米，底径 2 厘米，高 1.1 厘米（图 3–33，4；图版 3–116）。

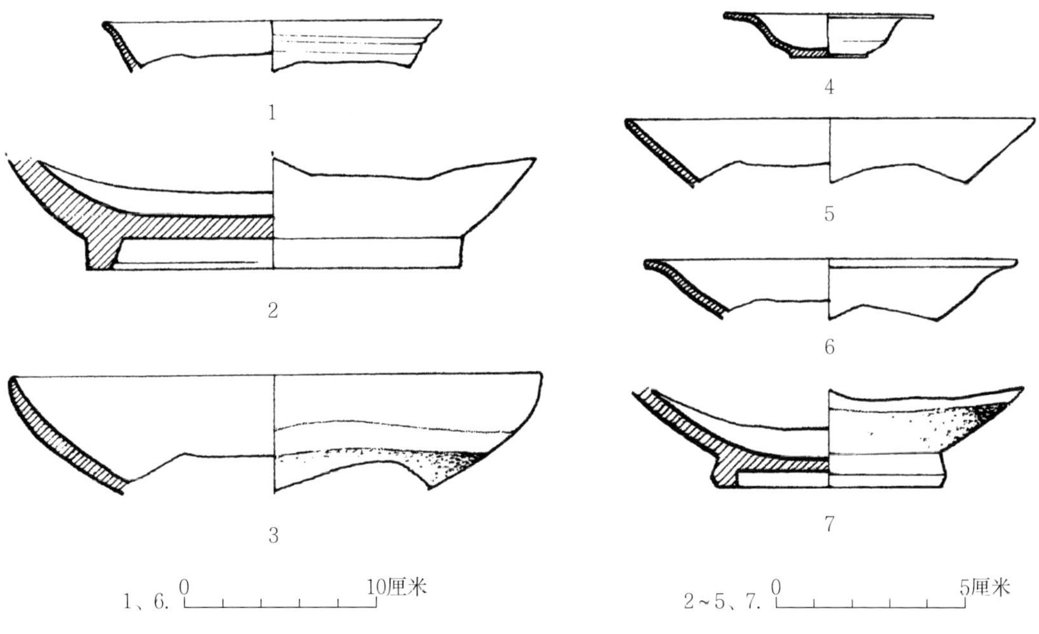

图3–33　TG162218晚期白瓷器

1、3、6、7.粗白瓷碗（③：39、③：42、③：43、③：47）　2.粗白瓷盆（④：20）
4.细白瓷灯盏（③：28）　5.细白瓷盏（③：41）

图版3-116　细白瓷灯盏（③：28）

盏　1件。③：41，口沿残片。敞口，斜腹，圆尖唇。灰白胎，胎质细腻坚致。内外壁均施釉，釉色洁白，厚匀明亮。口径11厘米，残高1.6厘米（图3-33，5）。

（3）青瓷

多为灰白胎，胎质细腻紧致，施橄榄青色釉或豆青色釉，可辨器型有碗、盏，其余多为碎片。装饰手法有刻花、印花，纹饰题材有牡丹纹、菊纹、水波纹等。

碗　3件。③：40，腹部及器底残片。深弧腹，高圈足，内墙外斜。灰白胎，质坚细。通体施釉，仅足底经刮削露胎。釉呈橄榄青色，温润光亮，富含小气泡，外底及足部呈铁锈红色。器外腹刻牡丹纹。底径5厘米，残高4厘米（图3-34，3）。③：44，口沿及腹部残片。敛口，圆尖唇，斜腹较浅。灰胎，胎质细腻坚致。内壁施满釉，外壁施釉至腹中部。豆青色釉，匀光明亮，有少量气孔和大量细微冰裂痕，釉下施白中略泛黄的化妆土。口径16厘米，残高4厘米（图3-34，2）。④：18，仅余器底。斜腹，细圈足微外撇。浅灰色胎，胎质较细。内外壁均施釉，内底有涩圈，可见粘砂，外壁施釉至腹中部，釉色青灰。底径7厘米，残高3.6厘米（图3-34，4）。

器底　1件。③：24，灰白胎质细，内外施青釉。内底面饰刻花缠枝菊纹，外壁饰刻花菊纹（图3-34，1）。

（4）黑釉瓷

钵　1件。③：1，可复原，内壁施黑釉，胎呈灰色，敞口，圆唇，斜腹，平底内凹。素面，外壁可见轮修线痕。口径10.8厘米，底径6.4厘米，高3.1厘米（图3-35，4；图版3-117）。

罐　2件。③：49，口沿及肩部残片。直口，圆唇，短颈，圆肩，颈下有一周突棱。灰胎，胎质略粗，可见少量气孔。内外壁均施釉，外壁施黑釉，内壁施酱釉，釉面干涩，光亮度差，内壁颈下有明显的流釉现象。口径10厘米，残高6厘米（图3-35，2；图版3-118）。④：21，仅余器底。斜腹，饼状足平底内凹，足缘经修削较尖。黄白胎质较粗。仅外壁施釉至下腹近底处，釉色黑。底径7.5厘米，残高4.8厘米（图3-35，5）。

（5）黄釉瓷

罐　1件。③：46，器底残片。斜腹略弧，平底内凹，足缘经削修。浅灰色胎，胎质略粗。内壁施满釉，釉色青黄，内壁可见明显的轮修线痕。外壁施釉至足部，釉色棕黄，匀光明亮，局部流釉至足底部。底径4.2厘米，残高3厘米（图3-35，1）。

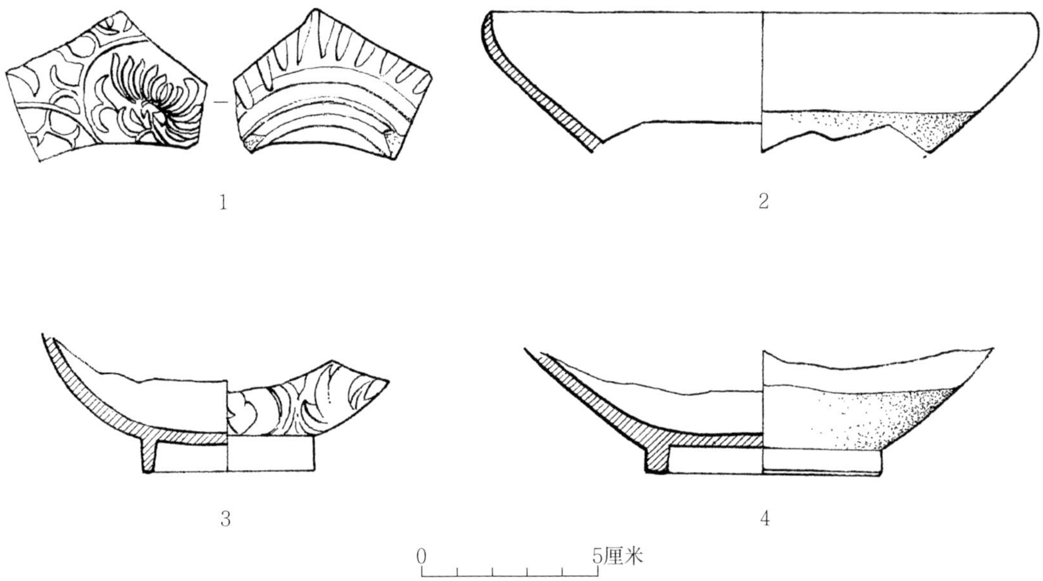

图3-34　TG162218晚期青瓷器

1.器底（③：24）　2～4.碗（③：44、③：40、④：18）

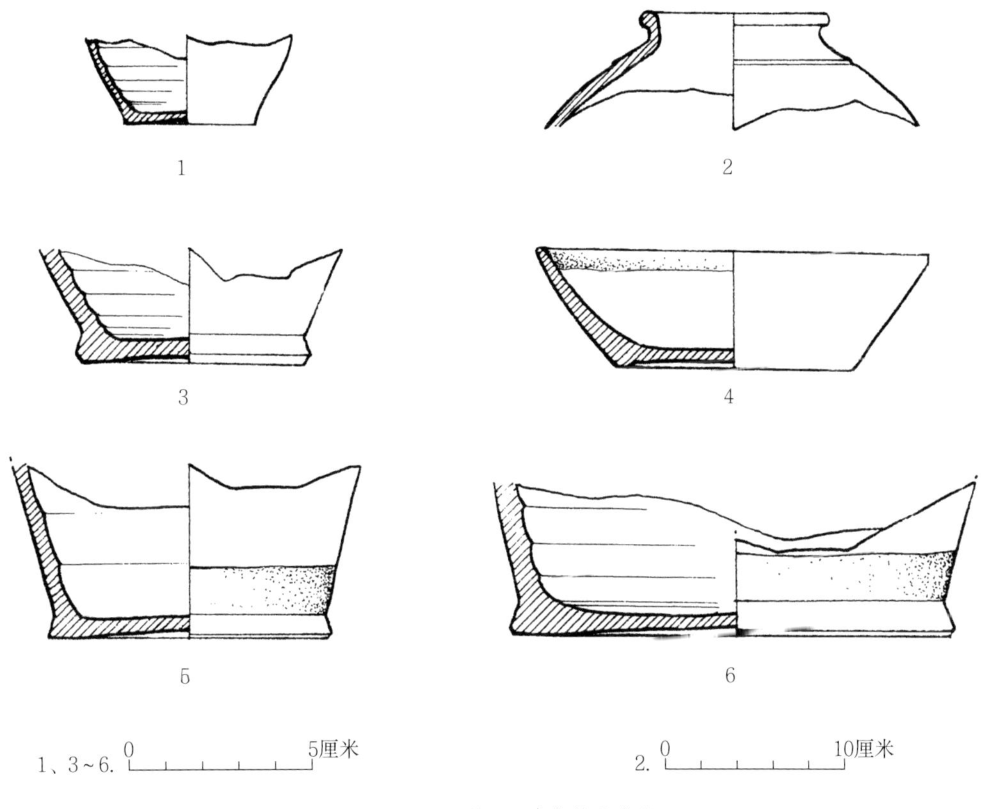

图3-35　TG162218晚期其他瓷器

1.黄釉瓷罐（③：46）　2、5.黑釉瓷罐（③：49、④：21）　3.三彩瓷罐（④：17）　4.黑釉瓷钵（③：1）　6.茶叶末釉瓷罐（③：48）

图版3-117　黑釉瓷钵（③：1）

图版3-118　黑釉瓷罐（③：49）

（6）茶叶末釉瓷

罐　1件。③：48，器底残片。斜腹，平底内凹，足外撇，足缘经削修。胎色白中泛黄，胎质略粗，可见大量细微颗粒物。仅外壁施釉至下腹部。釉色青绿，釉面干涩。内壁及足底可见明显的轮修线痕。底径12厘米，残高4厘米（图3-35，6）。

（7）三彩瓷

罐　1件。④：17，仅余罐底。饼状足平底内凹，足缘经修削略尖。砖红色胎，胎质较粗。仅外壁施黄、绿色彩，部分釉层已脱落。底径6厘米，残高3厘米（图3-35，3）。

2. 陶器

出土陶片共1334件，可复原陶器2件，出土陶片多为泥质灰陶，还有极少的泥质红陶、夹砂灰陶和红陶；器表以素面为主，还有少量篮纹、弦纹、方格纹；出土陶器器类有盆、钵和碗，以陶盆为主。

盆　8件。根据腹部形态可分二型。

斜腹盆　5件。腹壁均较斜直。③：19，口沿及上腹残片。泥质灰陶，胎质较粗。敞口，宽平沿，圆唇，唇部由泥片向外折叠加厚，上腹部饰数周凹弦纹，内壁可见轮修线痕。口径57厘米，残高8厘米（图3-36，4）。③：20，底部残。泥质灰陶，胎质较粗。侈口，宽平沿，尖唇。外腹部饰篮纹。口径57.5厘米，残高12厘米（图3-36，1）。④：10，下腹部及底部残。泥质灰陶，胎质较粗。敞口，细平沿，圆唇。外腹可见轮修线痕。口径80.5厘米，残高9.5厘米（图3-36，7；图版3-119）。H35：8，底部残。泥质灰陶，胎质略粗，胎体厚重。敞口，卷沿，圆唇，唇部由泥片折叠加厚。器物外壁可见数周细凹弦纹。口径53厘米，残高10.8厘米（图3-36，6）。④：6，仅余口沿及上腹部。泥质灰陶，胎质略细。敞口，折沿，圆唇，斜腹内收。内外壁均可见轮修线痕。口径23厘米，残高3.5厘米（图3-36，5）。

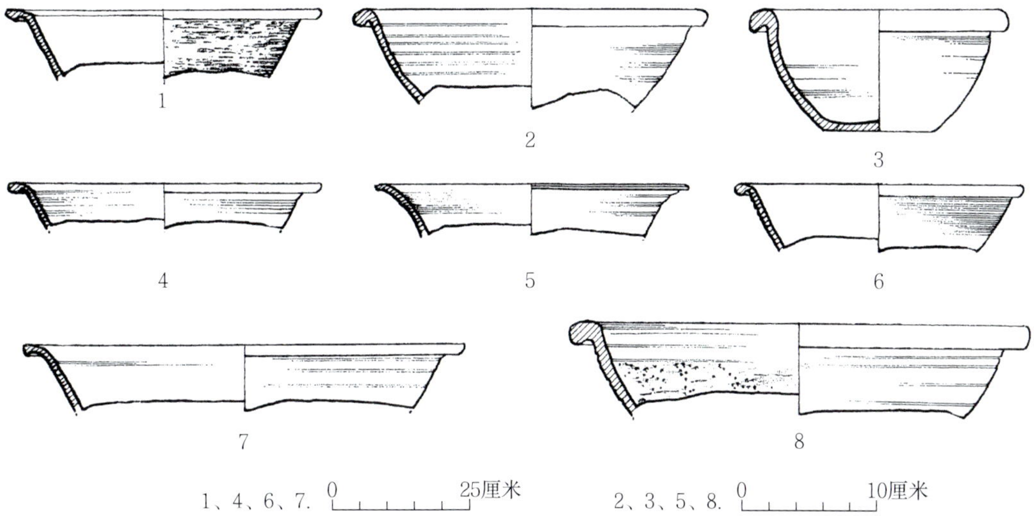

图3-36 TG162218晚期陶盆
1、4~7.斜腹盆（③：20、③：19、④：6、H35：8、④：10） 2、3、8.弧腹盆（④：8、H35：5、③：14）

图版3-119 斜腹陶盆（④：10）

图版3-120 弧腹陶盆（H35：5）

弧腹盆 3件。H35：5，可复原。泥质灰陶，胎质略粗。口微侈，卷沿，圆唇，弧腹，平底。内外壁均可见轮修线痕。口径17厘米，底径8厘米，高8.7厘米（图3-36，3；图版3-120）。④：8，下腹部及底部残。泥质灰陶，胎质略细。敞口，卷沿，圆唇，唇部由泥片折叠加厚，斜弧腹。内壁饰数周凹弦纹，外壁隐约可见轮修线痕。口径28厘米，残高7厘米（图3-36，2）。③：14，下腹部及底部残。泥质灰陶，胎质粗糙。敞口，宽平沿，圆唇，唇部由泥片向外折叠加厚，弧腹。外腹部可见数道弦纹。口径34厘米，残高6.5厘米（图3-36，8）。

钵 3件。根据口腹部形态可分二型。

敛口鼓腹钵 1件。④：1，底部残。泥质灰陶，胎色较深，胎质较粗。敛口，口沿向外折叠加厚，圆唇，鼓腹。素面。口径18厘米，残高6厘米（图3-37，3）。

敞口斜腹钵 2件。③：6，可复原。泥质灰陶，素面。敞口，圆唇，斜直腹，饼状平底。

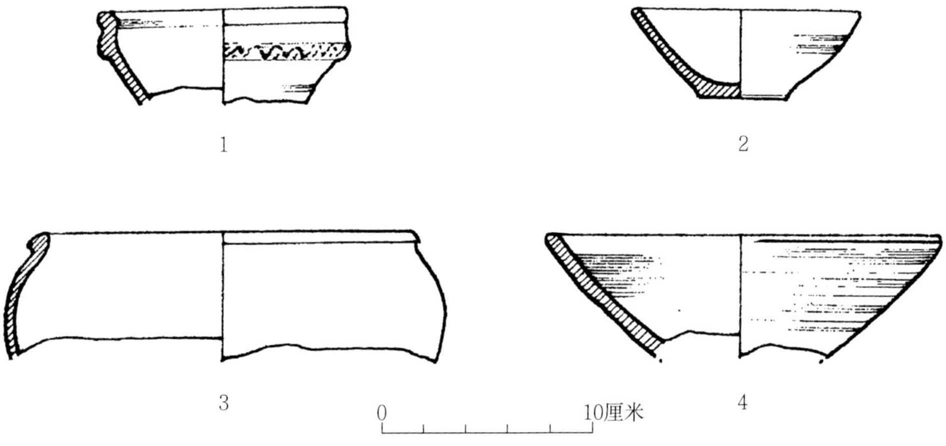

图3-37　TG162218晚期陶器

1、2.敞口斜腹钵（③：32、③：6）　3.敛口鼓腹钵（④：1）　4.碗（③：7）

图版3-121　敞口斜腹陶钵（③：6）

腹上部可见轮修线痕。口径11.5厘米，底径4.3厘米，高4.2厘米（图3-37，2；图版3-121）。③：32，口沿残片。泥质灰陶，胎色深，胎质略粗。口沿外饰一周凸起的捏塑波浪纹。口径12厘米，残高4.4厘米（图3-37，1）。

碗　1件。③：7，底部残。泥质灰陶，胎质略细。敞口，圆唇，斜腹。内外壁均可见明显轮修线痕。口径19厘米，残高5.7厘米（图3-37，4）。

第四节　Ⅱ TG162202

一、遗迹

遗迹类型较简单，包括灰坑9个、灶坑2个、房址1处。

1. 灰坑

共发现9个，包括H6、H10、H11、H13、H20、H28、H31、H32和H34，平面形状

有圆形、长方形和不规则形三种。

H20　5层下开口，打破第6层和第7层。平面形状呈圆形，剖面形状呈筒形平底，口径110厘米，深155 ~ 170厘米。坑内填土为深灰色，土质疏松，夹杂大量碎瓦，少量石头、炭屑，出土大量的瓷片、陶片和少量动物骨骼、铜钱。瓷片有青瓷、粗白瓷、细白瓷、黑釉瓷、酱釉瓷、茶叶末釉瓷、白地褐彩瓷等，以青瓷、粗白瓷、细白瓷为主。其中完整的及可复原瓷器29件，器型有灯盏、碗、钵、盏、碟等。出土陶片以泥质灰陶为主，少量泥质红陶和夹砂灰陶，多为素面，次为弦纹，还有少量篮纹、波浪纹等，可辨器型有罐、钵、盘、盆等。根据堆积状况及出土物推测其应为生活垃圾坑（图3-38，2；图版3-122）。

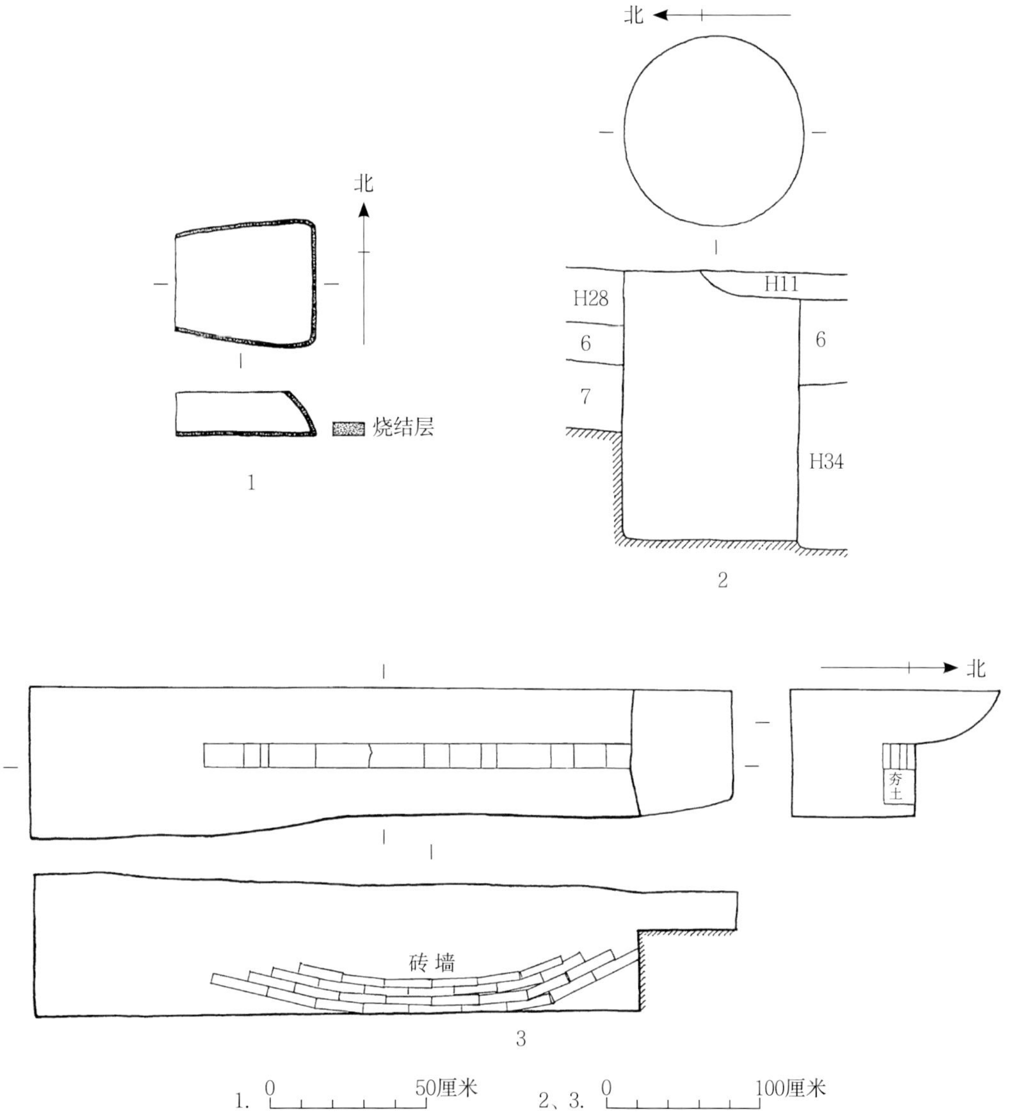

图3-38　TG162202遗迹平、剖面图

1.Z1　2.H20　3.F3

图版3-122　H20

H34　6层下开口，打破7层和生土。灰坑平面呈圆角长方形，剖面形状呈筒形，底部不平。坑深100～130厘米，壁面略倾斜，粗糙，无明显的工具痕迹。坑内填土呈黑灰色，土质较疏松，内含较多炭屑、草木灰，少量瓦片、碎砖块、石块，出土物以陶片为主，少量铁器、骨器、铜器和铜钱，不见瓷片。出土陶片以泥质灰陶为主，少量泥质红陶，有纹饰者居多，主要为篮纹，还有少量绳纹和弦纹，可辨器型有盆、罐、瓮、钵。可复原陶器10件，包括陶钵3件、陶盆5件、陶辟雍砚2件。出土残的骨锥、骨耳勺共3件；另有铜钱5枚，其中2枚为“开元通宝”，其余锈蚀严重，字迹不清。根据坑内堆积状况及包含物推测其为生活垃圾坑（图版3-123）。

2. 灶坑

灶坑2处，均为5层下开口，由灶膛、火口、烟道三部分组成。

Z1　5层下开口，打破第6层，平面近方形，东西长约45厘米，南北宽30～40厘米，深约14厘米。由灶膛、火口两部分组成，未发现烟道。灶膛表面因火烧呈红褐色，灶膛内为大量黑灰色草木灰，出土少量陶片、碎砖块、小石块。出土陶片均为泥质灰陶，以素面为主，少量饰篮纹，出土物均有明显的烟熏痕迹，可辨器型有陶盆（图3-38，1）。

图版3-123　H34

3. 房址

F3　4层下开口，打破H34和第5、第6层。位于探沟西部，大部分叠压于西壁下。平面呈长方形，南北长约450厘米，东西宽76～95厘米，残存部分墙体，用整砖垒砌，用砖均为绳纹砖，墙体因塌陷呈弧形。房内堆积为黄褐色花土，土质疏松，夹杂少量炭屑、烧土块，出土少量陶片、瓦片、铁器、动物骨骼和2枚“开元通宝”铜钱。出土陶片以泥质灰陶为主，少量泥质红陶，多为素面，少量饰篮纹和弦纹（图3-38，3）。

二、遗物

根据叠压、打破关系，由早到晚、按单位逐一介绍。

（一）第7层

出土遗物以陶片为主，仅出土1片粗白瓷片。陶片多为泥质灰陶，另有极少的泥质红陶；多为素面，少量饰篮纹、弦纹。

陶罐 2件。⑦：3，口沿及腹部残片。泥质灰陶，胎质略细。直口，细平沿，圆唇，短直颈，圆肩鼓腹。内口沿处有轮修线痕，内腹部饰篦点纹，外腹部饰数周篮纹。口径16厘米，残高6.2厘米（图3-39，1）。⑦：4，下腹部及底部残。泥质灰陶，胎质略细。直口，细平沿，圆唇，短直颈，圆肩鼓腹。内壁口沿处可见轮修线痕。口径22厘米，残高6厘米（图3-39，2）。

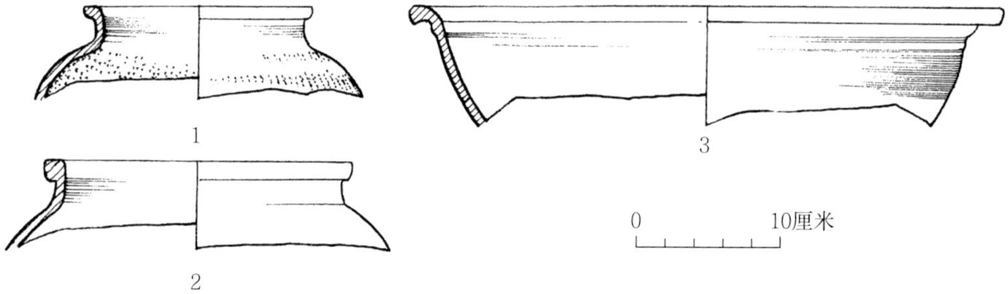

图3-39 TG162202第7层陶器
1、2.罐（⑦：3、⑦：4） 3.盆（⑦：5）

陶盆 1件。⑦：5，下腹部及底部残。泥质灰陶，胎质较粗。口微侈，折沿内斜，圆唇，弧腹。外腹部可见轮修线痕。口径42厘米，残高8厘米（图3-39，3）。

（二）H32

出土遗物以陶片为主，瓷片仅6片，包括1片三彩瓷和5片青瓷。

1. 瓷器

青瓷瓶 1件。H32：11，口沿及颈部残片。喇叭口，斜沿，尖唇，细长颈。浅灰胎，质细腻。内外壁均施釉，唇缘处无釉。釉色青灰，匀光明亮，釉面有细碎冰裂痕。口径6厘米，残高2.6厘米（图3-40，2）。

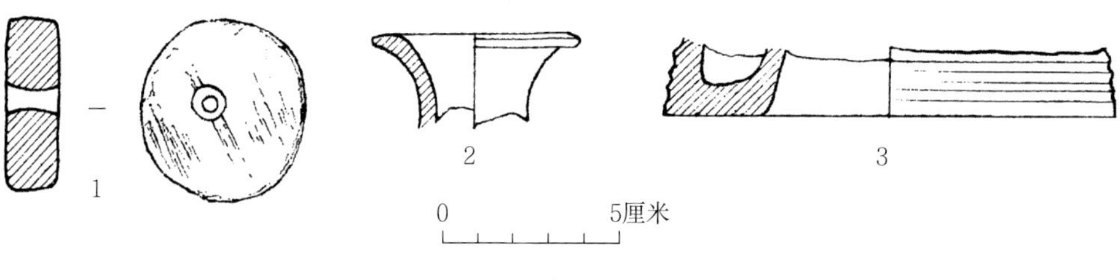

图3-40 TG162202H32青瓷瓶、陶纺轮、陶砚
1.陶纺轮（H32：10） 2.青瓷瓶（H32：11） 3.陶砚（H32：5）

2. 陶器

出土陶片 434 片，以泥质灰陶为主，另有极少泥质红陶；多为素面，次为篮纹。还有极少弦纹。

砚 1 件。H32 ：5，残余较少。泥质灰陶，胎质粗糙。平底，砚台凸起，周围有砚池，外壁饰数圈凹弦纹。底径 13 厘米，高 1.8 厘米（图 3-40，3；图版 3-124）。

纺轮 1 件。H32 ：10，圆饼状，其上钻有一小圆孔。泥质灰陶，胎较粗糙。直径约 4.7 厘米，孔径约 0.8 厘米，厚约 1.3 厘米（图 3-40，1；图版 3-125）。

图版3-124　陶砚（H32：5）

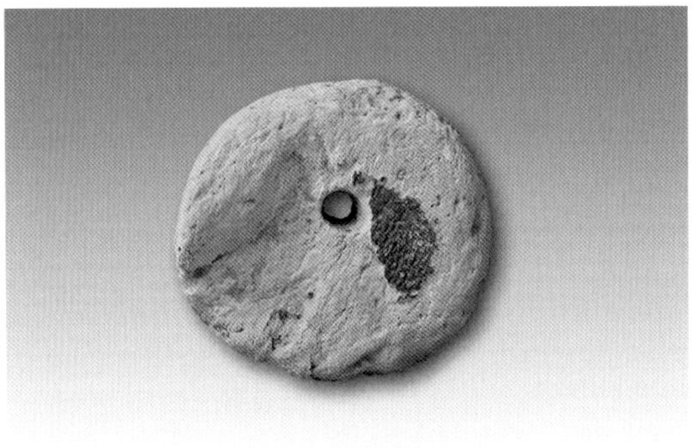

图版3-125　陶纺轮（H32：10）

盆 3 件。H32 ：7，口沿及上腹部残片。泥质灰陶，胎质略粗。侈口，宽平沿，方唇，斜腹。器物外腹部饰有交叉麦穗状篮纹。口径 55 厘米，残高 7.2 厘米（图 3-41，3）。H32 ：9，口沿及上腹部残片。泥质灰陶，胎质略粗。口微侈，折沿略内斜，方唇，斜腹微弧。口径 47 厘米，残高 8.2 厘米（图 3-41，2）。H32 ：8，口沿及上腹部残片。泥质灰陶，胎质较粗，胎体可见大量气孔。侈口，宽折沿内斜，宽方唇，斜弧腹。外腹近口沿处饰有三圈凹弦纹，其下施篮纹。口径 43 厘米，残高 7.5 厘米（图 3-41，1）。

罐 1 件。H32 ：4，仅余口沿及肩部。泥质红陶，胎质粗糙，胎体可见层状开裂及气孔。直口，口沿向外折叠加厚，圆唇，短直颈，圆肩。外腹部饰交错绳纹。口径 20 厘米，残高 5.2 厘米（图 3-42，2；图版 3-126）。

瓮 1 件。H32 ：6，仅余口沿。泥质灰陶，胎体厚重粗糙。敞口，卷沿，方唇，短直颈。口径 32 厘米，残高 4.8 厘米（图 3-42，1；图版 3-127）。

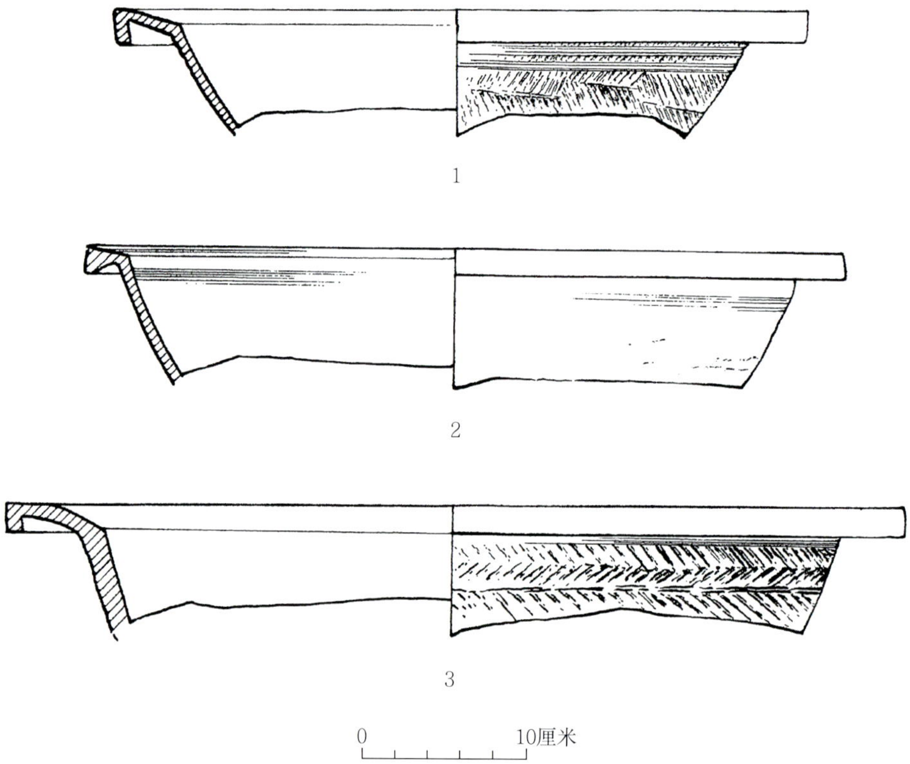

图3-41　TG162202H32陶盆
1.H32：8　2.H32：9　3.H32：7

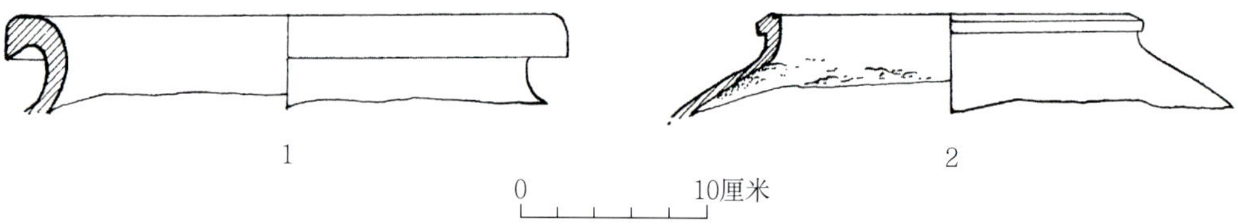

图3-42　TG162202H32陶器
1.瓮（H32：6）　2.罐（H32：4）

图版3-126　陶罐（H32：4）

图版3-127　陶瓮（H32：6）

（三）H34

出土遗物以陶片为主，另有少量砖瓦、铁器、骨器、动物骨骼和5枚铜钱，不见瓷片。

1. 陶器

出土陶片752片，可复原陶器10件。以泥质灰陶为主，另有少量泥质红陶；有纹饰者居多，主要为篮纹，还有少量绳纹和弦纹；可辨器型有盆、罐、瓮、钵。

盆 5件。H34：38，可复原。泥质灰陶，胎质较粗。侈口，宽折沿内斜，宽方唇，斜腹，平底。外腹上部可见三圈呈麦穗状的篮纹。口径46.5厘米，底径20厘米，高18厘米（图3-43，1；图版3-128）。H34：40，可复原。泥质灰陶，胎质粗糙。侈口，折沿略内斜，细方唇，斜腹，腹下部略内收，近底部微外撇，平底内凹。外腹部饰数周呈麦穗状的篮纹。口径60.5厘米，底径30厘米，高21.6厘米（图3-43，2；图版3-129）。H34：39，可复原。泥质灰陶，胎体厚重，胎质粗糙。侈口，折沿内斜，方唇较宽，斜腹，平底。外腹部饰数圈呈麦穗状的篮纹。口径60.5厘米，底径27厘米，高25厘米（图3-43，3；图版3-130）。H34：44，可复原。泥质灰陶，胎质粗糙，胎体厚重。敞口，平沿，

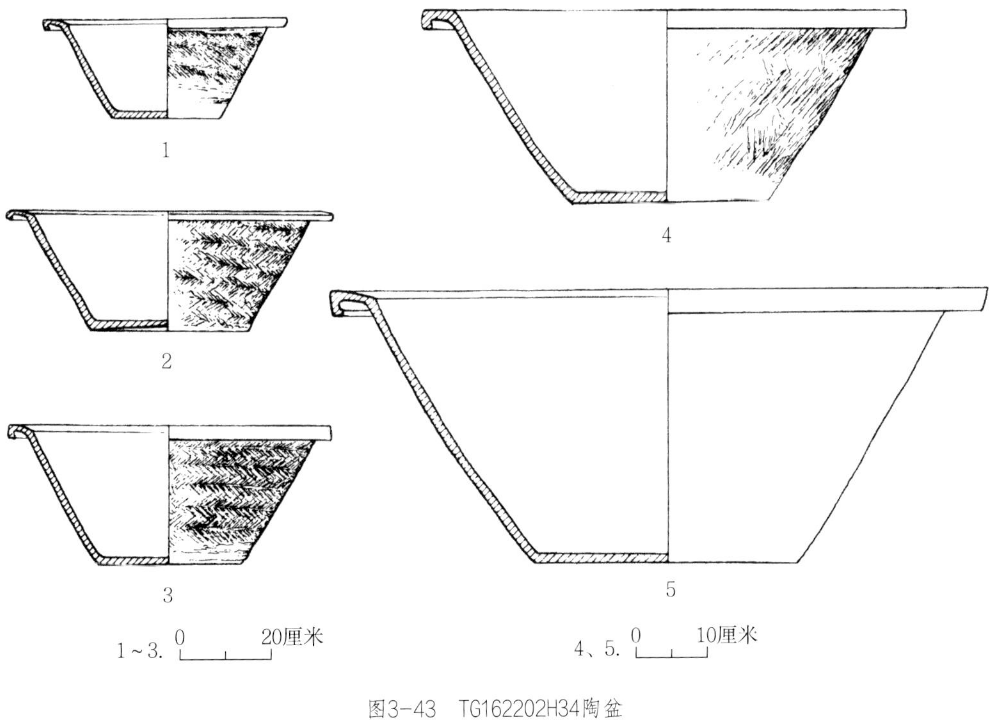

图3-43 TG162202H34陶盆

1.H34：38 2.H34：40 3.H34：39 4.H34：44 5.H34：43

图版3-128 陶盆（H34：38）

图版3-129 陶盆（H34：40）

图版3-130 陶盆（H34：39）

图版3-131 陶盆（H34：44）

图版3-132 陶盆（H34：43）

宽方唇，斜腹，平底。外腹上部饰斜篮纹，下部饰少量交错篮纹。口径 59 厘米，底径 24 厘米，高 22 厘米（图 3-43，4；图版 3-131）。H34 ：43，可复原。泥质灰陶，胎质粗糙，胎体厚重。侈口，宽折沿内斜，宽方唇，斜腹，平底，素面。口径 81 厘米，底径 32.5 厘米，高 32 厘米（图 3-43，5；图版 3-132）。

钵 5 件。H34 ：25，底部残。泥质灰陶，胎质略粗，胎体可见少量白色颗粒物和气孔。敛口，圆唇，口沿部由泥片折叠加厚，鼓腹，腹下部略向内斜收。口径 20 厘米，残高 5 厘米（图 3-44，2）。H34 ：18，底部残。泥质灰陶，胎质略粗。敛口，圆唇，唇部由泥片向外折叠加厚，鼓腹。器物外壁可见轮修线痕。口径 18 厘米，残高 4.7 厘米（图 3-44，5；图版 3-133）。H34 ：6，可复原。泥质灰陶。敞口，圆唇，弧腹较浅，饼状足，底略内凹。素面。腹上部显见泥条盘筑痕。口径 10 厘米，底径 4.8 厘米，高 3 厘米（图 3-44，3；图版 3-134）。H34 ：7，可复原。泥质灰陶。敞口，圆唇，弧腹内收，腹较浅，平底。素面。内壁上部隐约可见轮修

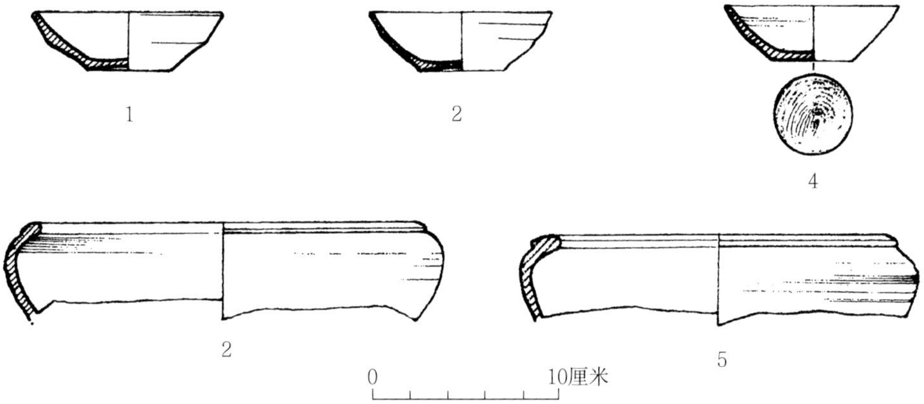

图3-44　TG162202H34陶钵

1.H34：14　2.H34：25　3.H34：6　4.H34：7　5.H34：18

图版3-133　陶钵（H34：18）

图版3-134　陶钵（H34：6）

图版3-135　陶钵（H34：7）

图版3-136　陶钵（H34：14）

线痕，底部饰有弧状刮痕。口径 9.7 厘米，底径 4.5 厘米，高 3 厘米（图 3-44，4；图版 3-135）。H34 ： 14，可复原。敞口，圆唇，弧腹下部向内折，外腹部可见一明显折棱，平底内凹。内外壁可见轮修线痕，外底可见漩涡状刮痕。口径 10.2 厘米，底径 4.5 厘米，高 3 厘米（图 3-44，1；图版 3-136）。

罐 6件。H34：29，腹部及底部残。泥质灰陶，胎质略粗。直口，细平沿，圆唇，短直颈，圆肩。内口沿处可见轮修线痕，内腹部有成组篦点纹。口径10厘米，残高4.8厘米（图3-45，1）。H34：28，仅余口沿及上腹部。泥质灰陶，胎质较细。敞口，平沿，口沿部由泥片折叠加厚，短直颈，圆肩。颈部可见轮修线痕，外腹部隐约可见篮纹，内腹部有篦点纹。口径12厘米，残高4.8厘米（图3-45，2）。H34：30，仅余口沿。泥质灰陶，胎质略粗，胎体可见气孔及少量白色颗粒物。口略直，卷沿，圆唇，短直颈，圆肩鼓腹。口径20厘米，残高4.7厘米（图3-45，3）。H34：17，底部残。泥质灰陶，胎质略细。直口，细平沿，圆唇，短束颈，溜肩，腹上部微鼓，下腹斜收。器物内外壁均可见轮修线痕。口径4.8厘米，残高5.5厘米（图3-45，4；图版3-137）。H34：35，仅余口沿。泥质灰陶，胎质略粗，胎体可见白色细颗粒物。直口，细平沿，圆唇，短直颈，溜肩。口径12厘米，残高4.8厘米（图3-45，5）。H34：20，仅余口沿及上腹部。泥质灰陶，胎质略细。直口，宽平沿，圆唇，短直颈，圆肩鼓腹，肩部有一对桥状耳，耳由圆柱形泥条制成，耳孔呈圆形，内腹器耳对应处可见泥片捏塑固定痕迹。内腹部饰同心圆状成组的篦点纹。口径14厘米，残高8.7

图版3-137 陶罐（H34：17）

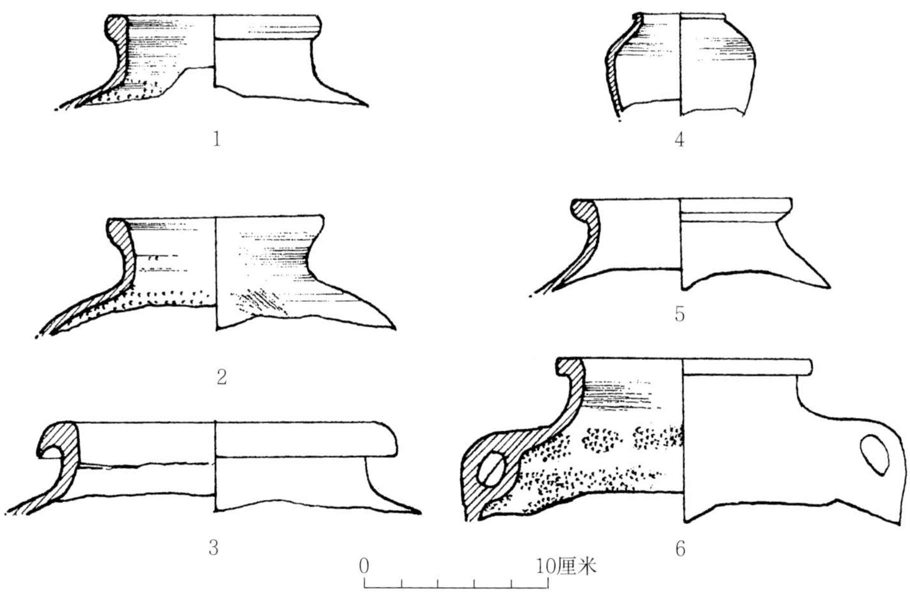

图3-45 TG162202H34陶罐

1.H34：29 2.H34：28 3.H34：30 4.H34：17 5.H34：35 6.H34：20

厘米（图 3-45，6）。

辟雍砚 2 件。H34 ：9，可复原。泥质灰陶，胎较粗，胎体可见少量颗粒物。口微敛，圆唇，鼓腹，砚堂部已破损，可见砚堂周围有一圈环形渠，外口及外腹下部有数圈凹弦纹，砚有 13 只兽足，足上可见双层兽趾。口径 20.4 厘米，腹径 23 厘米，高 9.5 厘米（图 3-46，1；图版 3-138）。H34 ：45，可复原。泥质灰陶，胎质较细腻。整体呈圆鼓形，口微敛，圆唇，砚面上凸低于砚池沿，砚池环绕砚面，砚池外壁饰两周凸棱纹，砚底略凹，下附 18 只蹄形兽足且饰两层兽趾。口径 22.3 厘米，底径 25.8 厘米，足高 5.3 厘米，通高 9 厘米（图 3-46，2；图版 3-139）。

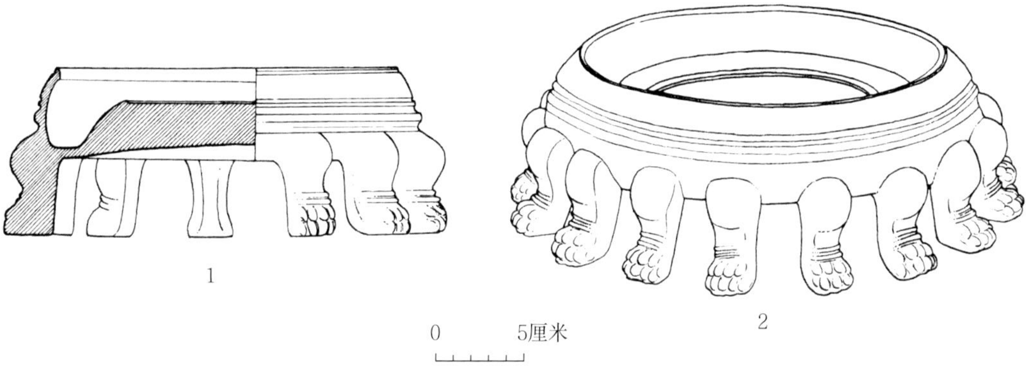

图3-46 TG162202H34陶辟雍砚
1.H34：9 2.H34：45

图版3-138 陶辟雍砚（H34：9）

图版3-139 陶辟雍砚（H34：45）

2. 骨器

耳勺 1 件。H34 ：3，柄部呈扁体状，耳勺呈圆窝状，顶端残，下端两侧各饰一道月牙状凹槽，其下略细于上部。残长 7.8 厘米，宽 0.6 厘米，厚 0.4 厘米（图 3-47，2；图版 3-140）。

簪 2件。H34 ： 11，整体呈长条状，扁体，器表磨制光滑，顶端残，下端较锐。残长8.9厘米，宽0.6厘米，厚0.4厘米（图3-47，1；图版3-141）。H34 ： 12，整体呈长条状，扁圆体，上粗下细，现已变形，略显弯曲，器表打磨光滑。残长约9.5厘米，宽约0.7厘米，厚约0.3厘米（图3-47，3）。

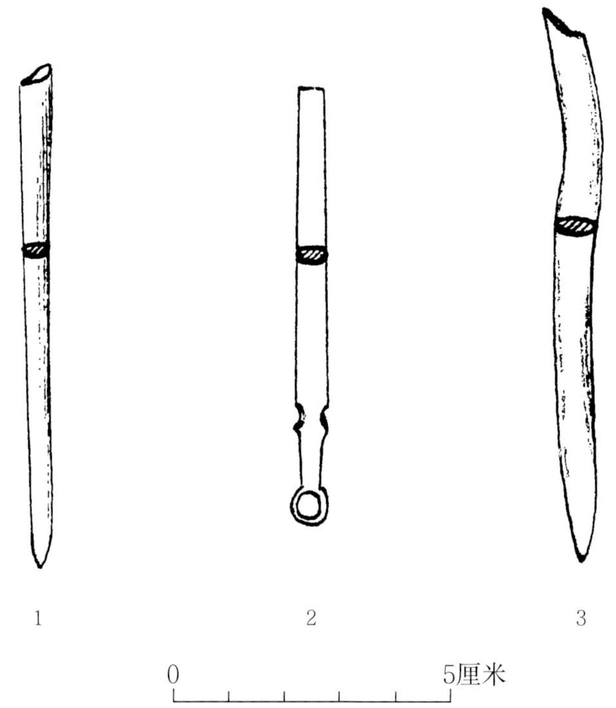

图3-47　TG162202H34骨器
1、3.簪（H34：11、H34：12）　2.耳勺（H34：3）

图版3-140　骨耳勺（H34：3）

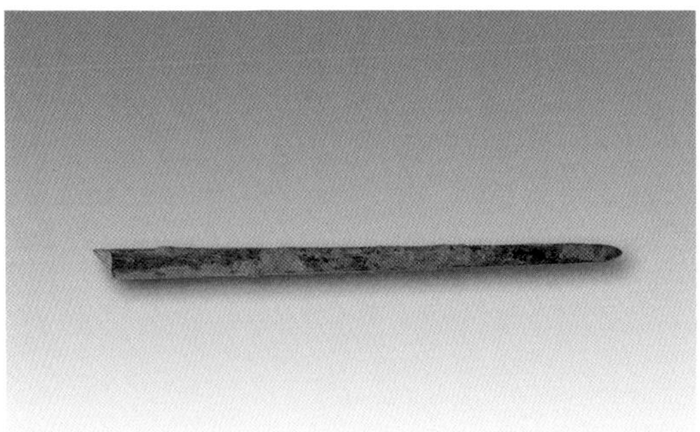

图版3-141　骨簪（H34：11）

（四）第6层

1. 瓷器

仅出土瓷片12片，有粗白瓷、黑釉瓷、茶叶末釉瓷、三彩瓷等。

粗白瓷碗 2件。⑥：26，口沿及腹部残片。直口，圆唇，深弧腹。白胎，胎质较粗，胎骨瓷化程度较低，可见大量气孔和细微颗粒物。内壁施满釉，外壁施釉至腹中部，釉色白中泛黄，釉面有大量气泡。内底有1个椭圆形支钉痕。口径18厘米，残高6.2厘米（图3-48，1）。⑥：25，口沿及腹部残片。侈口，圆唇，斜腹。土黄色胎，胎质较细。内壁施满釉，外壁施釉至唇下，釉色白中泛黄，釉面有少量气孔。外腹中部有一周凹槽。口径20厘米，残高3.6厘米（图3-48，2）。

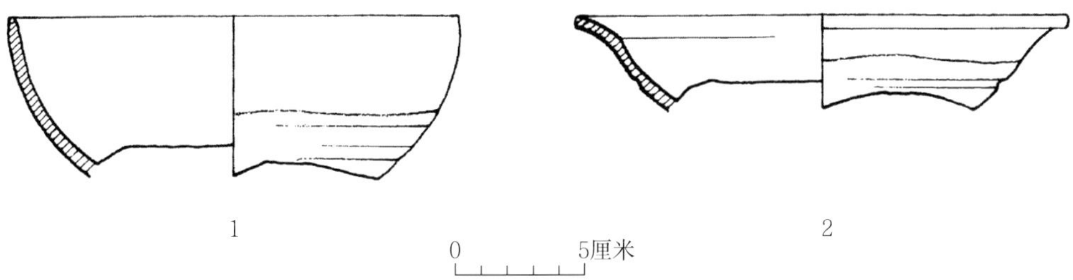

图3-48　TG162202第6层粗白瓷碗
1.⑥：26　2.⑥：25

2. 陶器

出土陶片740片，可复原陶器2件。以泥质灰陶为主，极少的泥质红陶；器表多素面，次为篮纹，还有少量弦纹；可辨器型有盆、罐、钵、砚等。

盆 3件。⑥：13，可复原。泥质灰陶。敛口，圆唇，沿微凸，鼓肩，斜直腹急收，平底，素面。外壁近底部及内壁上部可见轮修线痕。口径29.3厘米，底径14.6厘米，高11.6厘米（图3-49，1；图版3-142）。⑥：23，可复原。泥质灰陶，胎质较粗糙。侈口，折沿内斜，方唇，斜腹较深，平底。外壁饰篮纹。口径55厘米，底径22.4厘米，高24厘米（图3-49，2；图版3-143）。⑥：15，下腹部及底部残。泥质灰陶，胎质略粗。口微侈，宽折沿内斜，方唇，口沿近唇部有一圈凹弦纹，斜腹。外腹部饰呈麦穗状的交叉篮纹。口径54厘米，残高8厘米（图3-49，3）。

罐 2件。⑥：19，仅余口沿。泥质灰陶，胎质略粗。口微敞，折沿外斜，圆唇，短

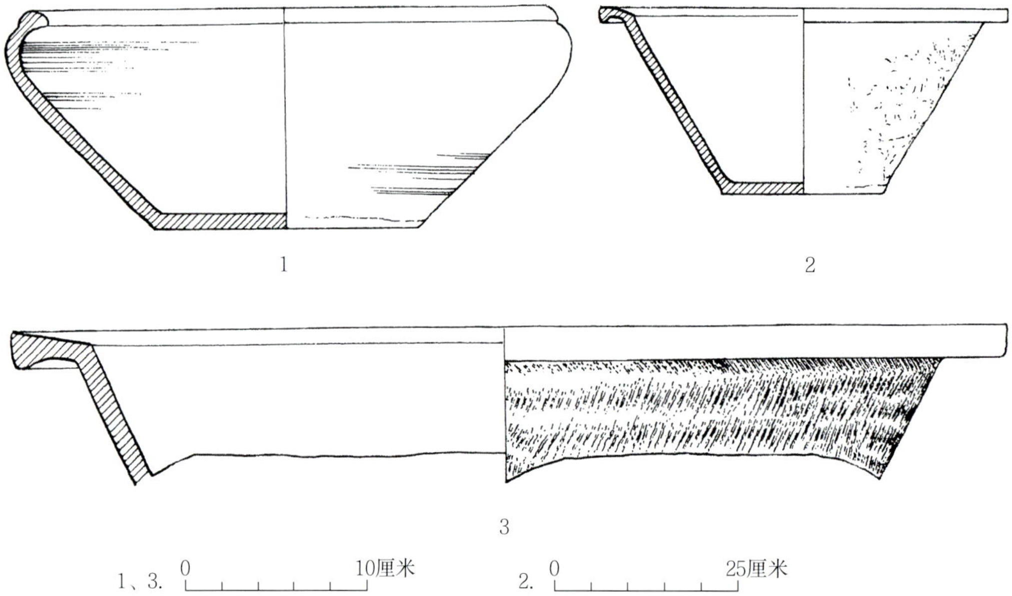

图3-49　TG162202第6层陶盆
1.⑥：13　2.⑥：23　3.⑥：15

图版3-142　陶盆（⑥：13）

图版3-143　陶盆（⑥：23）

直颈。内壁可见轮修线痕。口径 16 厘米，残高 3 厘米（图 3-50，4）。⑥：20，仅余口沿。泥质灰陶，胎质略粗，胎色泛青灰。直口，宽平沿，圆唇，短直颈。内壁隐约可见轮修线痕。口径 16 厘米，残高 4.4 厘米（图 3-50，5）。

瓮　1 件。⑥：14，仅余口沿。泥质灰陶，胎体厚重粗糙。口微敞，卷沿，圆唇，短束颈。器物内壁隐约可见轮修线痕。口径 41 厘米，残高 7.5 厘米（图 3-50，3）。

钵　2 件。⑥：17，底部残。泥质灰陶，胎质略粗。敞口，方唇，弧腹下部略向内折，近底部微外撇。内壁可见轮修线痕。外腹口沿处有火炙痕迹。口径 10 厘米，残高 3 厘米（图 3-50，1）。⑥：18，底部残。泥质灰陶，胎质略细。敞口，圆唇，斜腹微弧。器物内壁可见轮修线痕。口径 12 厘米，残高 4 厘米（图 3-50，2）。

砚　1 件。⑥：9，泥质灰陶，质地较硬。残存砚池较浅，池外略深。残宽 7 厘米，

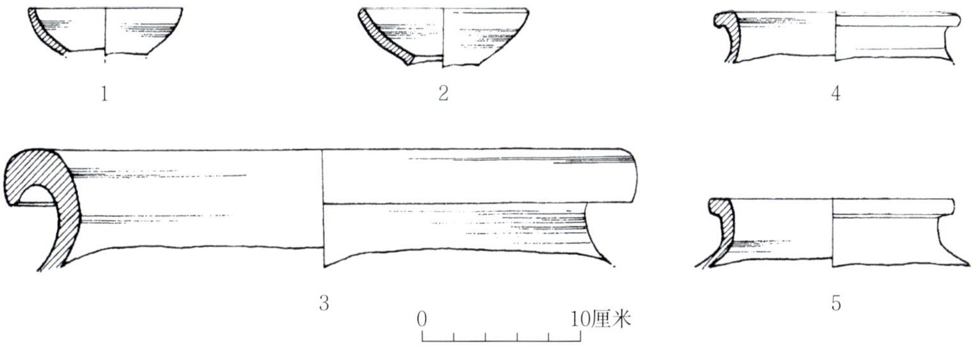

图3-50　TG162202第6层陶器

1、2.钵（⑥：17、⑥：18）　3.瓮（⑥：14）　4、5.罐（⑥：19、⑥：20）

高 3 厘米（图 3-51，1；图版 3-144）。

带流器　1 件。⑥：16，泥质灰陶，胎质略粗。敛口，方唇，折腹，腹部有一短直流，流略残，流呈圆柱状。口径 16 厘米，残高 4 厘米（图 3-51，3；图版 3-145）。

圆陶片　1 件。⑥：12，泥质灰陶。实心。直径 6.2 厘米，厚 1.6 厘米（图 3-51，2；图版 3-146）。

陶球　1 件。⑥：3，泥质灰陶。成球状，实心。直径 4.2 厘米（图 3-51，4；图版 3-147）。

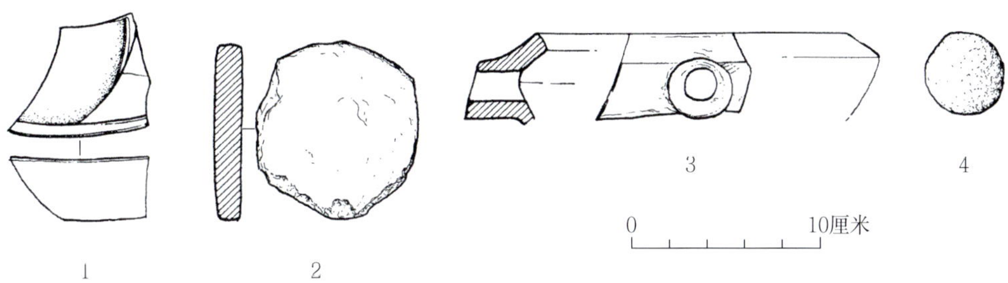

图3-51　TG162202第6层其他陶器

1.砚（⑥：9）　2.圆陶片（⑥：12）　3.带流器（⑥：16）　4.陶球（⑥：3）

图版3-144　陶砚（⑥：9）

图版3-145　陶带流器（⑥：16）

图版3-146　圆陶片（⑥：12）

图版3-147　陶球（⑥：3）

3. 骨器

共 2 件。其中 1 件为骨簪。⑥：4，整体呈钉子状，顶端呈半球形，下段略残，横断面为圆形。残长 11.1 厘米（图 3-52，1；图版 3-148）。⑥：7，整体呈扁长条状，上宽下窄，下端较锐，已变形弯曲。长 16.5 厘米，宽 1.8 厘米，厚 0.4 厘米（图 3-52，4；图版 3-149）。

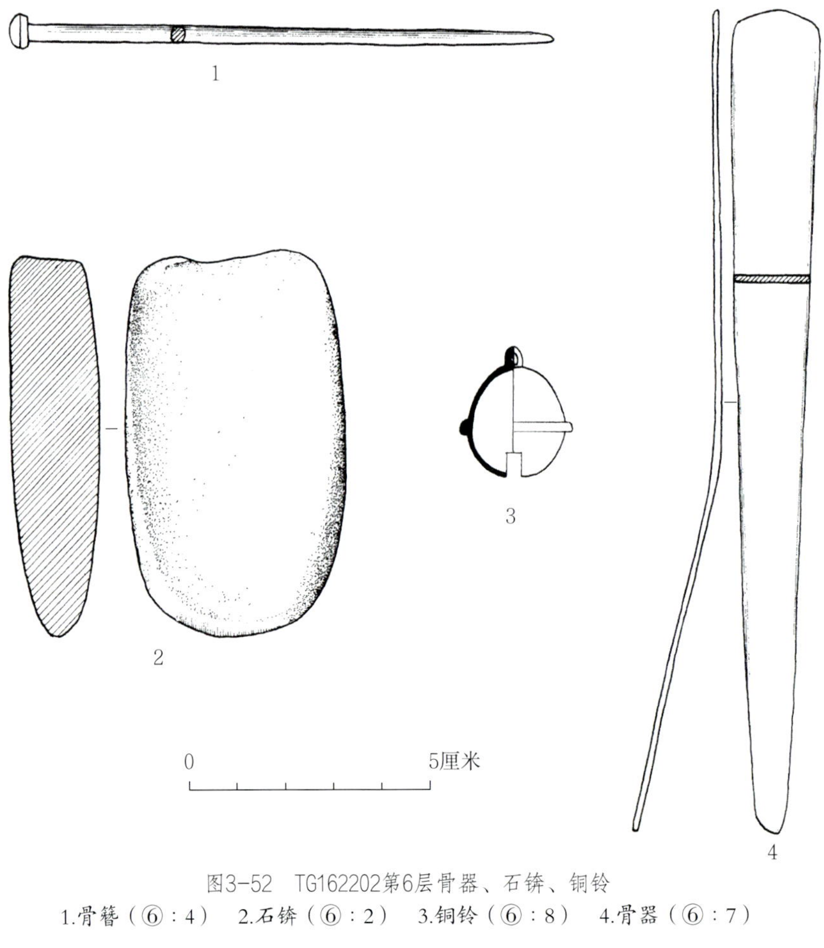

图3-52　TG162202第6层骨器、石锛、铜铃

1.骨簪（⑥：4）　2.石锛（⑥：2）　3.铜铃（⑥：8）　4.骨器（⑥：7）

4. 石器

石锛 1件。⑥：2，砂质岩，呈长方形，刃部圆钝。长7.6厘米，宽4.6厘米，厚1.85厘米（图3-52，2；图版3-150）。

5. 铜器

铜铃 1件。⑥：8，呈球状，顶端饰一椭圆形钮，最大径处有一周凸棱，空心。直径2.1厘米，通高2.6厘米（图3-52，3；图版3-151）。

（五）H20

1. 瓷器

出土瓷片1156片，完整及可复原瓷器29件。有青瓷、粗白瓷、细白瓷、黑釉瓷、酱釉瓷、茶叶末釉瓷等，以青瓷、粗白瓷、细白瓷为主。器型有灯盏、碗、钵、盏、碟等。

（1）粗白瓷

白胎或灰白胎，胎质略粗，釉色白中泛青或泛黄。

盏 2件。H20：6，可复原。敞口，圆唇，斜直腹急收，圈足，内墙外斜，足内底见一周细小凹弦纹，素面，内底可见涩圈叠烧痕。内壁施乳白釉，外壁半挂釉至上腹部，胎呈白色。口径9.4厘米，底径3.1厘米，高3.2厘米，涩圈宽约1厘米（图3-53，5；图版3-152）。H20：11，可复原。口微侈，折沿，圆唇，弧腹，饼状足平底内凹，足缘经二次修削呈尖状。

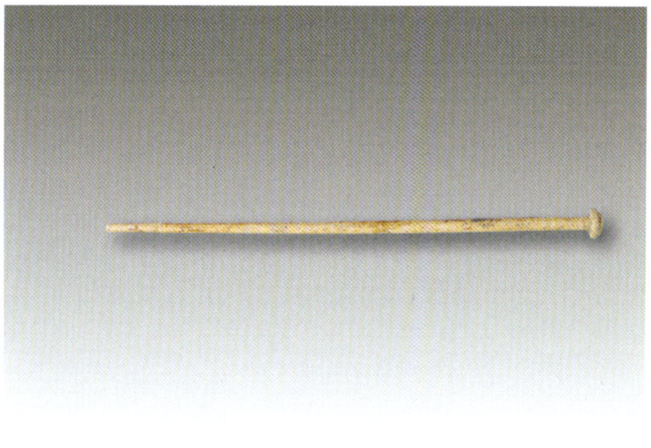

图版3-148　骨簪（⑥：4）

图版3-149　骨器（⑥：7）

图版3-150　石锛（⑥：2）

图版3-151　铜铃（⑥：8）

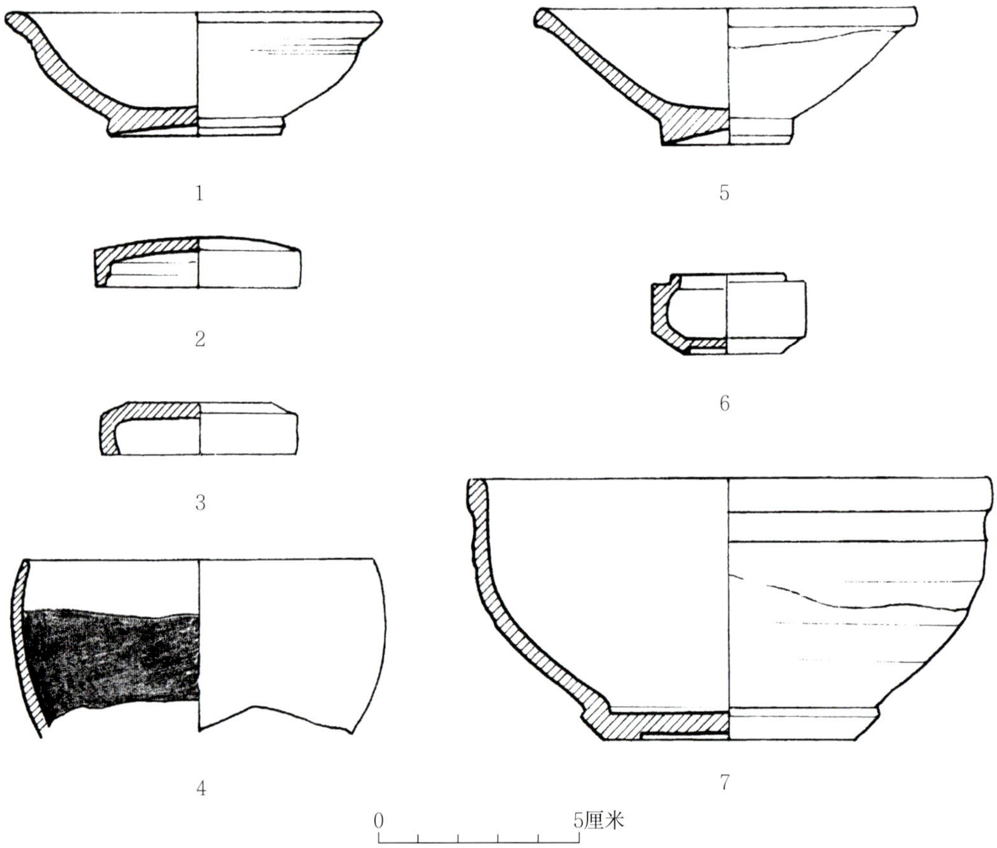

图3-53　TG162202H20粗白瓷器

1、5.盏（H20：11、H20：6）　2、3.盒盖（H20：13、H20：12）

4、7.钵（H20：28、H20：7）　6.盒（H20：143）

土黄色胎，胎质较细，胎体可见少量黑色细颗粒物。内壁施满釉，外壁施釉至口沿部，口沿处可见流釉痕迹，釉色白中略泛黄。口径9.4厘米，底径4.4厘米，高3厘米（图3-53，1；图版3-153）。

盒　3件。H20：12，盒盖，可复原。窄侧壁，顶部略平，方唇，素面。白胎，胎质略粗，外壁施满釉，内壁无釉，釉色乳白，乳浊感强。口径5.1厘米，高1.2厘米（图3-53，3；

图版3-152　粗白瓷盏（H20：6）

图版3-153　粗白瓷盏（H20：11）

图版 3-154）。H20 ：13，盒盖，可复原。窄侧壁，顶部略弧，折肩，方唇直侧边。白胎，胎质略粗，外壁施满釉，内壁无釉，釉色乳白。口径 5.1 厘米，高 1.1 厘米（图 3-53，2；图版 3-155）。H20 ：143，可复原。母口小盒，子口较直，方唇，直侧边，外壁下部斜收，外底内凹。细白胎，白釉略泛黄，大部分釉层已剥落。口径 2.7 厘米，底径 2.5 厘米，高 1.8 厘米（图 3-53，6；图版 3-156）。

钵 2 件。H20 ：7，可复原。直口，平沿较窄，方唇，圆弧腹饰数周折棱，矮圈足，足缘经二次修削。胎呈褐色，胎质略粗。乳白色釉，内壁施满釉，外部施半釉至上腹部。口径 13 厘米，底径 6.4 厘米，高 6.3 厘米（图 3-53，7；图版 3-157）。H20 ：28，口微敛，圆唇，鼓腹。胎呈土黄色，胎较薄质较细。器物外壁及内壁口沿处施白釉，内腹部施酱釉，外壁釉色洁白，玻璃质感强，有少许冰裂纹，外腹部个别部位釉层较薄，隐约可见胎色；内壁施酱釉，光滑细腻。口径 9 厘米，残高 4 厘米（图 3-53，4；图版 3-158）。

图版3-154　粗白瓷盒盖（H20：12）

图版3-155　粗白瓷盒盖（H20：13）

图版3-156　粗白瓷小盒（H20：143）

图版3-157　粗白瓷钵（H20：7）

图版3-158　粗白瓷钵（H20：28）

枕 2件，均为碎片，饰珍珠地划花。H20：39，砖红色胎，胎色不均，个别部位胎呈灰色，胎质略粗，胎体可见少量黑色颗粒物。内壁无釉，外壁施釉，釉色白中微泛黄，玻璃感强，釉面可见少量气孔。内壁有轮修线痕。H20：130，胎色分层，靠近釉层部分呈灰色，靠近内壁部位呈土黄色，胎质略粗，胎体可见大量细小颗粒物。内壁无釉，外壁施白釉，纹样线条略粗，呈褐色。珠径约3毫米（图版3-159）。

图版3-159 珍珠地划花瓷枕（H20：130）

（2）细白瓷

白胎，胎质细腻坚致，釉色莹润、匀净，白中泛黄或泛青。

灯盏 2件。H20：14，敞口，唇外翻，尖唇，斜腹内收，腹较浅，平底。腹部隐约可见轮修痕迹，器底有呈漩涡状的刮痕。仅内壁施白釉，外壁露胎，胎呈黄褐色。口径3.2厘米，底径1.9厘米，高0.6厘米（图3-54，1；图版3-160）。H20：18，可复原。敞口，唇外翻，尖唇，斜腹内收，平底。细白胎。白釉，仅内腹部及内底施釉，釉面有开片。口沿及外腹部有轮修线痕，器底有轮状刮痕。口径3厘米，底径1.9厘米，高0.8厘米（图3-54，7；图版3-161）。

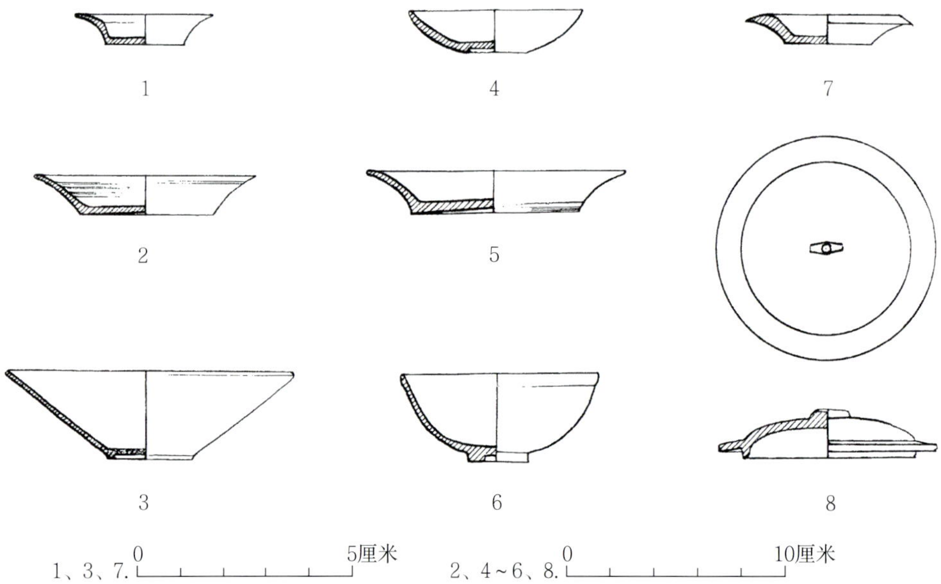

图3-54 TG162202H20细白瓷器
1、7.灯盏（H20：14、H20：18） 2、4、5.碟（H20：10、H20：141、H20：144）
3、6.盏（H20：180、H20：145） 8.器盖（H20：142）

图版3-160　细白瓷灯盏（H20：14）

图版3-161　细白瓷灯盏（H20：18）

碟　3件。H20：141，可复原。敞口，尖唇，斜弧腹，卧足，内底微凸。细白胎，内壁施满釉，外壁施釉至下腹部。口径7.8厘米，底径2.7厘米，高1.7厘米（图3-54，4；图版3-162）。H20：144，可复原。敞口，圆尖唇，斜腹内收，平底微内凹。细白胎，内壁施满釉，外壁施釉至腹中部，釉色白中略泛青。口径12厘米，底径7.6厘米，高1.8厘米（图3-54，5）。H20：10，可复原。敞口，尖唇，斜腹内收，平底微内凹。白釉，胎呈白色。外壁口沿下部饰一周凸弦纹，内壁可见轮修线痕。口径11厘米，底径6.6厘米，高1.8厘米（图3-54，2；图版3-163）。

器盖　1件。H20：142，可复原。子母口器盖，母口微内敛，出沿略下斜，隆顶，近顶部略平，顶部有钮。细白胎，仅外壁施釉，釉色白中微泛黄，釉面有冰裂纹。盖径10厘米，通高2厘米（图3-54，8；图版3-164）。

盏　2件。H20：145，可复原。敞口，圆唇，唇部由口沿向外折叠加厚，弧腹上部略直，细圈足，内墙外斜，外底微凸。细白胎。内外壁均施白釉，仅足底及

图版3-162　细白瓷碟（H20：141）

图版3-163　细白瓷碟（H20：10）

图版3-164　细白瓷器盖（H20：142）

图版3-165　细白瓷盏（H20：145）

图版3-166　细白瓷盏（H20：180）

器底露胎。釉色白中微泛黄，内底有三个支钉痕迹。口径 9 厘米，底径 2.8 厘米，高 3.9 厘米（图 3-54，6；图版 3-165）。H20 ：180，可复原。敞口，方唇，斜直壁，矮圈足。灰白胎，质细。内壁饰满釉，内底有涩圈，外壁施釉至足部，釉色白中泛黄，匀净明亮，釉面可见少量气泡。内壁有数周凸棱纹，外壁沿下饰一周凹弦纹。口径 13.4 厘米，底径 4.1 厘米，高 3.4 厘米（图 3-54，3；图版 3-166）。

（3）青瓷

以耀州窑青瓷为主，灰白胎，胎质细腻坚致，釉色青绿或青黄，装饰手法有印花、划花、剔花、刻花，纹饰题材有牡丹纹、菊纹、水波纹等。

碟　1 件。H20 ：34，仅余腹部及底部。斜腹较浅，平底卧足。灰胎，胎质较细腻。内外施釉，卧足及周圈露胎，釉呈青绿色，玻璃质感强。器物内壁饰有刻花水波纹。残高 1.2 厘米（图 3-55，5）。

盘　3 件。H20 ：35，底部残。敞口，尖唇，斜腹较浅，近底部微折。灰胎，胎质较粗，胎体可见气孔痕迹。内外均施釉，釉呈青绿色，外壁釉面有冰裂纹，内壁釉面掺有一些细小颗粒物。素面，器物外腹近底处有一乳丁，内外壁均可见轮修线痕。口径 20 厘米，残高 2 厘米（图 3-55，2；图版 3-167）。H20 ：41，底部残。敞口，圆唇，斜腹较浅，近底部斜折内收。灰胎，胎质细腻，胎体较薄。内外均施釉，釉色青绿，玻璃质感强。器物外壁口沿处装饰有一圈刻花弦纹，内腹部饰刻花牡丹纹。口径 22 厘米，残高 3.8 厘米（图 3-55，8）。H20 ：23，可复原。敞口，细平沿，尖唇，斜腹中部微弧，细圈足外撇。灰胎质细，通体施青黄釉，内底有涩圈，圈足底部及部分器底无釉，釉色不均，釉面有冰裂纹。内壁饰印花牡丹纹。口径 15.1 厘米，底径 5.2 厘米，高 3.8 厘米（图 3-55，3；图版 3-168）。

壶　1 件。H20 ：36，仅余流，流短且直，内腔呈锥状。胎土黄色，近流部胎呈灰色，胎质较粗，胎体可见细小颗粒物。器物外壁及流内部施釉，釉呈青绿色，釉面哑光，素面。内壁可见轮修线痕。残高 4.6 厘米（图 3-55，1；图版 3-169）。

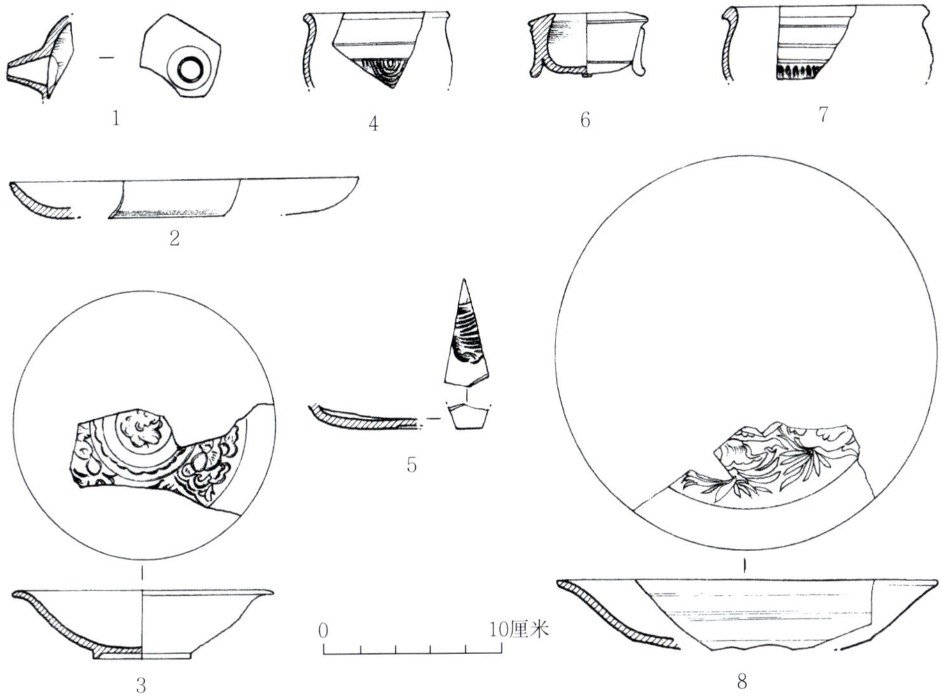

图3-55　TG162202H20青瓷器

1.壶（H20：36）　2、3、8.盘（H20：35、H20：23、H20：41）　4、7.钵（H20：42、H20：40）　5.碟（H20：34）　6.五足炉（H20：38）

图版3-167　青瓷盘（H20：35）

图版3-168　青瓷盘（H20：23）

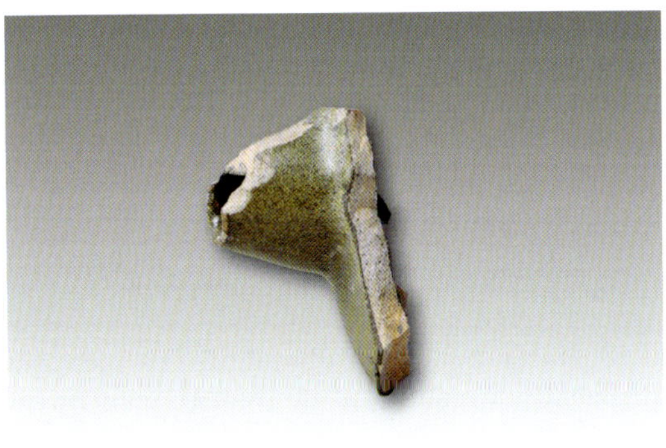

图版3-169　青瓷壶（H20：36）

五足炉 1件。H20：38，口微敛，沿外斜，浅筒腹，半腹部粘有五只外撇短足。白胎，胎质较粗，胎体可见大气孔痕迹。器物外部及内口沿处施釉，底部亦无釉，底部及足部有粘砂痕迹。口径4厘米，残高3.2厘米（图3-55，6；图版3-170）。

钵 2件。H20：40，底部残。口微敛，沿外翻，圆唇，鼓腹。灰胎，质较细。内外壁均施釉，釉色青绿，釉面有少量气孔。器物外壁饰三道刻划弦纹，弦纹下部装饰刻划几何纹。口径12厘米，残高4厘米（图3-55，7；图版3-171）。H20：42，底部残，侈口，沿外翻，圆唇，鼓腹。白胎发灰，胎质细腻。内外壁均施釉，釉色青绿，釉面光滑细腻玻璃质感强。器物外壁饰有刻花弦纹和仿柳条编的同心圆纹。口径8厘米，残高4厘米（图3-55，4）。

图版3-170 青瓷五足炉（H20：38）

图版3-171 青瓷钵（H20：40）

（4）黑釉瓷

碗 3件。H20：59，仅余底。弧腹，圈足外撇，圈足径较大，略细，圈足部位有二次修削痕迹。灰白胎，质细。内壁施满釉，内底有宽涩圈，外壁施半釉至下腹部，釉色黑，釉面有少量气孔。足径5.2厘米，残高2.9厘米（图3-56，3）。H20：60，仅余器底。弧腹，挖足过肩，圈足内墙外撇，径较大，略细，圈足外侧有二次修削痕迹。灰胎，质细。内壁施满釉，内底有宽涩圈，外壁施半釉至下腹部，器底亦有釉，釉色黑，釉面有少量气孔，玻璃感略强。足径5.6厘米，残高2.3厘米（图3-56，7；图版3-172）。H20：61，仅余下腹部及器底。斜腹，细圈足，圈足径较小，微外撇。白胎，质细，通体施釉，仅足底露胎，釉色黑，下腹部及底部釉略薄呈浅棕色，釉面有气孔痕迹。足径4厘米，残高4.6厘米（图3-56，10）。

灯盏 5件。H20：16，可复原。敞口，厚圆唇，斜直腹，饼状底，内底较平，素面。灰胎质细。仅内壁施釉，釉色黑。内外壁均可见轮修痕迹，器底可见漩涡状刮痕。口径8厘米，底径4厘米，高2.7厘米（图3-56，2；图版3-173）。H20：17，可复原。口微

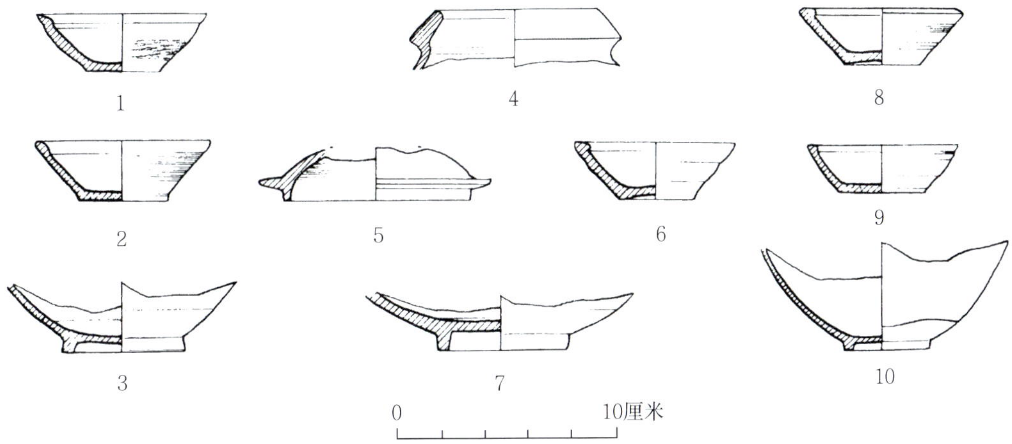

图3-56 TG162202H20黑釉瓷器

1、2、6、8、9.灯盏（H20：26、H20：16、H20：25、H20：24、H20：17）
3、7、10.碗（H20：59、H20：60、H20：61） 4.罐（H20：30） 5.器盖（H20：29）

图版3-172 黑釉瓷碗（H20：60）

图版3-173 黑釉瓷灯盏（H20：16）

敛，方唇，斜直腹，腹下微折，平底，素面。灰胎质细。仅内壁施釉，釉色黑。内外壁均可见轮修痕迹，器底可见漩涡状刮痕。口径7厘米，底径4.2厘米，高2厘米（图3-56，9；图版3-174）。H20：24，可复原。敞口，圆唇，口沿向内折叠，斜腹，平底。灰胎质略细。仅内腹施釉，釉色黑，釉面有金属光泽。口径7.7厘米，底径3.5厘米，高2.6厘米（图3-56，8；图版3-175）。H20：25，可复原。敞口，细平沿，口沿向内折，斜腹，平底内凹。灰胎质细。仅内壁施釉，釉色黑。内外壁均可见轮修痕迹，器底可见漩涡状刮痕。口径7.4厘米，底径3.5厘米，高2.5厘米（图3-56，6；图版3-176）。H20：26，可复原。侈口，口沿向内折，尖唇，弧腹下部斜收，平底。灰胎质略粗。仅内腹施釉，釉色黑。外腹部可见轮修线痕。口径7.8厘米，底径3.4厘米，高2.6厘米（图3-56，1；图版3-177）。

器盖 1件。H20：29，钮部残。盖体较矮，弧顶，沿较宽，沿边缘较圆，沿下子口微内敛。土黄胎，略发灰，胎质细腻，胎体较薄。仅器盖外表面施黑釉。口径8.5厘米，残高2.2厘米（图3-56，5；图版3-178）。

图版3-174　黑釉瓷灯盏（H20：17）

图版3-175　黑釉瓷灯盏（H20：24）

图版3-176　黑釉瓷灯盏（H20：25）

图版3-177　黑釉瓷灯盏（H20：26）

图版3-178　黑釉器盖（H20：29）

罐　1件。H20 ：30，仅存口沿。敛口，折沿外斜，方唇，短束颈。土黄色胎，胎质较粗，胎体中可见大量颗粒物。内外均施黑釉，釉光泽度较好。口径5厘米，残高3.5厘米（图3-56，4）。

（5）酱釉瓷

钵　2件。H20 ：32，仅存口沿部及腹部，底残，器物较矮小。口微敛，圆唇，鼓腹。白胎微泛黄，胎质细腻，胎体较薄。内外均施酱色釉，釉面光滑细腻，泛有金属光泽。口径8厘米，残高2.8厘米（图3-57，3）。H20 ：31，底部残。口微敛，圆唇，垂腹。胎色不均，近底部为土黄色发灰，口沿处胎呈土黄色。器物内外壁均施釉，釉呈酱色，釉面有金属光泽，局部有黑斑，芒口。器物外壁有数圈宽凹弦纹。口径10厘米，残高7厘米（图3-57，6；图版3-179）。

灯盏　1件。H20 ：15，可复原。敞口，圆唇，腹上鼓下收，底略内凹，素面。内壁施酱釉，外腹器表呈褐色，胎呈灰色。外腹部显见数周轮修线痕，外底饰漩涡状刮痕。口

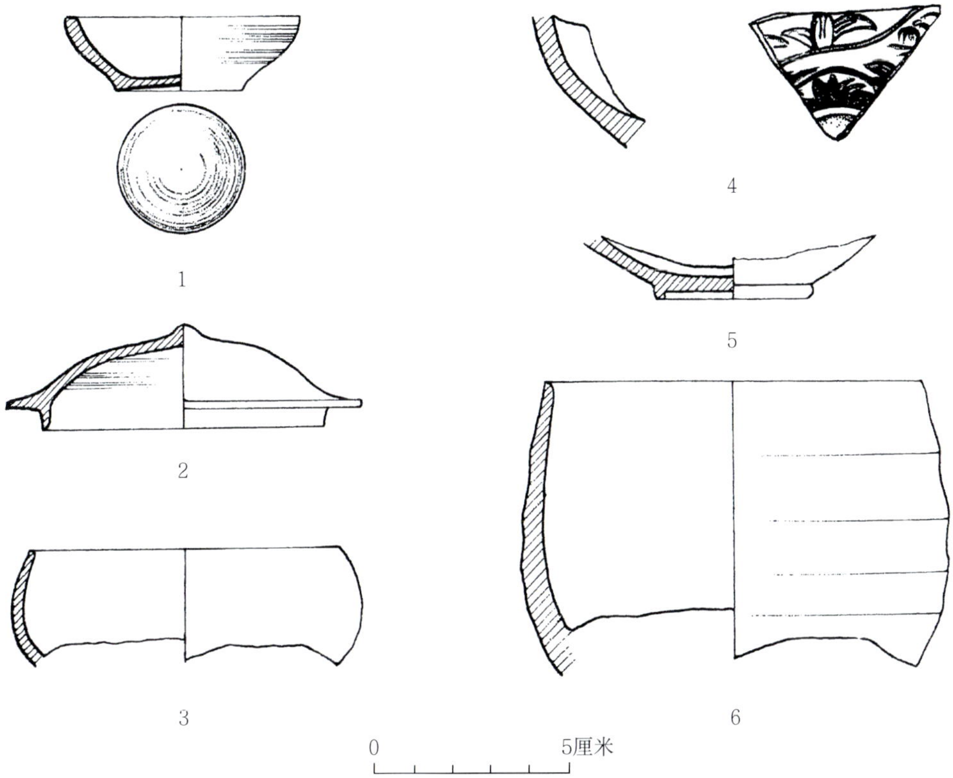

图3-57　TG162202H20酱釉瓷器

1.灯盏（H20：15）　2.器盖（H20：8）　3、6.钵（H20：32、H20：31）　4、5.碗（H20：33、H20：70）

图版3-179　酱釉瓷钵（H20：31）

图版3-180　酱釉瓷灯盏（H20：15）

径6厘米，底径3.2厘米，高3厘米（图3-57，1；图版3-180）。

器盖　1件。H20：8，可复原。子母盖，弧顶，宽沿，沿下有子口，顶上有圆形钮。酱釉，内壁施釉不匀，胎呈白色。素面，内壁显见轮修线痕。外径9.3厘米，高2.5厘米（图3-57，2；图版3-181）。

碗　2件。H20：33，仅余腹部及近底部。腹部近底处斜折内收。土黄色胎，胎质较细。内施酱釉，底部有涩圈，外部施酱釉至近底部，釉较薄，可隐约透出胎色。器物内壁有刻花草叶纹，外壁饰弦纹。残高3.2厘米（图3-57，4）。H20 ：70，器底残片。圈足外撇，经二次刮削。白胎微泛黄，质细。内外施釉，足底面刮削露胎，釉呈酱色。圈足径4.2厘米，残高1.5厘米（图3-57，5）。

图版3-181　酱釉瓷器盖（H20：8）

（6）青白瓷

碗　1件。H20 ：140，可复原。敞口，斜腹，呈斗笠形，假圈足，内底微凹。细白胎，胎壁轻薄微透明，胎质细腻，内外均施青白色釉，釉莹润温和，仅圈足及底部露胎。内壁饰印花草纹饰。口径16.3厘米，底径3.8厘米，高5.3厘米（图3-58，5；图版3-182）。

壶盖　1件。H20 ：4，可复原。子口盖，盖顶内凹，平沿稍下斜，子口凸，顶心有钮，盖顶边缘饰七个菱形凹纹，呈花瓣状。白胎，釉色白中泛青，外施满釉，内壁施釉不匀。外径6厘米，高2厘米（图3-58，2；图版3-183）。

（7）茶叶末釉瓷

器底　1件。H20 ：64，残片。饼状足略内凹。白胎泛黄，胎质细，内壁施釉，外壁施半釉至下腹部，釉色黄褐泛青，有磨砂玻璃感。残高4厘米，底径7.8厘米（图3-58，3）。

（8）结晶釉瓷

分兔毫釉和油滴釉两种。

兔毫釉　1件。H20 ：65，瓷盏仅余部分口沿及腹部。敞口，圆唇。白胎质细，内外均施釉，口沿部呈棕褐色，其余部分呈黑色，釉面有金属光泽，内外腹部均有灰黄色的短丝条垂至盏心方向，状似兔毫。口径13.6厘米，残高3.7厘米（图3-58，4；图版3-184）。

图版3-182　青白瓷碗（H20：140）

图版3-183　青白瓷壶盖（H20：4）

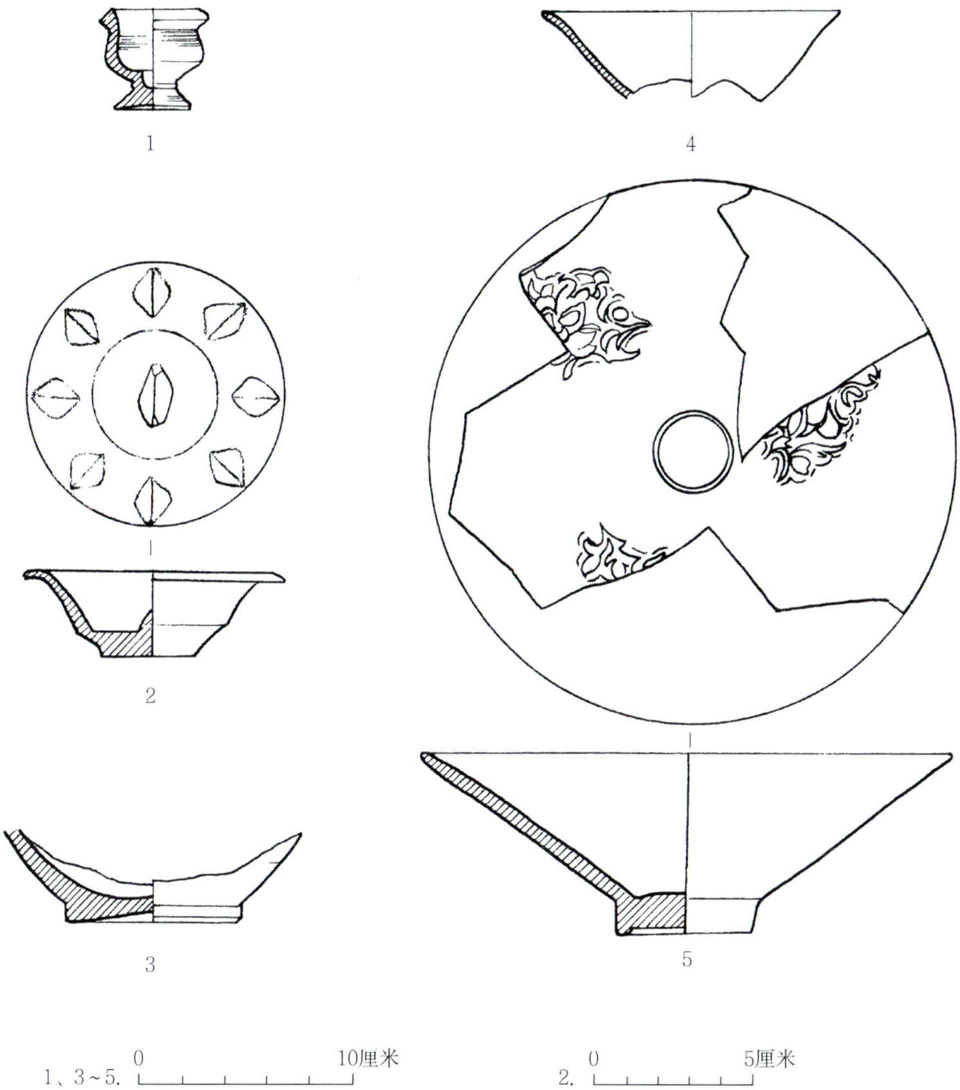

图3-58　TG162202H20其他瓷器

1.素烧炉（H20：5）　2.青白瓷壶盖（H20：4）　3.茶叶末釉器底（H20：64）
4.兔毫釉瓷盏（H20：65）　5.青白釉瓷碗（H20：140）

（9）素烧器

炉　1件。H20：5，胎呈灰色。敞口，斜方唇，束颈，垂腹，高柄足呈喇叭状。柄部饰一周凸弦纹，内底空心，外底内凹，素面，器内外壁及足部显见轮修线痕。口径4厘米，底径3.6厘米，高4.6厘米（图3-58，1；图版3-185）。

图版3-184　兔毫釉瓷盏（H20：65）

图版3-185　素烧炉（H20：5）

图版3-186　素烧壶（H20：103）

图版3-187　素烧壶（H20：106）

壶　2件。H20 ：103，口沿及肩颈残片。直口，沿微外翻，方唇，直颈、颈部较短，圆肩。白胎泛黄，胎质细腻紧密。外壁见明显轮修线痕。残高7.5厘米（图版3-186）。H20 ：106，仅余流部，流长且向上翘起，流径略大。土黄色胎，胎质细腻致密。残长5.7厘米（图版3-187）。

2. 陶器

出土陶片5219片，可复原陶器2件。以泥质灰陶为主，泥质红陶和泥质黑陶极少；多为素面，次为弦纹，有极少的篮纹、几何纹等；可辨器型有盆、罐、钵、盘等。

盆　3件。H20 ：149，仅余口沿及上腹部。泥质灰陶，胎质粗糙。敞口，折沿内斜，圆唇，口沿部由泥片向内折叠加厚，斜腹微弧。口径51厘米，残高12厘米（图3-59，3）。H20 ：160，仅余口沿及上腹部。泥质灰陶，胎质较细。敞口，圆唇，口沿内收，斜腹。内外壁均可见轮修线痕。口径22厘米，残高4厘米（图3-59，2）。H20 ：153，下腹部及底部残。泥质灰陶，胎质略粗。敞口，卷沿，圆唇，斜腹略直。口径60厘米，残高6.8厘米（图3-59，1）。

罐　3件。H20 ：155，仅余口沿部。泥质灰陶，胎质较粗。敞口，卷沿，圆唇，短束颈。外腹近口沿处可见轮修线痕。口径34厘米，残高6.4厘米（图3-60，3；图版3-188）。H20 ：156，仅余口沿及腹部。泥质灰陶，胎质较细。直口，平沿略宽，圆唇，口沿处由泥片向内折叠加厚，短直颈，圆肩。外腹部隐约可见暗弦纹。口径18厘米，残高5厘米（图3-60，2；图版3-189）。H20 ：157，仅余口沿及上腹部。泥质灰陶，胎质略粗。敞口，方唇，口沿部由泥片向内折叠加厚，短束颈，溜肩。器物内壁可见轮修线痕，外腹部可见暗弦纹。口径16厘米，残高5.3厘米（图3-60，1）。

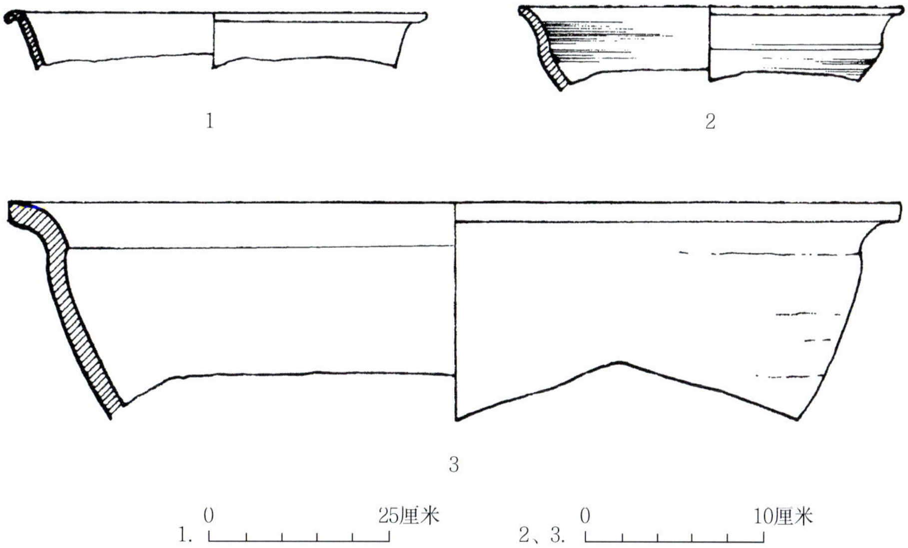

图3-59　TG162202H20陶盆

1.H20：153　2.H20：160　3.H20：149

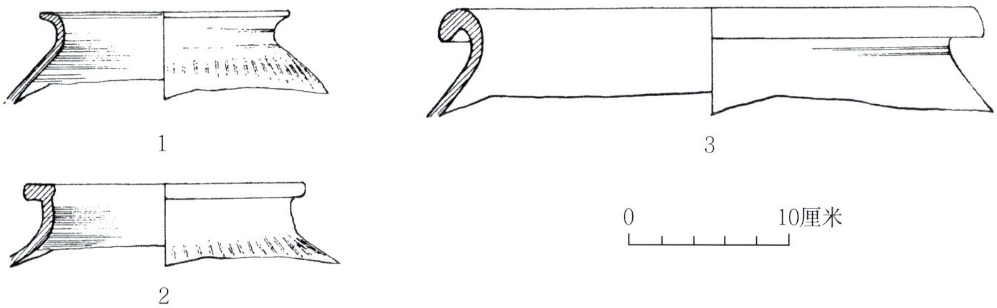

图3-60　TG162202H20陶罐

1.H20：157　2.H20：156　3.H20：155

图版3-188　陶罐（H20：155）

图版3-189　陶罐（H20：156）

钵　4件。H20：159，下腹部及底部残。泥质灰陶，胎质较细。敛口，口沿微外折，圆唇，鼓腹。内壁可见轮修线痕。口径8厘米，残高2.5厘米（图3-61，4）。H20：164，仅余口沿。泥质灰陶，胎质粗糙。敞口，口沿向外对折加厚，圆唇，斜腹。口径22厘米，残高5.2厘米（图3-61，1）。H20：162，仅余口沿部。泥质灰陶，胎质较细。口微敛，圆唇，鼓腹。器物内壁可见暗弦纹。口径32厘米，残高4.5厘米（图3-61，2）。H20：165，底部残。泥质灰陶，胎质略细。口微敛，方唇，弧腹上部微鼓。器物内壁可见轮修线痕。口径10厘米，残高3.2厘米（图3-61，3）。

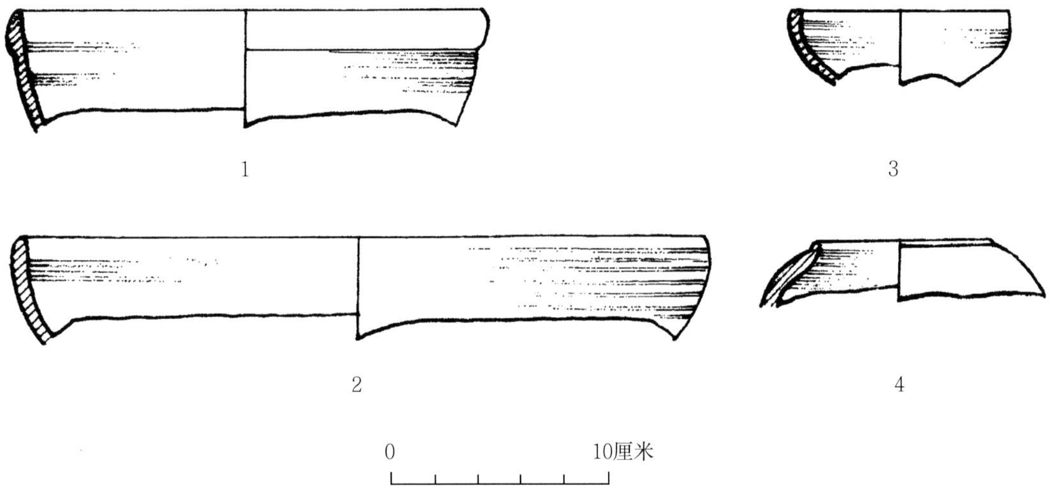

图3-61　TG162202H20陶钵

1.H20：164　2.H20：162　3.H20：165　4.H20：159

盘　1件。H20：166，可复原。泥质灰陶，胎质略粗。敞口，宽折沿外斜，圆唇，斜腹较浅，平底。内壁可见暗弦纹。口径28.5厘米，底径20厘米，高3.4厘米（图3-62，4；图版3-190）。

盒　1件。H20：167，仅余口沿。泥质灰陶，胎质较细。子母口，子口略直，方唇，折肩，腹部较直。内腹部可见轮修线痕。口径13厘米，残高3.3厘米（图3-62，3）。

筒形器　1件。H20：169，底部残。泥质灰陶，胎质略细。直口，折沿，方唇，口沿部由泥片向外对折加厚，并在其上饰数周凹弦纹，直腹。外壁可见轮修线痕，内腹部可见成组的篦点纹。口径17厘米，残高5.8厘米（图3-62，2；图版3-191）。

器盖　1件。H20：20，可复原。圆顶钮柱，钮柱较矮，顶面内凹，平沿微向下斜，沿较宽，实心子口。泥质灰陶，胎较粗，胎骨可见大量气孔。器盖挑沿可见轮修线痕，子口上凹平面可见捏塑及轮修痕迹。盖径6.2厘米，高1.8厘米（图3-62，1；图版3-192）。

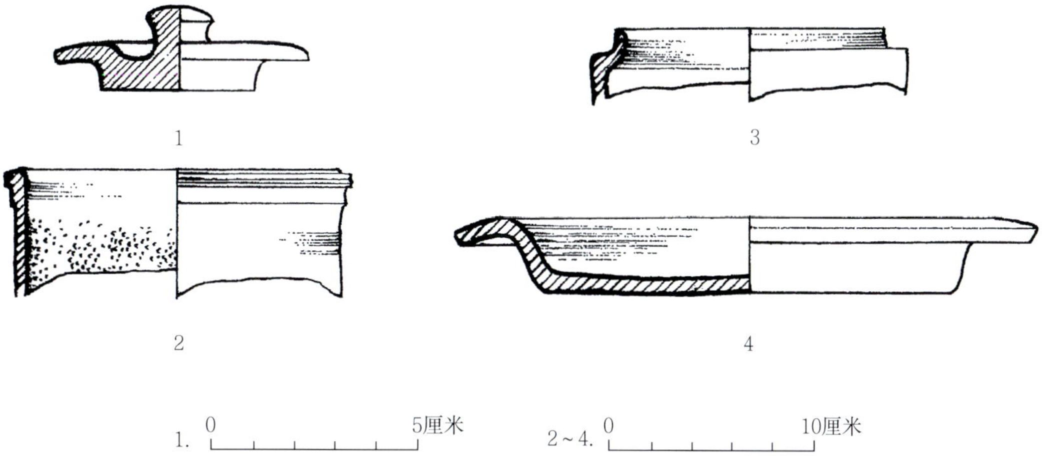

图3-62　TG162202H20陶器

1.器盖（H20：20）　2.筒形器（H20：169）　3.盒（H20：167）　4.盘（H20：166）

图版3-190　陶盘（H20：166）

图版3-191　陶筒形器（H20：169）

3. 陶模具

图版3-192　陶器盖（H20：20）

共2件，泥质红陶，胎较粗。H20：21，模具呈浅盘状，平底微凸，有内腔。泥质红陶，胎较粗。内腔底部有团花图案，周围有凹弦纹，弦纹内有均匀斜线装饰，内腔腹部装饰莲瓣纹样。残长6.6厘米，厚0.66厘米（图3-63，2；图版3-193）。H20：22，浅盘状，有内腔，泥质红陶，胎色泛黄，胎较粗，胎骨中可见大量颗粒物。内底部有纹饰，由于残余较少，仅可看到少部分凹陷的图案，图案底子上有细弦纹或布纹。外壁满布捏塑时留下的指纹。残长5.3厘米，厚0.55厘米（图3-63，1；图版3-194）。

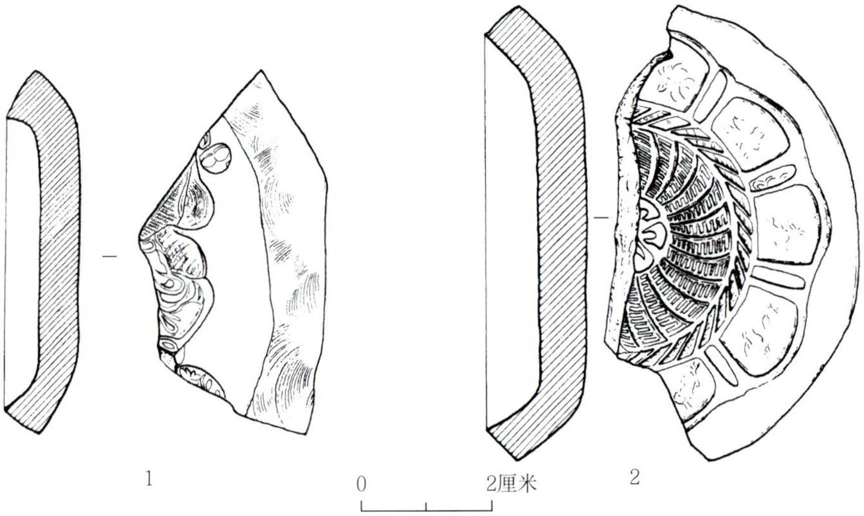

图3-63　TG162202H20陶模具
1.H20：22　2.H20：21

图版3-193　陶模具（H20：21）

图版3-194　陶模具（H20：22）

图版3-195　陶盆（H11：2）

（六）H11

陶盆　1件。H11：2，可复原。泥质灰陶。敞口，平沿，圆唇，斜腹微弧，平底。腹上部与近底部处隐约可见斜篮纹、手抹线纹。口径50.2厘米，底径22.8厘米，高19厘米（图3-64，3；图版3-195）。

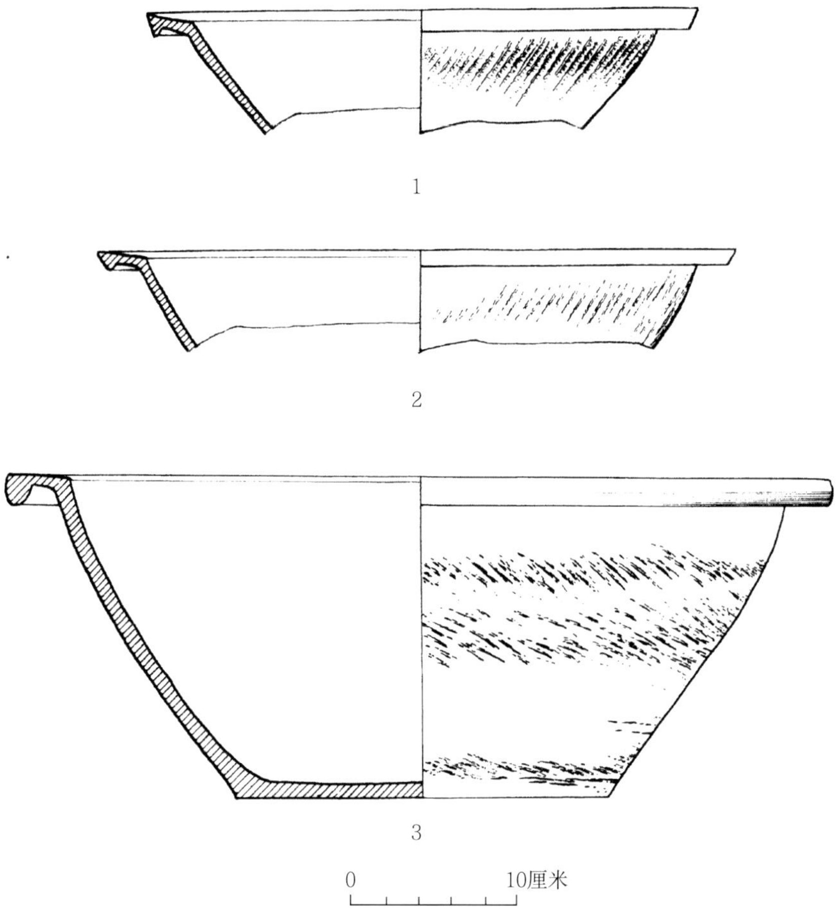

图3-64 TG162202H11、Z1陶盆
1.Z1：2 2.Z1：4 3.H11：2

（七）Z1

陶盆 1件。Z1：2，下腹部及底部残。泥质灰陶，胎质粗糙。侈口，宽折沿内斜，方唇，斜腹。外腹上部饰一周篮纹。口径34.5厘米，残高7.3厘米（图3-64，1）。Z1：4，下腹部及底部残。泥质灰陶，胎质粗。侈口，宽折沿内斜，方唇，口沿部由泥片折叠加厚，斜腹。外腹部饰篮纹。口径40厘米，残高6厘米（图3-64，2）。

（八）第5层

出土遗物以陶片为主，瓷片较少，还有少量石器、铜钱和动物骨骼。

1. 瓷器

仅出土瓷片38片，均为碎片，有青瓷、粗白瓷、细白瓷、黑釉瓷、三彩瓷等，可辨器型有盆、碗、枕。

2. 陶器

出土陶片736片，可复原陶器2件。以泥质灰陶为主，另有极少的泥质红陶；多为素面，少量饰篮纹、弦纹；可辨器型有罐、盆。

罐 4件。⑤：1，可复原。泥质灰陶。直口，平沿内斜，方唇，唇下内折，短束颈，圆肩斜弧腹，肩上部两侧各饰一桥状耳，平底微内凹。器外壁近底部显见两周弦纹，口内可见篦点纹，下有轮修线痕。口径31.5厘米，腹径30厘米，底径13.2厘米，高28.2厘米（图3-65，2；图版3-196）。⑤：12，底部残。泥质灰陶，胎质较粗。口略直，宽平沿，沿外周饰一圈凹弦纹，短束颈，上腹较鼓。口径32厘米，残高7.3厘米（图3-65，4）。⑤：10，仅余口沿及肩部。泥质灰陶，胎质略粗。直口，平沿较宽，圆唇，短直颈，溜肩。口径13厘米，残高4.5厘米（图3-65，3）。⑤：6，可复原。泥质灰陶。口略直，平沿，圆唇，短直颈，圆肩，肩上饰对称桥状耳，鼓腹，平底，底径较大。素面。口径11.4厘米，

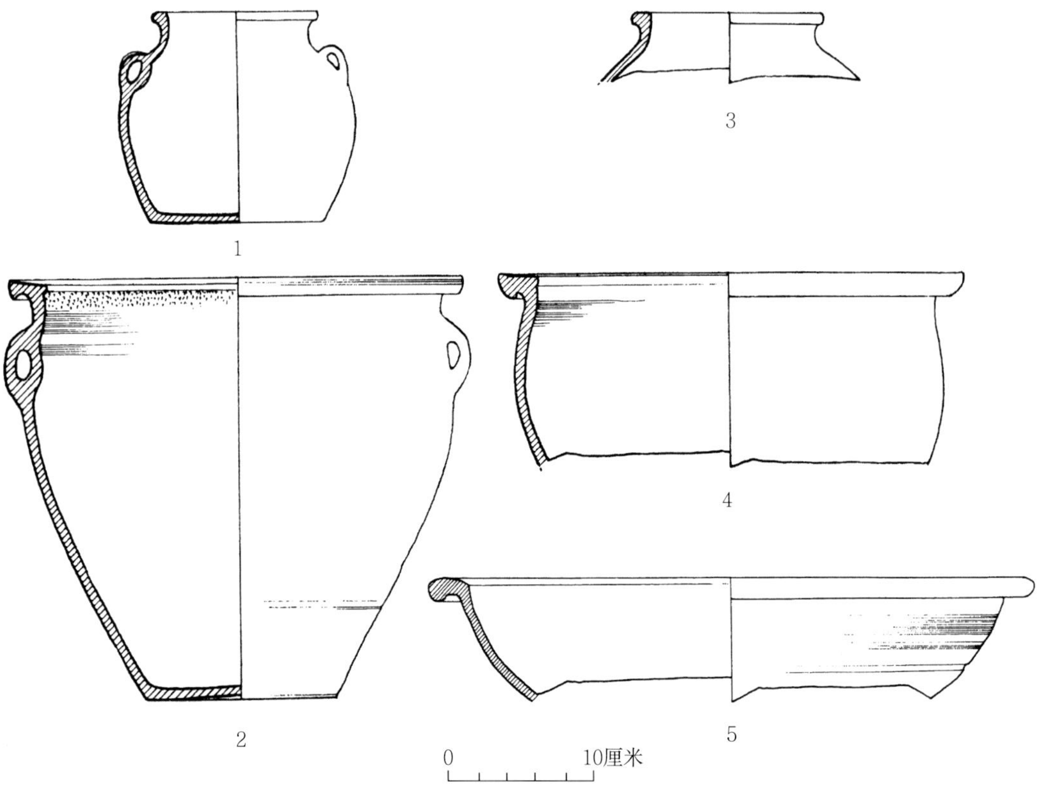

图3-65 TG162202第5层陶罐、陶盆

1～4.陶罐（⑤：6、⑤：1、⑤：10、⑤：12） 5.陶盆（⑤：13）

图版3-196　陶罐（⑤：1）

图版3-197　陶罐（⑤：6）

腹径 16.7 厘米，底径 12.2 厘米，高 13.8 厘米（图 3-65，1；图版 3-197）。

盆　1 件。⑤：13，下腹部及底部残。泥质灰陶，胎质粗糙。口微侈，卷沿，圆唇，唇部由泥片折叠加厚，弧腹。外腹部可见轮修线痕。口径 42 厘米，残高 8.2 厘米（图 3-65，5）。

3. 建筑构件

绳纹砖　1 块。⑤：8，正面印两组长方形绳纹图案，背面光素。胎质较粗，灰褐色。砖长 32 厘米，宽 15 厘米，厚 5 厘米（图版 3-198）。

陶构件　1 个。⑤：2，泥质灰陶。实心，整体呈突起的乳丁状，周边呈饼状，背部有一小长方形穿孔，用于插入铁钉。最大径 5.6 厘米（图 3-66，2；图版 3-199）。

4. 石器

磨石　1 块。⑤：3，砂岩，褐色。呈长方体，侧端为打磨面。残长 11.4 厘米，残宽 11 厘米，厚 3 厘米（图 3-66，1）。

图版3-198　绳纹砖（⑤：8）

图版3-199　陶构件（⑤：2）

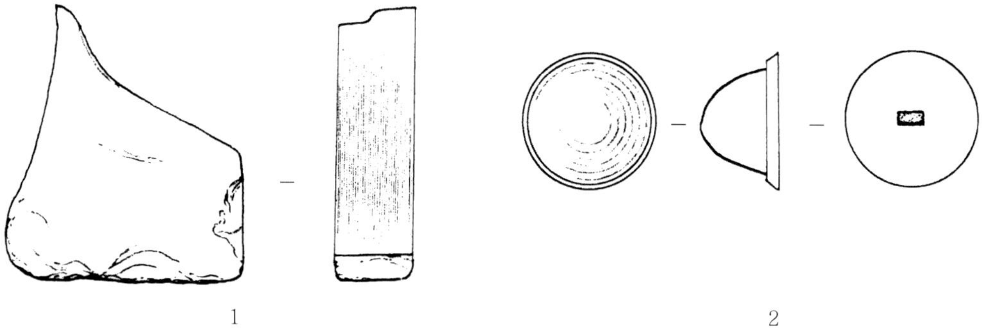

图3-66　TG162202第5层陶构件、磨石
1.磨石（⑤：3）　2.陶构件（⑤：2）

（九）H10

陶碗　1件。H10：2，可复原。泥质灰陶。敞口，圆唇，弧腹，饼状足平底。腹上部饰两周凹弦纹，器表显见轮修线痕。口径18厘米，底径8厘米，高6.2厘米（图3-67，4；图版3-200）。

图版3-200　陶碗（H10：2）

陶盆　2件。H10：4，下腹部及底部残。泥质灰陶，胎质较粗。敞口，卷沿，方唇，唇部由泥片折叠加厚，斜腹。口径

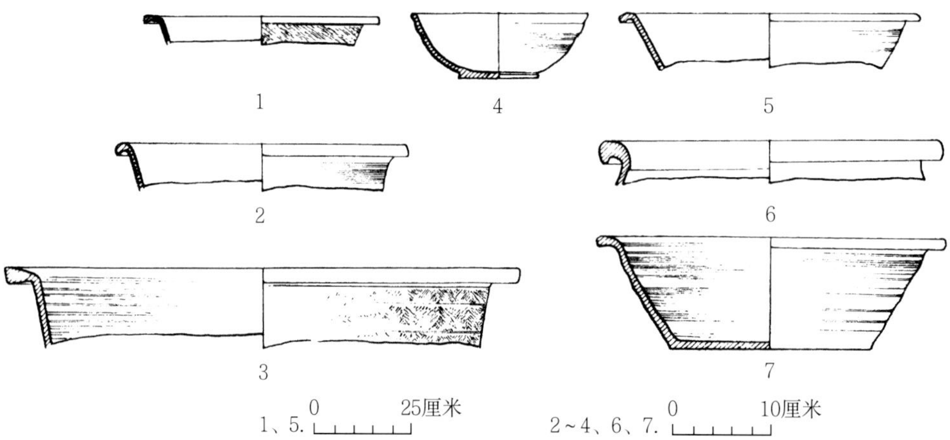

图3-67　TG162202H6、H10陶器
1～3、5、7.盆（H10：4、H6：3、H6：4、H10：5、H6：1）　4.碗（H10：2）　6.罐（H6：5）

60 厘米，残高 6.7 厘米（图 3-67，1）。H10 ：5，下腹部及底部残。泥质灰陶，胎质粗糙。敞口，卷沿，圆唇，斜腹。外腹部饰数周篮纹。口径 75 厘米，残高 12.6 厘米（图 3-67，5）。

（一〇）H6

陶盆 3 件。H6 ：1，泥质灰陶。侈口，圆唇，斜直腹，平底，素面。腹外部有数周泥条盘筑痕，腹上部及内壁显见轮修线痕。口径 34.8 厘米，底径 20 厘米，高 10.8 厘米（图 3-67，7；图版 3-201）。H6 ：3，下腹部与口沿残。泥质灰陶，胎质略粗。敞口，卷沿，方唇，腹略直。器物外壁可见轮修线痕。口径 30 厘米，残高 4.6 厘米（图 3-67，2）。H6 ：4，下腹部及底部残。泥质灰陶，胎质略粗。敞口，卷沿，圆唇，唇部由泥片折叠加厚，腹略直。内腹部饰暗弦纹，外腹部饰三周呈麦穗状的交叉篮纹。口径 52 厘米，残高 7.8 厘米（图 3-67，3）。

图版3-201 陶盆（H6：1）

陶罐 1 件。H6 ：5，仅余口沿。泥质灰陶，胎质较粗。口微敞，卷沿，圆唇，短束颈。口径 34 厘米，残高 4.6 厘米（图 3-67，6）。

（一一）F3

1. 铜钱

开元通宝 2 枚。F3 ：1、F3 ：2，方穿，有内外郭，内郭较细，外郭较宽，楷书，顺读，背素面。直径约 2.5 厘米（图 3-68，1、2）。

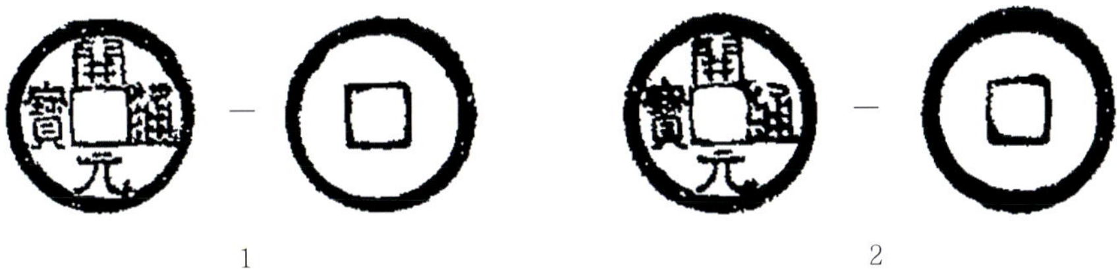

图3-68 TG162202F3“开元通宝”铜钱

1.F3：1 2.F3：2

2. 建筑构件

共 73 件。有绳纹砖和板瓦。

绳纹砖 共 24 件，多残缺，F3 墙体均用此类砖垒砌。F3 ：4，完整。砖体发红，平头，背面压印两组斜长方形粗绳纹。长 31.7 厘米，宽 15.3 厘米，厚 4.8 厘米（图 3-69）。

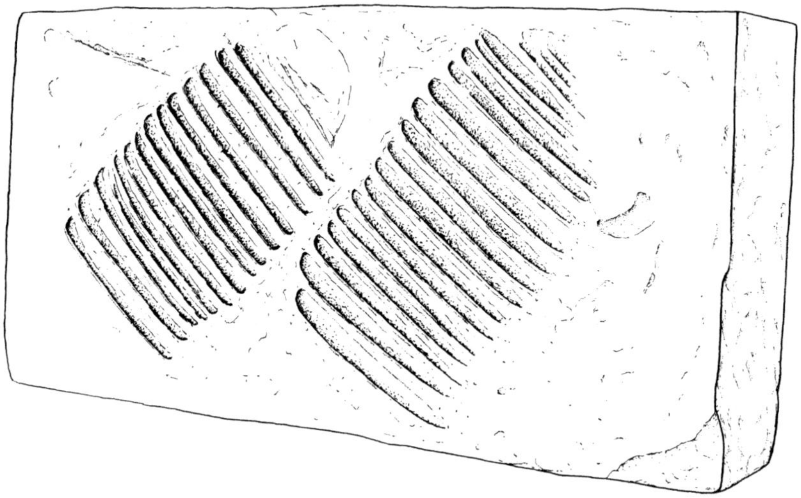

图3-69 TG162202F3绳纹砖侧视图
（F3 ：4）

（一二）第 4 层

1. 瓷器

出土瓷片 139 件，可复原瓷器 7 件。有粗白瓷、细白瓷、黑釉瓷、黄釉瓷、青瓷、茶叶末釉瓷等，以粗白瓷和黑釉瓷为主；器表均为素面；可辨器型有碗、盆、盒、罐、盏和钵。

（1）粗白瓷

碗 2 件。④：6，可复原。敞口，圆唇，弧腹内收，饼状平底，足缘经二次修削，足跟内收，素面。内壁施满釉，外壁施釉至上腹部，胎呈土黄色，釉色乳白。口径 11.8 厘米，底径 6 厘米，高 3.6 厘米（图 3-70，2；图版 3-202）。④：31，器底残片。玉环形底，足缘经削修。浅灰色胎，胎质粗糙，含大量气孔和细微颗粒物。内壁施满釉，白釉泛青，有细密冰裂纹，内底可见两个圆形的支钉痕。底径 5 厘米，残高 1.8 厘米（图 3-70，3）。

盆 1 件。④：33，器底残片。平底内凹，足外撇，足缘经削修。白胎质粗，有气孔和细微颗粒物。内壁施满釉，白釉略泛黄，釉下施白色化妆土。底径9厘米，残高2厘米（图3-70，1）。

盒盖 1件。④：32，母口盖，可复原。宽侧壁，弧顶微隆，折肩，方唇，斜侧边。母口及内壁露胎，余处施釉。乳白色胎，胎质较粗，胎壁较厚，有气孔和细微颗粒物。釉色白中泛黄，釉面乳浊感较强，可见少量气泡。口径16厘米，高4厘米（图3-70，4；图版3-203）。

（2）黑釉瓷

盏 1件。④：12，可复原。敞口，圆唇，弧腹，圈足，内外墙均较直，素面。土黄色胎，胎质细腻坚致。内壁施满釉，外壁施釉至下腹部，釉色黑亮，釉面有细小气孔。口径12厘米，底径4.1厘米，高5厘米（图3-71，2；图版3-204）。

钵 1件。④：14，可复原。敞口，圆唇，斜弧腹，腹较浅，饼状足平底略内凹，素面，上腹部显见轮修线痕。灰胎，胎质坚硬致密。内壁施釉至口部，外壁无釉，釉色黑。口径11.8厘米，底径4.5厘米，高3.8厘米（图3-71，1；图版3-205）。

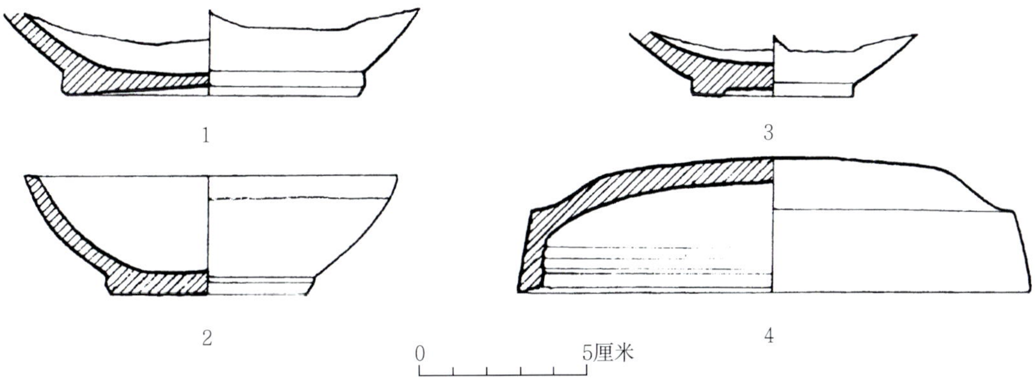

图3-70 TG162202第4层粗白瓷器

1.盆（④：33） 2、3.碗（④：6、④：31） 4.盒盖（④：32）

图版3-202 粗白瓷碗（④：6）

图版3-203 粗白瓷盒盖（④：32）

图版3-204　黑釉瓷盏（④：12）

图版3-205　黑釉瓷钵（④：14）

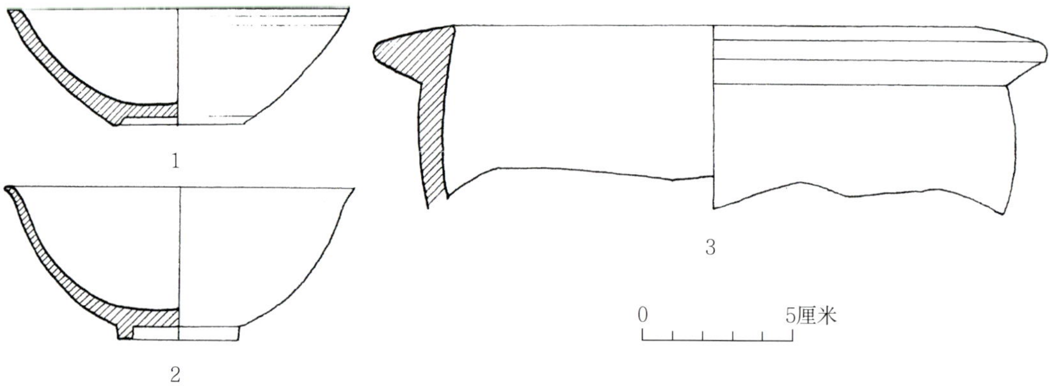

图3-71　TG162202第4层黑釉瓷器
1.钵（④：14）　2.盏（④：12）　3.盆（④：34）

盆　1件。④：34，存口沿及上腹部残片。口微敛，斜沿，圆唇，弧腹微鼓。浅灰色胎，胎质略粗，有气孔。内壁施满釉，外壁施釉至唇下。釉色酱黑，釉面干涩，有磨砂质感。口径18厘米，残高6厘米（图3-71，3）。

（3）青瓷

碗　1件。④：28，口沿及腹部残片。灰胎，质细。内外施满釉，釉色青绿，外壁刻牡丹纹。残高4.6厘米（图3-72，3）。

（4）黄釉瓷

钵　1件。④：7，敞口，圆唇，弧腹，近底部内收，平底，素面。土黄色胎，质粗。内壁施釉至口部，外壁无釉，釉色棕黄，釉面已烧干，哑光，局部釉面脱落。口径10.1厘米，底径4.6厘米，高4.2厘米（图3-72，2；图版3-206）。

（5）茶叶末釉瓷

钵　1件。④：35，可复原。敞口圆唇，斜腹较浅，饼状足平底。乳白色胎，胎质较细。仅内腹部及底部施釉，釉色呈青绿色，釉层较厚，釉面干涩，有磨砂质感。外壁可见

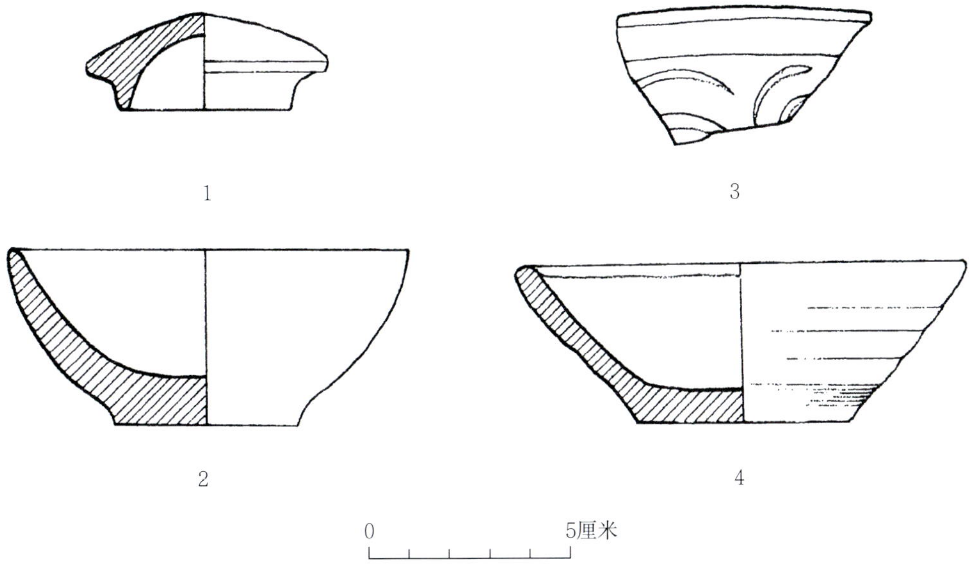

图3-72　TG162202第4层其他瓷器

1.素烧器盖（④：30）　2.黄釉瓷钵（④：7）　3.青瓷碗（④：28）　4.茶叶末釉瓷钵（④：35）

图版3-206　黄釉瓷钵（④：7）

图版3-207　茶叶末釉瓷钵（④：35）

轮修线痕，器底有漩涡状刮痕。口径11.5厘米，底径4.5厘米，高4厘米（图3-72，4；图版3-207）。

（6）素烧器

器盖　1件。④：30，可复原。胎呈粉色，胎质紧致，胎体可见少量气孔及颗粒物。子母口，子口较直，圆尖顶。口径6厘米，高2.4厘米（图3-72，1；图版3-208）。

图版3-208　素烧器盖（④：30）

2. 陶器

出土陶片 354 片，可复原陶器 1 件。以泥质灰陶为主，极少量泥质红陶。多为素面，少量篮纹、弦纹。可辨器型有盆、罐。

图版3-209　陶盆（④：13）

盆　5 件。1 件泥质红陶，其余均为泥质灰陶。④：13，可复原。泥质灰陶。侈口，圆唇，束颈，圆肩，上腹圆鼓，下腹斜收，平底。素面，内外壁显见轮修线痕。口径 24.4 厘米，腹径 23.2 厘米，底径 13.8 厘米，高 13.9 厘米（图 3-73，2；图版 3-209）。④：16，下腹部及底部残。泥质灰陶，胎质略粗。口略直，平沿，圆唇，弧腹。外腹部有泥条盘筑痕迹，内外壁均可见轮修线痕。口径 18 厘米，残高 7 厘米（图 3-73，1）。④：17，下腹部及底部残。泥质灰陶，胎质略粗。敞口，折沿，尖唇，弧腹，唇部由泥片重叠加厚。内外壁均可见轮修线痕。口径 50 厘米，残高 7.7 厘米（图 3-73，3）。④：19，仅余口沿。泥质灰陶，胎质略粗，胎体可见气孔及白色颗粒物。敞口，卷沿，弧腹上部微鼓。器物外壁近口沿部可见轮修线痕，外腹部饰篮纹。口径 42 厘米，残高 6.4 厘米（图 3-73，5）。④：20，下腹部及底部残。泥质红陶，胎质略粗，胎体可见气孔及层状开裂。敞口，尖唇，直腹。口沿部隐约可见轮修线痕。口径 32 厘米，残高 7.2 厘米（图 3-73，4）。

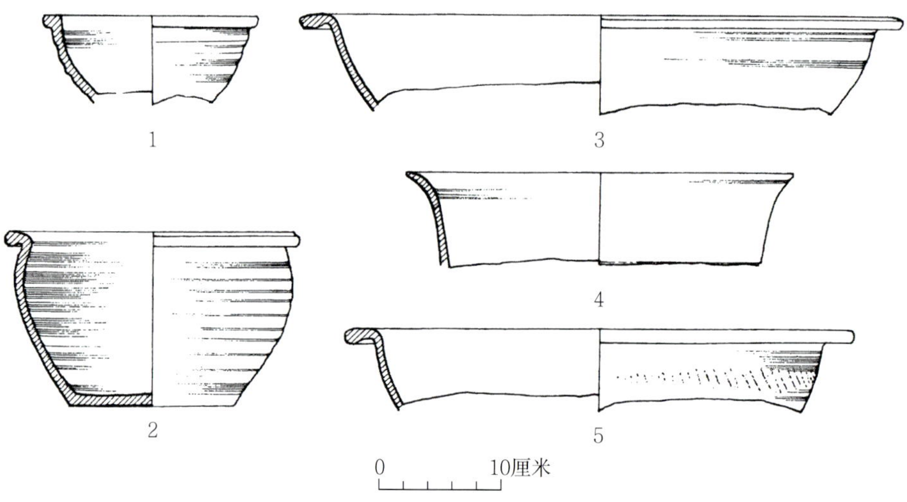

图3-73　TG162202第4层陶盆

1.④：16　2.④：13　3.④：17　4.④：20　5.④：19

罐　3件。④：25，腹部及底部残。泥质灰陶，胎质略粗。直口，卷沿，方唇，短直颈，圆肩。内壁可见轮修线痕，内腹部可见篦点纹。口径24厘米，残高6.6厘米（图3-74，3；图版3-210）。④：23，下腹部及底部残。泥质灰陶，胎质略细。口微敛，折沿外斜，圆唇，短束颈，圆肩鼓腹，肩部有一对桥状耳，耳由柱状泥条制成，耳孔呈半圆形，内腹器耳对应处可见泥片捏塑固定痕迹。内腹饰成组的篦点纹。口径15厘米，残高6.8厘米（图3-74，1；图版3-211）。④：27，下腹部及底部残。泥质灰陶，胎质略粗。直口，细平沿，方唇，短直颈，溜肩鼓腹。器物内外壁均可见轮修线痕。口径8厘米，残高4.6厘米（图3-74，2）。

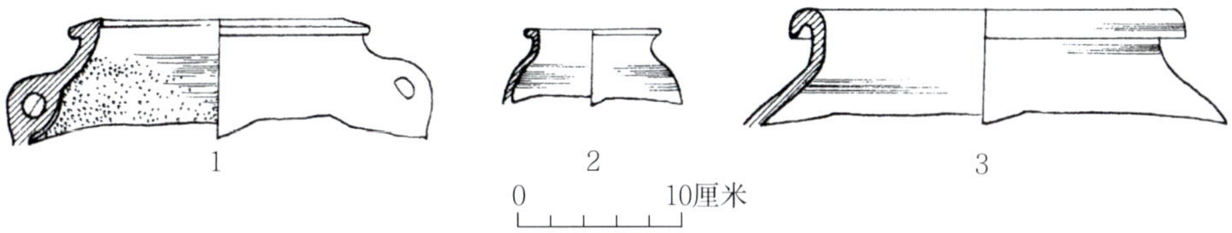

图3-74　TG162202第4层陶罐
1.④：23　2.④：27　3.④：25

图版3-210　陶罐（④：25）

图版3-211　陶罐（④：23）

3. 钱币

共5枚，1枚锈蚀严重，字迹不清，其余4枚均为“开元通宝”。④：9，方穿，穿较狭，有内外郭，内郭较细，外郭较宽，肉厚，钱文正面楷书字体，顺读，背面有月掐纹，直径约2.6厘米。

（一三）第3层

1. 瓷器

出土瓷片139片，完整及可复原瓷器3件。有粗白瓷、细白瓷、黑釉瓷、青瓷和黄釉瓷，以粗白瓷为主；可辨器型有灯盏、钵、碗等。

（1）粗白瓷

棋子 1个。③：4，土黄色胎，质粗。施白釉，釉色乳白。直径1.8厘米，厚0.4厘米（图3-75，3；图版3-212）。

（2）黑釉瓷

钵 1件。③：7，可复原。敞口，圆尖唇，斜腹微弧，平底，底径较大。素面，外壁显见泥条盘筑痕。灰胎，质略粗，内壁施釉至口部，外壁无釉，釉色黑亮，有光泽。口径10厘米，底径5.4厘米，高4.1厘米（图3-75，4；图版3-213）。

（3）黄釉瓷

碗 1件。③：8，可复原。敞口，尖唇，弧腹，饼状平底。口沿外饰一周凹弦纹，腹上部及内壁可见轮修线痕。内壁饰满釉，外壁无釉，釉色棕黄，釉面干涩，局部釉层已脱落。口径16.5厘米，底径8厘米，高7厘米（图3-75，1；图版3-214）。

（4）细白瓷

灯盏 1件。③：3，可复原。敞口，圆唇，浅腹，底略内凹。素面，外底可见涡状刮痕，

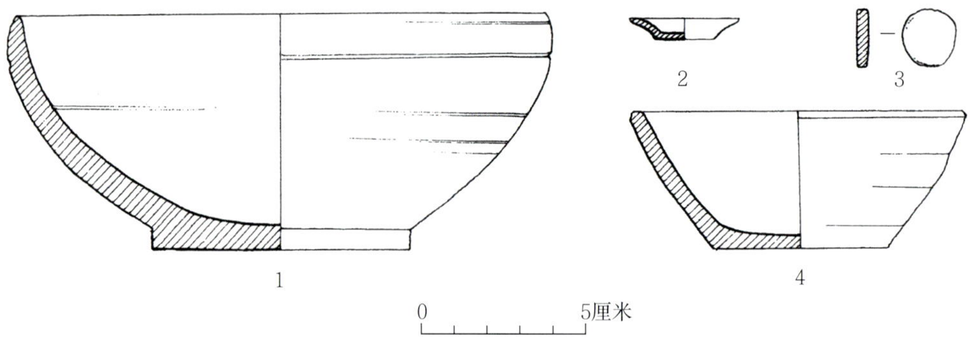

图3-75 TG162202第3层瓷器

1.黄釉瓷碗（③：8） 2.细白瓷灯盏（③：3） 3.粗白瓷棋子（③：4） 4.黑釉瓷钵（③：7）

图版3-212 粗白瓷棋子（③：4）

图版3-213 黑釉瓷钵（③：7）

图版3-214　黄釉瓷碗（③：8）

图版3-215　细白瓷灯盏（③：3）

残存较少。土黄色胎，内壁施满釉，外壁无釉，釉色乳白。口径 3.2 厘米，底径 1.9 厘米，高 0.6 厘米（图 3-75，2；图版 3-215）。

2. 陶器

出土陶片 156 片，以泥质灰陶为主，极少的泥质红陶。器表多素面，少量饰篮纹和弦纹。可辨器型有盆、罐和钵。

盆　3 件。2 件泥质红陶，其余均为泥质灰陶。③：10，下腹部及底部残。泥质红陶，胎质略粗，胎体可见气孔及少量颗粒物。敞口，圆唇，斜腹上略直。口径 27 厘米，残高 5.2 厘米（图 3-76，1）。③：11，下腹部及底部残。泥质灰陶，胎质略粗。敞口，卷沿，圆唇，唇部由泥片折叠加厚，斜腹上部微弧。口径 36 厘米，残高 4.7 厘米（图 3-76，2）。③：12，下仅余口沿。泥质灰陶，胎质略粗。敞口，卷沿，圆唇，唇部由泥片折叠加厚，斜腹。外壁可见轮修线痕。口径 45 厘米，残高 3.6 厘米（图 3-76，3）。

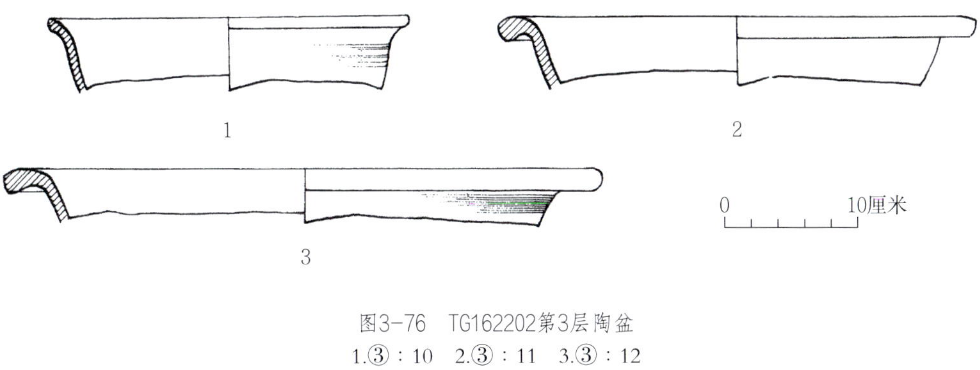

图3-76　TG162202第3层陶盆
1.③：10　2.③：11　3.③：12

第五节 Ⅱ TG148175

一、遗迹

探沟内的遗迹类型较单一，叠压打破关系复杂，包括灰坑 18 个，灶坑 3 个。

1. 灰坑

共 18 个，分别为 H57 ~ H60、H65 ~ H78。平面形状有圆形、椭圆形、长方形和不规则形，多为生活垃圾坑和自然坑。

H71　2 层下开口，打破第 3 层和第 4 层。平面形状呈不规则形，剖面形状近弧形，平底，南北宽约 250 厘米，东西长 200 厘米，深 110 ~ 165 厘米。坑内填土为灰褐色花土，土质较松软，包含较多炭屑、烧土粒、碎砖瓦，少量白灰粒、石头，堆积呈水平分布，出土较多陶片和少量瓷片。出土瓷片以粗白瓷为主，还有极少的黑釉瓷、青瓷、茶叶末釉瓷和绿彩瓷，均为素面；出土可复原瓷器 5 件，器型有碗、钵、盒、罐。出土陶片以泥质灰陶为主，仅 4 片泥质红陶，器表多为素面，少量饰篮纹和弦纹，可辨器型有盆、罐和瓮。根据坑内堆积状况及出土遗物推测其应为生活垃圾坑（图 3-77，4）。

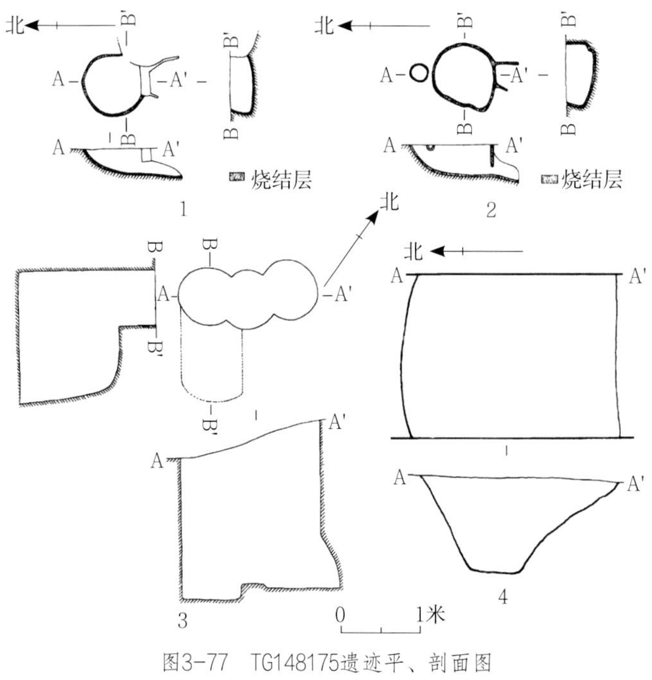

图3-77　TG148175遗迹平、剖面图
1.Z5　2.Z6　3.H78　4.H71

H78 4层下开口，打破生土，被H75打破。平面呈三个连环相套的圆形，口径长182厘米，宽74厘米，剖面近筒形，平底，东部坑底略向外扩。坑西南距坑口约48厘米深处向南延伸出一洞龛，洞顶部有明显的人为加工痕迹，洞高130厘米，宽60厘米，进深96厘米。坑壁光滑，有加工痕迹，坑深178～210厘米。坑内填土呈青绿色，土质较疏松，包含较多炭屑、烧土粒、碎砖瓦、少量白灰。出土遗物丰富，包括完整的和残缺的铜钱28枚，多锈蚀严重，字迹不清，可辨识出的有"开元通宝"和"乾元重宝"；铁器残块3件，完整瓷碗3件，可复原瓷碗27件、瓷盆2件、瓷钵4件、瓷三足盘1件、陶罐1件、漆器2件、铜铃1个、骨篦1件，以及少量动物骨骼。陶片多为泥质灰陶；约占70%，其余为泥质褐陶；以素面为主，少量饰篮纹、弦纹。出土瓷片以白瓷为主，还有少量黄釉瓷、黑釉瓷和青瓷，器表均素面，无纹饰，在6件白瓷碗底部有墨书的"臣"字款。根据堆积状况、形制及出土遗物，推断其用途可能为一处废弃的窖穴（图3-77，3；图版3-216）。

图版3-216　H78

2. 灶坑

2处，均为4层下开口，保存较好，由火口、灶膛、烟道三部分组成。

Z5 4层下开口，打破生土，被Z6打破。平面形状呈圆形，由火口、灶膛两部分组成，灶壁及灶膛底部呈红褐色，灶口周围有一层烧结层，呈红褐色。灶口南北长72厘米，东西宽68厘米；灶膛剖面形状呈锅底形，深28 ~ 30厘米，烧结层厚约2厘米。火口位于灶膛南部，宽26厘米，高18厘米。灶坑内夹杂大量草木灰，炭屑，无遗物（图3-77，1；图版3-217左）。

Z6 4层下开口，打破生土，打破Z5。平面形状呈圆形，由灶膛、火口、烟道三部分组成，灶壁及灶膛底部呈红褐色，灶口周围有一层烧结层，呈红褐色。灶膛南北长80厘米，东西宽78厘米，灶膛剖面形状呈锅底形，深约34厘米，烧结层厚度约2厘米；火口位于灶膛南部，已坍塌，宽28厘米，残高16厘米；烟道位于灶膛北部，呈圆形，直径约20厘米，深6厘米（图3-77，2；图版3-217右）。

图版3-217 Z5（左）、Z6（右）

二、遗物

探沟内出土遗物较丰富，根据叠压、打破关系，由早到晚按单位逐一介绍。

（一）H65

1. 瓷器

出土瓷片数量较少，仅 12 片，可复原瓷器 3 件。有黑釉瓷、青瓷、酱釉瓷、黄釉瓷、三彩瓷等，器表多素面，可辨器型有钵、碗。

（1）黑釉瓷

钵 1件。H65 ：4，可复原。敞口，圆唇，斜腹较浅，饼状足平底。土黄色胎，胎略粗，胎体可见大量黑色细颗粒物。仅内腹部及底部施釉，釉呈黑色，釉层较厚，玻璃感较强，釉面凹凸不平，有大量细小气孔。口径 11 厘米，底径 5 厘米，高 3.5 厘米（图 3–78，1；图版 3–218）。

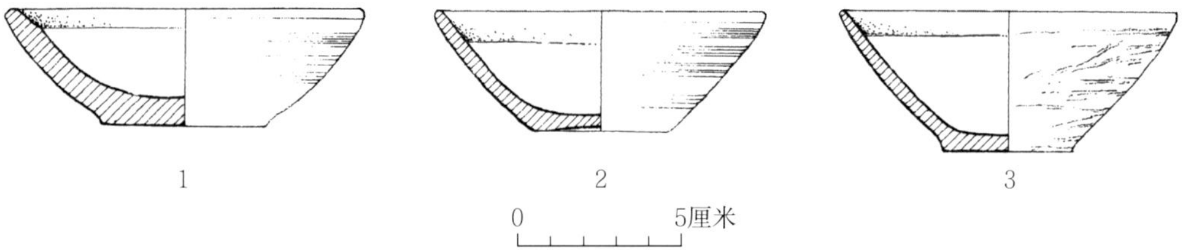

图3–78 TG148175H65瓷钵

1.黑釉瓷钵（H65：4） 2.酱釉瓷钵（H65：6） 3.青瓷钵（H65：5）

（2）青瓷

钵 1件。H65 ：5，可复原。敞口，圆唇，弧腹，饼状足平底。土黄色胎，胎质较粗。仅内壁施釉，釉色青，釉面因过烧显得干燥而斑驳。外壁可见涂抹修整痕迹，外底可见漩涡状刮痕。口径 10.2 厘米，底径 4 厘米，高 4.2 厘米（图 3–78，3；图版 3–219）。

（3）酱釉瓷

钵 1 件。H65 ：6，可复原。敞口，圆唇，斜腹较浅，平底。白胎泛黄，胎质较细。仅内腹部及底部施釉，釉呈酱色，釉面较干，有磨砂感。外腹部有轮修线痕，器底有涡状刮痕。口径 9.8 厘米，底径 4.2 厘米，高 3.6 厘米（图 3–78，2；图版 3–220）。

（4）三彩残片

H65 ：18，盔甲残片。浅灰色胎，胎质略粗，有气孔。外壁施满釉，内壁无釉。釉色

图版3-218　黑釉瓷钵（H65：4）

图版3-219　青瓷钵（H65：5）

图版3-220　酱釉瓷钵（H65：6）

图版3-221　三彩残片（H65：18）

白、绿相间，釉层较薄，釉面粘砂严重，光亮度差。内壁可见成坯时留下的按压纹，外腹部饰鱼鳞纹（图版 3-221）。

2. 陶器

出土陶片 152 片。以泥质灰陶为主，少量泥质红陶。多为素面，极少的篮纹和弦纹。可辨器型有盆、罐和瓮。

盆　5 件。2 件泥质红陶，余为泥质灰陶。H65 ：9，下腹部及底部残。泥质红陶，胎质粗糙。敞口，宽折沿外斜，尖唇，斜弧腹。外壁口沿下有一圈凸弦纹，内外壁均可见轮修线痕。口径 16 厘米，残高 4 厘米（图 3-79，1）。H65 ：13，下腹部及底部残。泥质红陶，胎质略粗。敞口，卷沿，圆唇，口沿部由泥片折叠加厚，弧腹。内壁可见轮修线痕。口径 28 厘米，残高 4.5 厘米（图 3-79，5）。H65 ：11，下腹部及底部残。泥质灰陶，胎质粗。口微敛，折沿外斜，尖唇，口沿由泥片向外折叠加厚，弧腹略直。外壁饰两周凹弦纹。口径 22 厘米，残高 5.2 厘米（图 3-79，2）。H65 ：8，下腹部及底部残。泥质褐陶，胎质较粗。敞口，卷沿，圆唇，唇部由泥片折叠加厚，斜腹上部微鼓。口径 50 厘米，残高 9.5 厘米（图 3-79，4）。H65 ：10，下腹部及底部残。泥质灰陶，胎质粗糙。敞口，卷沿，圆唇，唇部

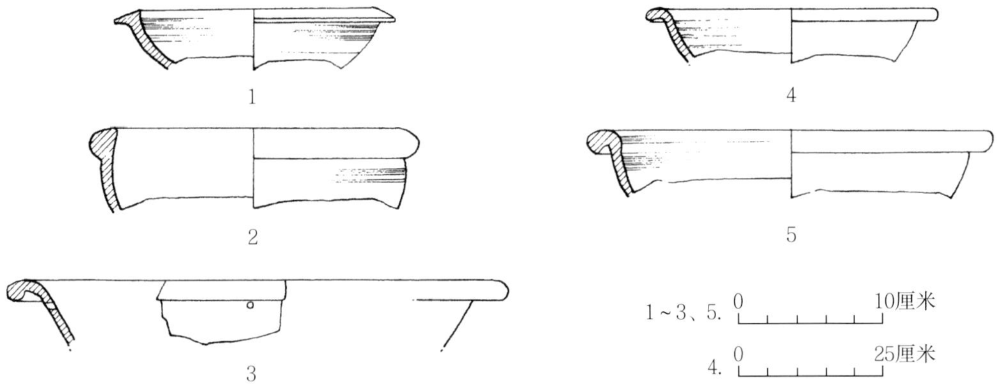

图3-79 TG148175H65陶盆

1.H65：9 2.H65：11 3.H65：10 4.H65：8 5.H65：13

由泥片折叠加厚，斜腹。素面，腹部可见一圆形钻孔。口径34厘米，残高4.2厘米（图3-79，3）。

罐 3件。H65：7，仅余口沿及上腹部，泥质灰陶，胎质粗糙。侈口，折沿，圆唇，唇部由泥片折叠加厚，弧腹略直。口径77厘米，残高15.8厘米（图3-80，2）。H65：15，下腹部及底部残。泥质灰陶，胎质粗。直口，平沿略宽，圆唇，短直颈，溜肩鼓腹，肩部有一对桥状耳，耳由柱状泥条制成，耳孔近圆形，内壁器耳对应处凸起，可见涂抹固定痕迹，内腹部可见篦点纹。口径14厘米，残高9.6厘米（图3-80，3）。H65：17，下腹部及底部残。泥质灰陶，胎质粗糙。直口，宽平沿略外斜，方唇，短直颈，溜肩。口径14厘米，残高4厘米（图3-80，1）。

瓮 1件。H65：14，仅余口沿。泥质灰陶，胎壁厚重，胎质较粗糙。敞口，卷沿，圆唇，短束颈。口径34厘米，残高5.4厘米（图3-80，4）。

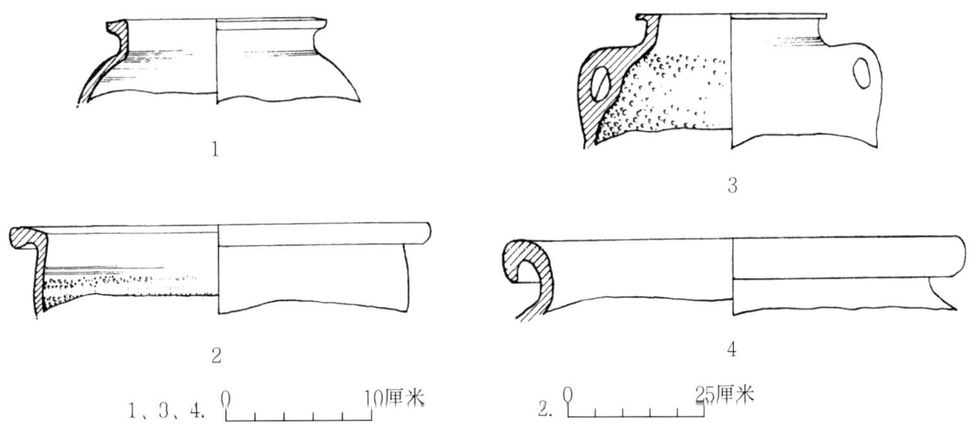

图3-80 TG148175H65陶器

1～3.罐（H65：17、H65：7、H65：15） 4.瓮（H65：14）

（二）H67

1. 瓷器

出土瓷片 19 片，可复原瓷器 1 件。有黑釉瓷、粗白瓷、黄釉瓷和茶叶末釉瓷，均为素面无纹饰，可辨器型有盆、罐、碗。

图版3-222　黑釉瓷盆（H67：2）

（1）黑釉瓷

盆　1 件。H67 ：2，可复原。口略直，折沿外斜，尖圆唇，弧腹较直，饼状足平底。乳白色胎，胎质紧致细密。内壁施满釉，外壁施釉至下腹近底部，口沿无釉，釉色黑亮，有金属光泽。口径 18.3 厘米，底径 11.6 厘米，高 11.8 厘米（图 3-81，2；图版 3-222）。

（2）茶叶末釉瓷

罐　1 件。H67 ：9，器底残片。饼状

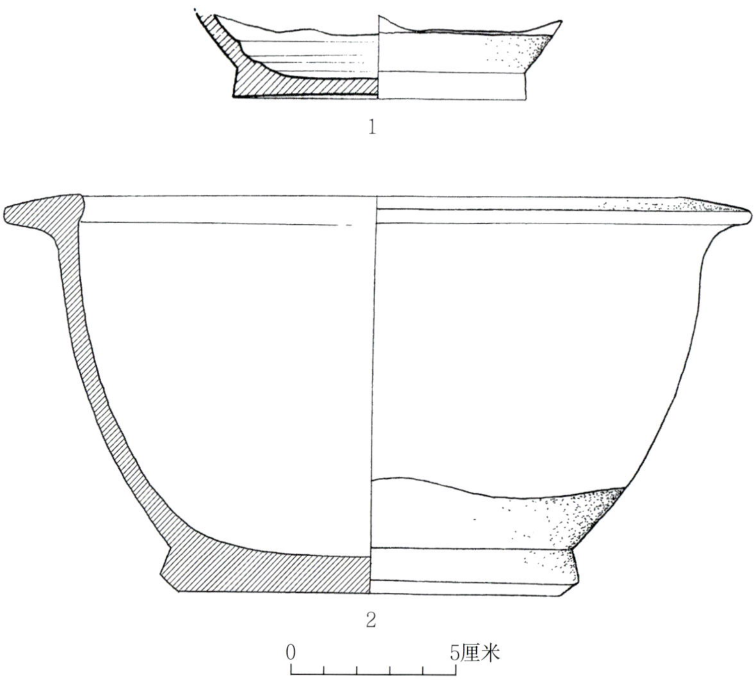

图3-81　TG148175H67瓷器
1.茶叶末釉瓷罐（H67：9）　2.黑釉瓷盆（H67：2）

足，平底内凹，足缘经削修，足底有同心圆状刮痕。土黄色胎，质粗。仅外壁施釉至下腹近底部。釉色青绿，釉层较薄。内壁可见明显的轮修痕迹。底径 9 厘米，残高 2.4 厘米（图 3-81，1）。

图版3-223　陶盆（H67：4）

图版3-224　陶罐（H67：7）

2. 陶器

出土陶片 188 片，其中 2 片为泥质红陶，余均为泥质灰陶。多为素面，少量饰弦纹。可辨器型有盆、罐。

盆　2 件。H67 ：4，仅余上腹部及口沿。泥质灰陶，胎体厚重，胎质粗糙。侈口，折沿内斜，圆唇，唇部由泥片折叠加厚，斜腹略直。内外壁均隐约可见轮修线痕。口径105厘米，残高14.4厘米（图3-82，3；图版3-223）。H67 ：5，底部残。泥质灰陶，胎质较粗糙。敞口，卷沿，圆唇，斜腹上部微鼓。外腹部饰篮纹，内腹部饰暗弦纹。外腹上可见一圆形钻孔，可能为二次利用痕迹，内腹部有火烤痕迹。口径 60 厘米，残高 13.5 厘米（图 3-82，1）。

罐　1 件。H67 ：7，下腹部及底部残。泥质灰陶，胎质粗糙。口微敞，折沿外斜，尖唇，短直颈，溜肩。内外壁均可见轮修线痕。口径 13 厘米，残高 4.4 厘米（图 3-82，2；图版 3-224）。

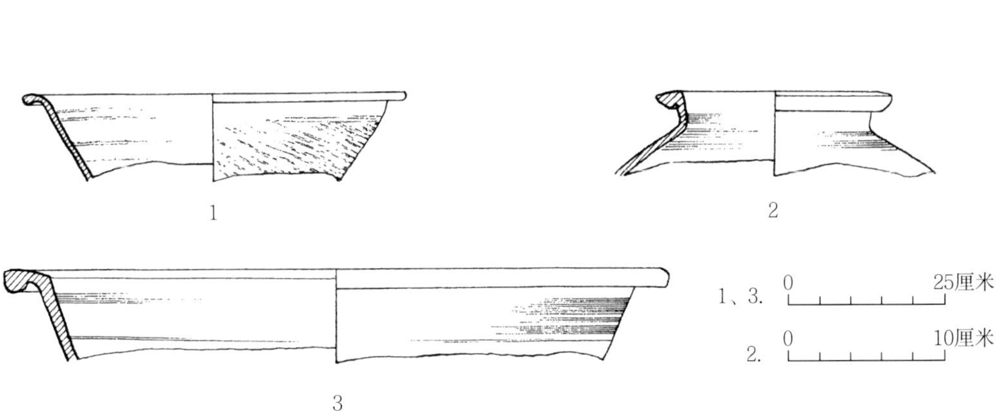

图3-82　TG148175H67陶器

1、3.盆（H67：5、H67：4）　2.罐（H67：7）

（三）H77

1. 瓷器

出土瓷片 24 片，可复原瓷器 4 件。包括粗白瓷和细白瓷两类，均为素面，可辨器型有盏、盆。

粗白瓷

盏 1 件。H77 ：8，可复原。敞口，折沿，方唇，唇较宽，斜腹急收，玉璧底外撇。白胎略泛黄，胎质较细。内壁施满釉，外壁施釉至口沿下方，釉层下有化妆土，釉色白中泛黄，内底可见一个支钉痕，由于化妆土和釉层薄厚不均，釉色亦不均匀，少许部位釉色泛灰。口径 12.3 厘米，底径 5.1 厘米，高 4 厘米（图 3-83，3；图版 3-225）。

盆 3 件。H77 ：5，可复原。口略直，折沿，圆唇，弧腹略直，饼状足平底内凹，足缘经二次修削。灰白胎，胎骨紧致，略粗，胎体可见大量褐色细颗粒物。内壁施满釉，外壁施釉至腹中部，芒口，釉色白中略泛青，釉下施白色化妆土。釉面可见气孔及颗粒物。口径21.8厘米，底径13.7厘米，高12.4厘米（图3-83，4；图版3-226）。H77 ：6，可复原。直口，折沿外斜，尖唇，弧腹较直，饼状足平底，足缘经二次修削略尖。黄白胎，胎质紧密，胎略粗，胎体可见黑色细颗粒物。内壁施满釉，外壁施釉至上腹部，芒口，釉色白中泛黄，釉面可见大量气孔痕迹。口径 21 厘米，底径 14 厘米，高 12.6 厘米（图 3-83，2；

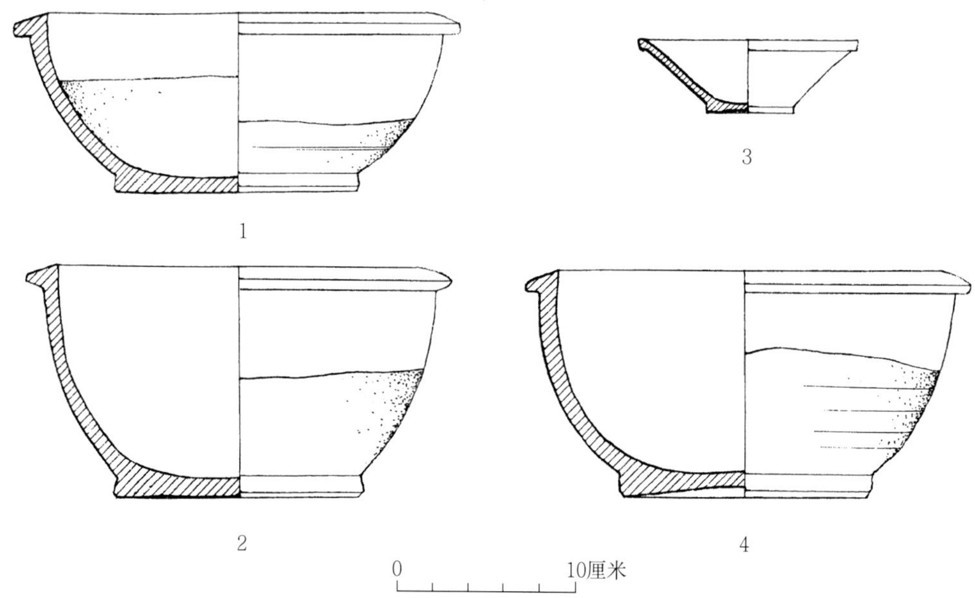

图3-83　TG148175H77粗白瓷器

1、2、4.盆（H77：7、H77：6、H77：5）　3.盏（H77：8）

图版3-225　粗白瓷盏（H77：8）

图版3-226　粗白瓷盆（H77：5）

图版3-227　粗白瓷盆（H77：6）

图版3-228　粗白瓷盆（H77：7）

图版 3-227）。H77 ：7，可复原。口略直，折沿外斜，尖圆唇，弧腹，饼状足平底，足缘经二次修削略尖。灰白胎，胎紧致细密，胎骨偶见褐色细颗粒物。口沿及内壁腹上部施釉，外壁施釉至腹中部，腹部可见明显流釉痕迹，釉色白中泛青，釉下施白色化妆土。口径 22 厘米，底径 13.8 厘米，高 9.8 厘米（图 3-83，1 ；图版 3-228）。

2. 建筑构件

共 14 件。包括板瓦、筒瓦、绳纹砖，均残缺。

板瓦残块　H77 ：9，凸面光素，凹面满饰布纹，瓦首饰一圈掐印纹。残长 18.3 厘米，宽 25.8 厘米，厚 1.8 厘米（图 3-84）。

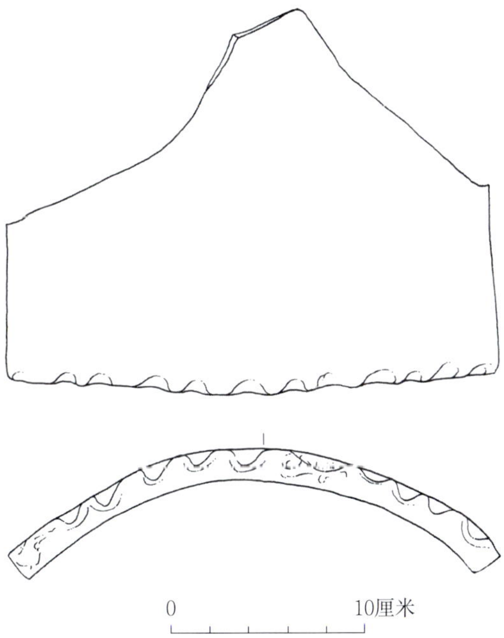

图3-84　TG148175H77板瓦
（H77：9）

（四）H78

1. 瓷器

出土完整瓷器 3 件，可复原瓷器 27 件。出土瓷片以白瓷为主，还有少量黄釉瓷、黑釉瓷和青瓷；器表均素面，无纹饰；器类有碗、钵、盆、三足盘，以碗和钵为主。

（1）白瓷

白胎泛黄或泛灰，质略粗。釉色分两种，一种为白中泛黄，釉下多施白色化妆土，釉面多干涩，有细碎冰裂痕和气孔；一种为白中泛青，少施化妆土，釉面较莹润，釉层表面多有细碎冰裂痕和气孔。

盆 2 件。H78 ∶ 48，可复原。敞口，折沿，圆唇，弧腹，饼状足平底内凹，足缘经二次修削略尖。土黄色胎，胎质略粗，胎体可见气孔及颗粒物。内壁施满釉，外壁施釉至腹中部，釉色乳白，釉已烧干，表面干涩粗糙，釉下施白色化妆土。口径 21.2 厘米，底径 12 厘米，高 9.8 厘米（图 3-85，3；图版 3-229）。H78 ∶ 70，可复原。敞口，斜沿，圆唇，弧腹，饼状足平底内凹，足缘经二次修削略尖。白胎泛灰，胎质略粗，胎体可见气孔及颗粒物。内壁施满釉，外壁施釉至腹中部，沿部无釉。釉色乳白，釉面干涩，有较多气孔，釉下施白色化妆土。口径 16 厘米，底径 10.5 厘米，高 9.2 厘米（图 3-85，1；图版 3-230）。

三足盘 1 件。H78 ∶ 29，可复原。敞口，折沿，方唇，上腹部内收，下腹微弧，平底，底部有三外撇兽足。细白胎，仅器底正中有一圆形部位露胎，其余部位施白釉，釉略泛青，

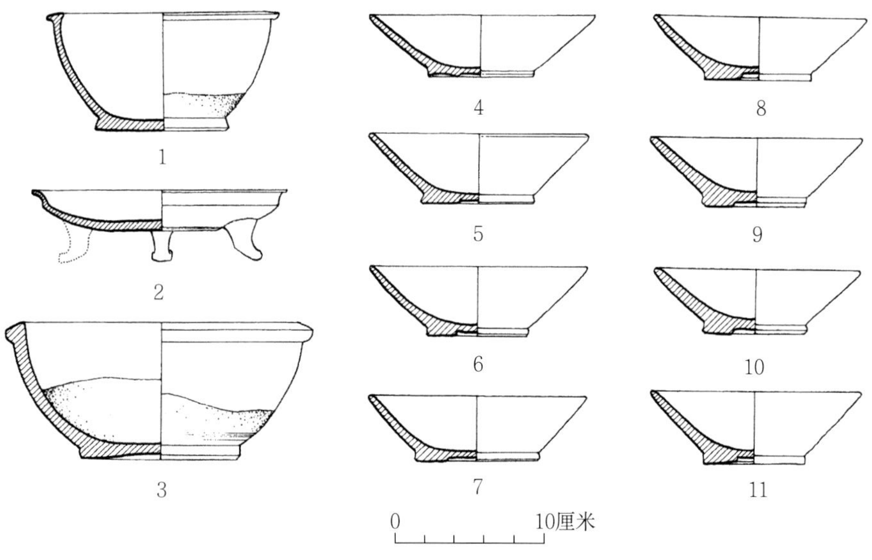

图3-85 TG148175H78白瓷器

1、3.盆（H78∶70、H78∶48） 2.三足盘（H78∶29） 4～11.碗（H78∶25、H78∶22、H78∶26、H78∶20、H78∶38、H78∶35、H78∶39、H78∶31）

图版3-229　白瓷盆（H78：48）

图版3-230　白瓷盆（H78：70）

釉色莹润。器底露胎处有粘砂痕迹。口径17.4厘米，底径7.2厘米，高4.7厘米（图3-85，2；图版3-231）。

碗　35件。均为敞口，浅斜腹，玉璧底。在6件白瓷碗底有软笔墨书的“臣”字款。内底多可见支钉叠烧痕。H78：20，可复原。敞口圆唇，浅斜腹，玉璧底外撇，内墙外斜，足底经二次修削。白胎，胎质较细。通体施釉，仅足、底部露胎。釉色白中泛青，釉面有少量气孔，唇部釉略泛黄，有冰裂痕。釉下施化妆土，器物外壁化妆土有开裂痕迹，开裂部位露胎。器底残余有一颗圆形支钉痕迹。口径15厘米，底径8厘米，高4.2厘米（图3-85，7；图版3-232）。H78：22，可复原。敞口圆唇，斜腹较浅，玉璧底外撇，圈足较宽，内墙外斜，足底经二次修削。白胎较细。通体施釉，仅足、底部露胎。釉色白中泛青，口沿处釉色较深，内底可见3个不规则形状的支钉痕迹。口径14.8厘米，底径7.4厘米，高4.4厘米（图3-85，5；图版3-233）。H78：25，可复原。敞口，尖唇，浅斜腹，玉璧底，圈足外撇，内墙外斜。白胎泛灰，胎质略粗，胎体可见大量

图版3-231　白瓷三足盘（H78：29）

图版3-232　白瓷碗（H78：20）

图版3-233　白瓷碗（H78：22）

黑色及褐色颗粒物。通体施釉，仅外底部及足内墙露胎，釉色白中泛青灰，乳浊感强，口沿处可见流釉痕迹，釉面有少量气孔，内底可见支钉痕。口径15.5厘米，底径7.2厘米，高4厘米（图3-85，4；图版3-234）。H78：26，可复原。敞口圆唇，斜腹较浅，玉璧底外撇，内墙外斜，足底经二次修削，足底有五圈细弦纹，外底部微凸。乳白胎，胎质较细。通体施釉，仅外底及足内墙无釉。釉色白中泛黄，釉面光滑，玻璃质感强，器物外壁釉面有少量白色细颗粒物，口沿处釉色较深，并有细小冰裂纹。器物内底残余2个细长方形支钉痕。口径14.8厘米，底径6.8厘米，高4.5厘米（图3-85，6；图版3-235）。H78：31，可复原。敞口圆唇，斜腹，玉璧底，器外底有一乳突。白胎泛黄，胎体厚重，质粗，可见大量黄色及黑色颗粒物。通体施釉，釉色白中泛黄，乳浊感强，釉面可见少量黑色颗粒物及气孔，部分釉面有灰色斑痕。器底可见3个较大的支钉痕。口径14.5厘米，底径7厘米，高4.8厘米（图3-85，11；图版3-236）。H78：35，可复原。敞口，圆唇，斜腹，玉璧底，足缘经二次修削呈尖状，外底微凸。白胎略细，胎瓷化程度较高，内壁施满釉，外壁施釉至足外墙。釉色白中泛青，釉面可见气孔及冰裂纹，内底可见3个支钉痕迹。口径14.5厘米，底径7厘米，高4.4厘米（图3-85，9；图版3-237）。H78：38，可复原。敞口圆唇，唇部较厚，斜腹较浅，玉璧底，足底有两圈凹弦纹，外底微凸。

图版3-234　白瓷碗（H78：25）

图版3-235　白瓷碗（H78：26）

图版3-236　白瓷碗（H78：31）

图版3-237　白瓷碗（H78：35）

白胎泛黄，胎质略粗，胎体可见大量细颗粒物。通体施釉，仅足、底部露胎。釉色白中泛黄，有乳浊感，釉面可见少量针孔状气孔痕迹。器底残余一个椭圆形凸起的支钉痕。口径 14.6 厘米，底径 7.3 厘米，高 4.2 厘米（图 3-85，8；图版 3-238）。H78 ：39，可复原。敞口圆唇，斜腹较浅，玉璧底外撇，足底经二次修削，内墙外斜，足径较大，外底微凸。乳白胎，胎色略泛灰，胎质较粗，胎体可见片状开裂痕迹及少量黑色颗粒物。通体施釉，仅外底及足内墙露胎，釉色白中泛青灰，釉面有少许开裂痕迹，内底部分釉层脱落。内底有 3 个较大的支钉痕。口径 14.2 厘米，底径 6.9 厘米，高 4.3 厘米（图 3-85，10；图版 3-239）。H78 ：40，可复原。敞口圆唇，斜腹较浅，玉璧底，内墙外斜，圈足较宽。乳白胎，胎质较细。通体施釉，仅足、底部露胎，器物外腹下部有流釉痕迹。釉色白中泛青，釉面有乳浊感、冰裂纹。器物内底可见 3 个较细小的支钉痕。口径 14.5 厘米，底径 7 厘米，高 4.5 厘米（图 3-86，1；图版 3-240）。H78 ：41，可复原。敞口圆唇，唇部略厚，斜腹较浅，玉璧底外撇，足底经二次修削，外底部微凸。白胎，胎质略粗，胎体可见少量褐色颗粒物。通体施釉，仅足、底部露胎。釉下施化妆土，釉色白中泛黄，釉面较粗糙，哑光，可见大量细小气孔痕。口径 14.5 厘米，底径 7 厘米，高 4.5 厘米（图 3-86，11；图版 3-241）。H78 ：43，可复原。敞口圆唇，斜腹，玉璧底较厚，足缘经二次修削，外

图版3-238　白瓷碗（H78：38）

图版3-239　白瓷碗（H78：39）

图版3-240　白瓷碗（H78：40）

图版3-241　白瓷碗（H78：41）

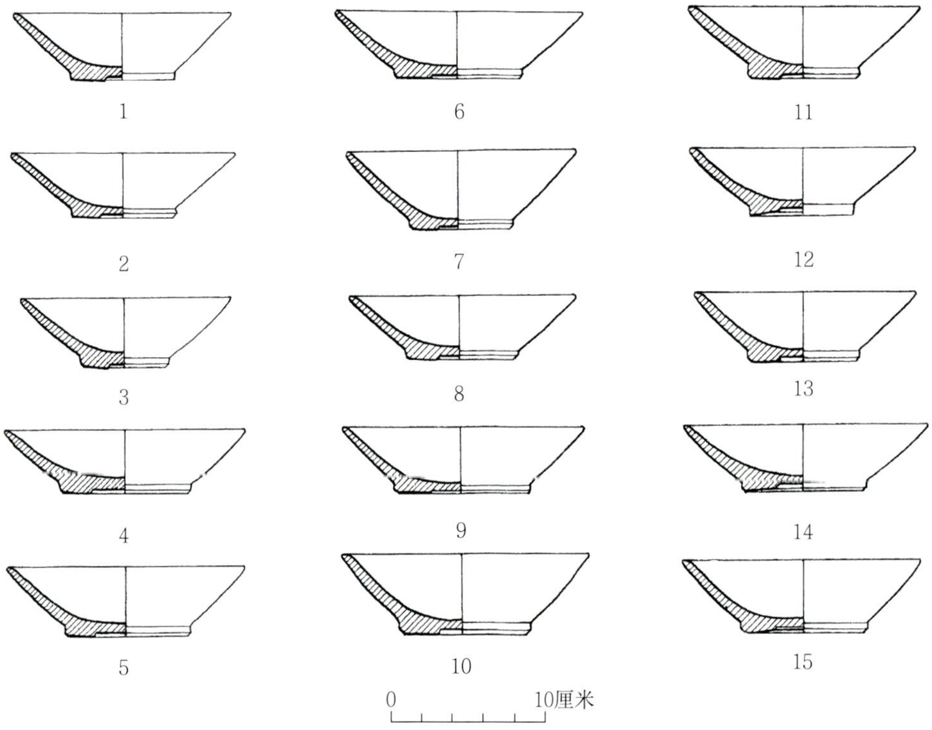

图3-86 TG148175H78白瓷碗

1. H78：40 2. H78：44 3. H78：64 4. H78：65 5. H78：63 6. H78：66 7. H78：43 8. H78：61 9. H78：58 10. H78：60 11. H78：41 12. H78：46 13. H78：45 14. H78：59 15. H78：62

底微凸。灰白胎，胎质较粗，胎体可见大量黄色及黑色细颗粒物。通体施釉，仅足、底部露胎，釉下施化妆土，釉色白中泛青灰，釉面玻璃感略强，其上有少量凸起及气孔。器物内底有残余垫圈痕迹。口径15厘米，底径6.6厘米，高5厘米（图3-86，7；图版3-242）。H78：44，可复原。敞口圆唇，浅斜腹，玉璧底，内墙外撇，外底微凸。乳白色胎，胎略粗。通体施釉，仅足底无釉露胎，釉色白中泛青，口沿积釉处呈青色，釉下施化妆土，釉面乳浊感强，可见少量气孔痕迹。内底残余一个不规则支钉痕迹，外腹中部有二圈细弦纹。口径15厘米，底径6.8厘米，高4厘米（图3-86，2；图版3-243）。H78：45，可

图版3-242 白瓷碗（H78：43）

图版3-243 白瓷碗（H78：44）

复原。敞口圆唇，斜腹略浅，玉璧底，足底缘经二次修削。土黄色胎，胎质粗，胎体可见大量黑色颗粒物。通体施釉，仅足、底部露胎，釉色白中泛青灰，釉面有细小的冰裂纹，并可见大量气孔。器底残余2个凸起支钉痕。口径14.7厘米，底径7.2厘米，高4.4厘米（图3-86，13；图版3-244）。H78：46，可复原。敞口圆唇，斜腹较浅，玉璧底微内凹。乳白色胎，胎质略粗，胎体可见大量黑色细颗粒物。通体施釉，仅足底无釉，外腹下近底部有流釉痕迹。釉下施化妆土，釉色白中泛灰，釉色不均，釉面有大量气孔。器底可见一个不规则支钉痕，器物外腹及足底均有叠烧粘连痕迹。口径14.8厘米，底径6.8厘米，高4.2厘米（图3-86，12；图版3-245）。H78：58，可复原。敞口，圆唇，斜腹，玉璧底，足缘经二次修削，内墙外斜。白胎略泛黄，胎质较细。内壁施满釉，外壁施釉至下腹近足处，釉面光亮，玻璃感强，可见少量针眼状气孔，釉下施白色化妆土。口径16厘米，底径8.4.厘米，高4.2厘米（图3-86，9；图版3-246）。H78：59，可复原。敞口，圆唇，斜腹，玉璧底，足较高，足缘经二次修削，内墙外斜。白胎泛黄，胎质略粗，胎体可见少量黑色颗粒物及层状开裂。内壁施满釉，外壁施釉至足外墙，釉白中泛黄，釉面略有乳浊感。内底可见一支钉痕。口径16厘米，底径8厘米，高4.2厘米（图3-86，14；图版3-247）。H78：60，可复原。敞口，圆唇，斜腹略直，腹略深，玉璧底，足缘

图版3-244　白瓷碗（H78：45）

图版3-245　白瓷碗（H78：46）

图版3-246　白瓷碗（H78：58）

图版3-247　白瓷碗（H78：59）

图版3-248　白瓷碗（H78：60）

图版3-249　白瓷碗（H78：61）

图版3-250　白瓷碗（H78：62）

图版3-251　白瓷碗（H78：63）

经二次修削。黄白胎，质略细。内壁施满釉，外壁施釉至足外墙，釉色白中泛黄，外壁釉面可见大量黑色针眼状气孔，釉下施白色化妆土。内底可见一支钉痕，足底隐约可见涡状刮痕。口径16.4厘米，底径8厘米，高5厘米（图3-86，10；图版3-248）。H78：61，可复原。敞口，圆唇，斜腹，玉璧底，足缘经二次修削。白胎质略细。内壁施满釉，外壁施釉至下腹近足处，釉色白中泛青，内壁釉面可见大量针眼状气孔，釉下施白色化妆土。内底可见一支钉痕。口径15厘米，底径6.8厘米，高4厘米（图3-86，8；图版3-249）。H78：62，可复原。敞口，圆唇，斜腹，玉璧底，足缘经二次修削。白胎质细。内壁施满釉，外壁施釉至下腹近足部，釉色白中略泛青，釉面可见少量针眼状气孔，口沿釉较厚部位可见冰裂纹，釉下施白色化妆土。足底可见涡状刮痕。口径16厘米，底径8厘米，高4.5厘米（图3-86，15；图版3-250）。H78：63，可复原。敞口，圆唇，斜腹，玉璧底，足缘经二次修削，内墙外斜。白胎质细，胎体可见少量黑色颗粒物。内壁施满釉，外壁施釉至足外墙，釉色白中略泛黄，釉面有冰裂纹、气孔，釉下施白色化妆土。内底可见一支钉痕。口径16厘米，底径8厘米，高4.2厘米（图3-86，5；图版3-251）。H78：64，可复原。敞口，圆唇，斜腹，玉璧底，足缘经二次修削下端向内略倾斜，内墙外斜。黄白胎，质略粗。内壁施满釉，外壁施釉至足外墙，釉面呈乳白色，釉面干涩，略有磨砂感，釉下施白色化妆土。内底可见一支钉痕。口径 14 厘米，底径 7.8 厘米，高 4.5 厘米（图 3-86，3；图版 3-252）。H78 ：65，可复原。敞口，圆唇，斜腹，玉璧底，足缘经二次修削略向内斜，内墙微外斜。白胎略细，胎体可见少量黑色颗粒物。内壁施满釉，外壁施釉至下腹近足部，釉色白中略泛黄，釉面光亮玻璃感强，可见气孔及冰裂纹，釉下施白色化妆土。内底可见一支钉痕，外底可见同心圆状刮痕。口径 16 厘米，底径 8.4 厘米，高 4.2 厘米（图 3-86，4；图版 3-253）。H78 ：66，可复原。敞口，圆唇，斜腹，玉璧底，足缘经二次修削呈一向内斜面，内墙外斜。黄白胎，胎质略细。内壁施满釉，外壁施釉至下腹近足处，釉色白中泛黄，釉面可见针孔状气孔，釉下施白色化妆土。内底可见一支钉痕。口径 16.6 厘米，底径 8 厘米，高 4.2 厘米（图 3-86，6；图版 3-254）。

图版3-252　白瓷碗（H78：64）

图版3-253　白瓷碗（H78：65）

图版3-254　白瓷碗（H78：66）

外底书“臣”字款白瓷碗 4 件。H78 ：36，可复原。敞口圆唇，斜腹略浅，玉璧底。白胎泛黄，胎质略粗，胎体可见少量气孔以及颗粒物。通体施釉，仅器底及足内墙露胎，釉色白中泛黄，内底可见一个支钉痕，釉面乳浊感较强，外壁釉面可见分散的气孔。外底部有黑色软笔书“臣”字款。口径 15.2 厘米，底径 7.2 厘米，高 4.2 厘米（图 3-87，3；图版 3-255）。H78 ：37，可复原。敞口圆唇，唇部略厚，斜腹，玉璧底，器底有乳突。白胎泛灰，胎质略粗。通体施釉，仅足内墙及器底无釉。釉色白中泛青，泛灰，口沿处釉面有冰裂痕，内腹可见少量气孔。内底可见两个楔形支钉痕。外底部有黑色软笔书“臣”字款。口径 14.6 厘米，底径 7 厘米，高 4.2 厘米（图 3-87，2；图版 3-256）。H78 ：42，可复原。敞口圆唇，斜腹，腹较浅，玉璧底，足底有一圈凹弦纹、经二次修削，外底微凸。白胎泛黄，胎质较粗，胎体

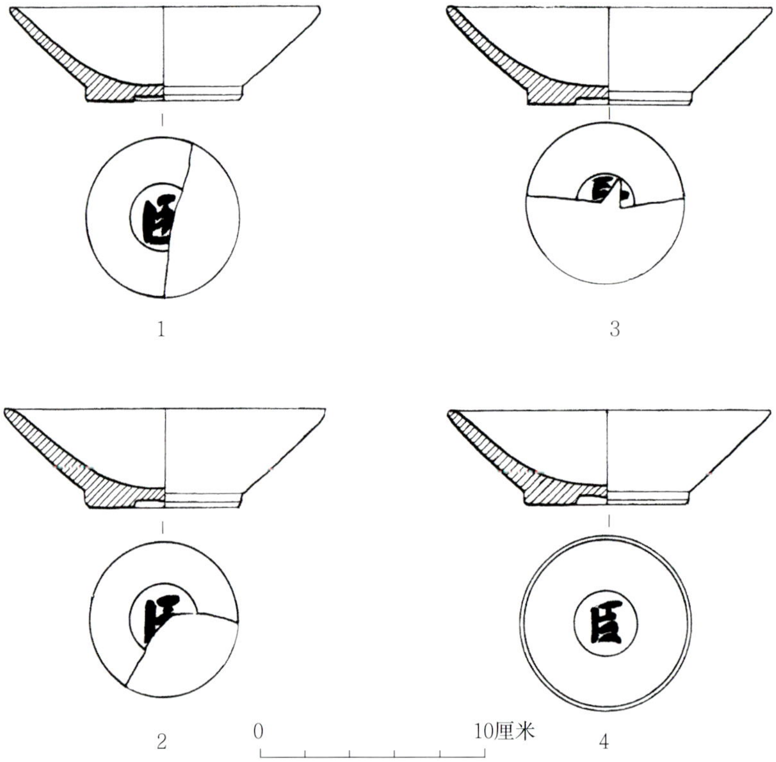

图3-87 TG148175H78外底书“臣”字款白瓷碗
1.H78：47 2.H78：37 3.H78：36 4.H78：42

图版3-255 外底书“臣”字款白瓷碗（H78：36）

图版3-256 外底书“臣”字款白瓷碗（H78：37）

可见大量气孔及黑色颗粒物。通体施釉，仅足底及内墙露胎，釉色白中泛青灰，釉面凹凸不平，有大量气孔，器底可见两个支钉痕。器物外底有黑色软笔书“臣”字款。口径 14.5 厘米，底径 7.2 厘米，高 4 厘米（图 3-87，4；图版 3-257）。H78 ：47，可复原。敞口圆唇，浅斜腹，玉璧底，器底微凸。白胎泛黄，胎质略粗，胎体可见少量细小颗粒物及气孔。内壁施满釉，内底可见两个较小的近弧方形支钉痕，外壁施釉至足外墙，釉下有化妆土，釉色白中泛青，釉面有乳浊感，少数部位有冰裂纹。底部有黑色软笔书“臣”字款。口径 14.1 厘米，底径 7 厘米，高 4.2 厘米（图 3-87，1；图版 3-258）。

图版3-257　外底书“臣”字款白瓷碗（H78：42）

图版3-258　外底书“臣”字款白瓷碗（H78：47）

（2）黄釉瓷

碗　3件。H78 ：27，可复原。敞口圆唇，唇下有一圈凹弦纹，弧腹较深，饼状足平底，足较厚。白胎泛黄，胎质粗糙，胎体厚重。内壁施满釉，内底有三个较大的圆形支钉痕，外壁施釉至上腹部，边缘有流釉痕迹，釉下施白色化妆土，釉呈黄色，釉薄厚不均，薄釉处可透出化妆土白色，整体看上去呈黄釉白斑状，釉面已烧干。器底有涡状刮痕。口径15.8厘米，底径7厘米，高6.2厘米（图3-88，3；图版3-259）。H78 ：28，可复原。敞口圆唇，口沿下有一圈凹弦纹，弧腹较深，下腹近底处内折，饼状足平底。乳白胎，胎质极粗，胎体可见大量气孔、开片及细颗粒物。内壁施满釉，外壁施釉至口沿下，边缘有

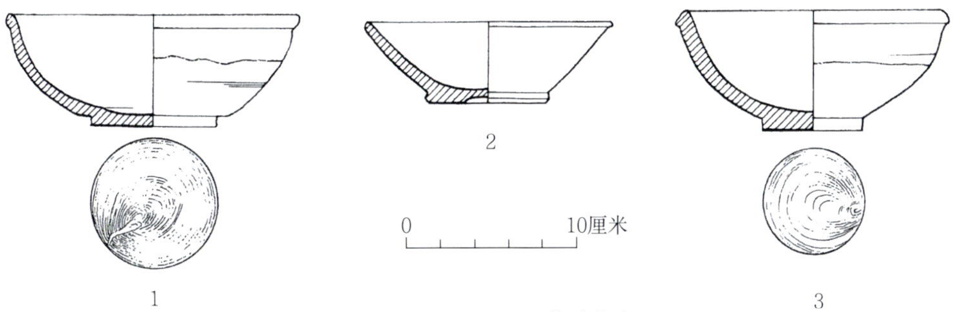

图3-88　TG148175H78黄釉瓷碗
1.H78：28　2.H78：33　3.H78：27

图版3-259　黄釉瓷碗（H78：27）

图版3-260　黄釉瓷碗（H78：28）

流釉痕迹，釉下施化妆土。釉呈黄色，釉面已烧干，内底有三个较小的支钉痕。器底开裂，有涡状刮痕。口径17.7厘米，底径7.5厘米，高6.5厘米（图3-88，1；图版3-260）。H78 ：33，可复原。敞口圆唇，唇部较厚，斜腹较浅，玉璧底外撇，内墙外斜，底经二次修削，圈足略宽。土黄色胎，胎质较粗，胎体可见大量黑色颗粒物。内壁施满釉，残余一个支钉痕，外腹施釉至下腹近底处，有流釉痕迹，釉呈棕黄色，釉面下施化妆土，由于釉层薄厚不均，薄釉处隐约透出化妆土白色。口径14.8厘米，底径7.2厘米，高4.5厘米（图3-88，2；图版3-261）。

图版3-261　黄釉瓷碗（H78：33）

（3）黑釉瓷

钵　2件。H78 ：34，可复原。敞口，圆唇，斜腹微弧，平底。土黄色胎，胎质较粗，胎体可见大量黑色及白色颗粒物，外壁胎表面略呈红色。仅腹部及底部施釉，釉色黑。口径10.5厘米，底径4厘米，高3.4厘米（图3-89，1；图版3-262）。H78 ：71，口沿及腹部残片。敞口，圆唇，唇部较厚，浅弧腹。灰胎，胎质细腻，有黑色颗粒物。仅内壁施釉，口沿及外壁无釉。施釉不均匀，内壁釉薄处呈酱色，内

图版3-262　黑釉瓷钵（H78：34）

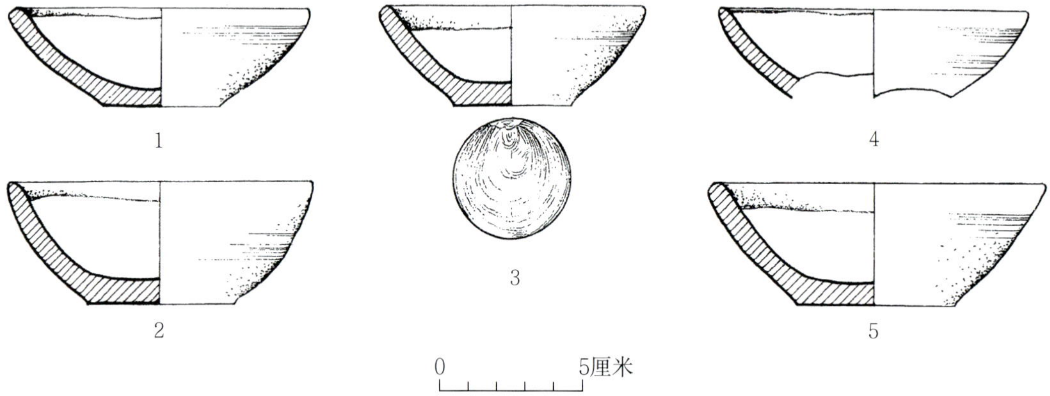

图3-89　TG148175H78瓷钵

1、4.黑釉瓷钵（H78：34、H78：71）　2、3、5.青瓷钵（H78：21、H78：30、H78：32）

底釉厚处呈黑色，哑光。外壁可见明显的轮修线痕。口径 11 厘米，残高 3 厘米（图 3-89，4）。

（4）青瓷

钵 3 件。H78 ∶ 21，可复原。敞口，圆唇，弧腹，饼状足平底。白胎泛黄，胎质较粗，胎体可见大量细小颗粒物。仅内腹、底部施釉，釉呈军绿色，釉面可见少量气孔及大量细小白色斑点，釉面边缘呈棕褐色。器物外壁有轮修线痕，外底可见涡状刮痕。口径 11 厘米，底径 5.3 厘米，高 4.3 厘米（图 3-89，2；图版 3-263）。H78 ∶ 30，可复原。敞口，圆唇，斜腹，饼状足平底。乳白色胎，胎体极其粗糙，可见大量白色、黑色细颗粒物。仅内腹部及底部施釉，釉色青，釉面有大量颗粒物和气孔。器底可见涡状刮痕。口径 9.3 厘米，底径 4.2 厘米，高 3.4 厘米（图 3-89，3；图版 3-264）。H78 ∶ 32，可复原。敞口圆唇，斜腹，饼状足平底。白胎泛黄，胎质较细。仅内腹部及底部施釉，釉色呈军绿色、微泛灰。釉面有磨砂玻璃感，可见大量细小白颗粒，器物外壁有些部位呈灰色。外壁可见轮修线痕，器底有涡状刮痕。口径 11.8 厘米，底径 5.4 厘米，高 4.2 厘米（图 3-89，5；图版 3-265）。

图版3-263　青瓷钵（H78 ∶ 21）

图版3-264　青瓷钵（H78 ∶ 30）

图版3-265　青瓷钵（H78 ∶ 32）

2. 陶器

出土陶片 98 片，其中泥质灰陶约占 70%，余为泥质红陶；以素面为主，次为篮纹，还有少量弦纹；器类有盆、罐、钵、瓮。

盆 3 件。H78 ∶ 56，底部残。泥质灰陶，胎色深而质略粗。敞口，卷沿，圆唇，唇部由泥片折叠加厚，斜腹。器物内壁可见暗弦纹，外壁可见轮修线痕。口径 37.5 厘米，残高 8.8 厘米（图 3-90，2）。H78 ：53，下腹部及底部残。泥质灰陶，胎质略细。侈口，卷沿，圆唇，斜腹上部微鼓。内外壁均可见轮修线痕。口径 44.5 厘米，残高 5.2 厘米（图 3-90，3）。H78 ：55，底部残。泥质灰陶，胎质粗糙。敞口，卷沿，圆唇，斜腹上部微鼓。外腹上部素面，腹中部施一周篮纹。口径 48 厘米，残高 13.6 厘米（图 3-90，1）。

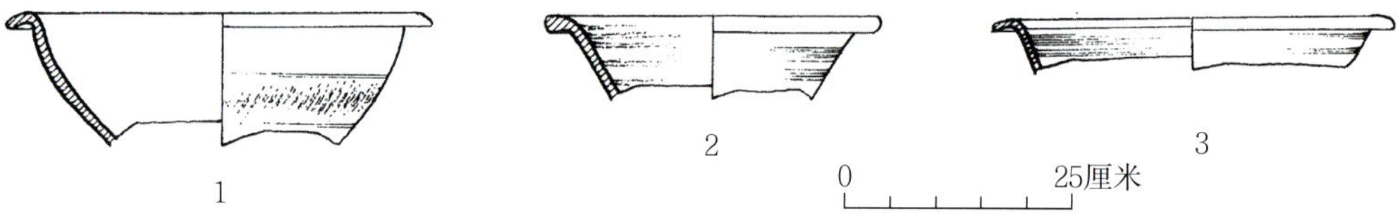

图3-90　TG148175H78陶盆
1.H78：55　2.H78：56　3.H78：53

图版3-266　陶罐（H78：73）

罐　1 件。H78 ：73，可复原。泥质灰陶，胎质略细。敞口，卷沿，圆唇，鼓腹，平底。器表饰暗弦纹，内壁近底部饰瓦棱纹。口径 26.5 厘米，底径 14.4 厘米，高 22.5 厘米（图 3-91，2；图版 3-266）。

钵　3 件。H78 ：51，底部残。泥质灰陶，胎质粗，胎体可见气孔及层状开裂。敛口，圆唇，唇部由泥片向外折叠加厚，

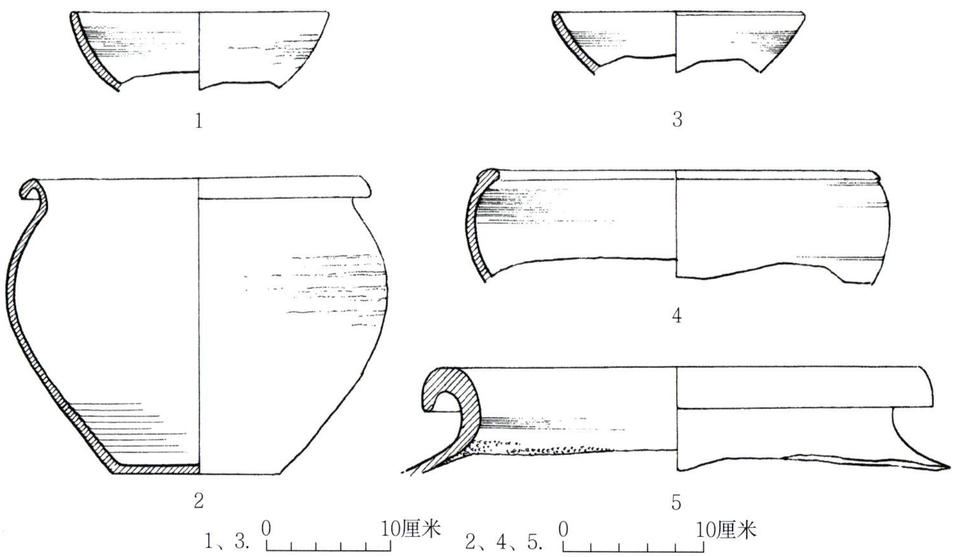

图3-91　TG148175H78陶器
1、3、4.钵（H78：50、H78：49、H78：51）　2.罐（H78：73）　5.瓮（H78：52）

鼓腹。内壁可见轮修线痕。口径 28 厘米，残高 7.8 厘米（图 3-91，4）。H78 ：49，底部残。泥质灰陶，胎质略粗。敞口，圆唇，斜腹微弧。内外壁均可见轮修线痕。口径 18 厘米，残高 4.5 厘米（图 3-91，3）。H78 ：50，底部残。泥质褐陶，胎较厚且粗糙。敞口，方唇，斜弧腹。内壁可见轮修线痕，外壁可见修整痕迹。口径 19 厘米，残高 5.5 厘米（图 3-91，1）。

瓮 1 件。H78 ：52，仅余口沿。泥质灰陶，胎体厚重，胎质粗糙。敞口，卷沿，圆唇，短直颈。内壁可见篦点纹。口径 37 厘米，残高 7.2 厘米（图 3-91，5）。

3. 骨器

骨篦 1 件。H78 ：67，整体呈弧角梯形，骨制，通体打磨光滑，篦齿细密。宽 7.4 厘米，高 3.8 厘米，篦齿长 1.7 厘米（图 3-92，2；图版 3-267）。

图版3-267　骨篦（H78：67）

4. 铜器

铜铃 1 件。H78 ：14，口沿呈“M”形，壁厚，铃体上有钮，钮已断裂，正面有一

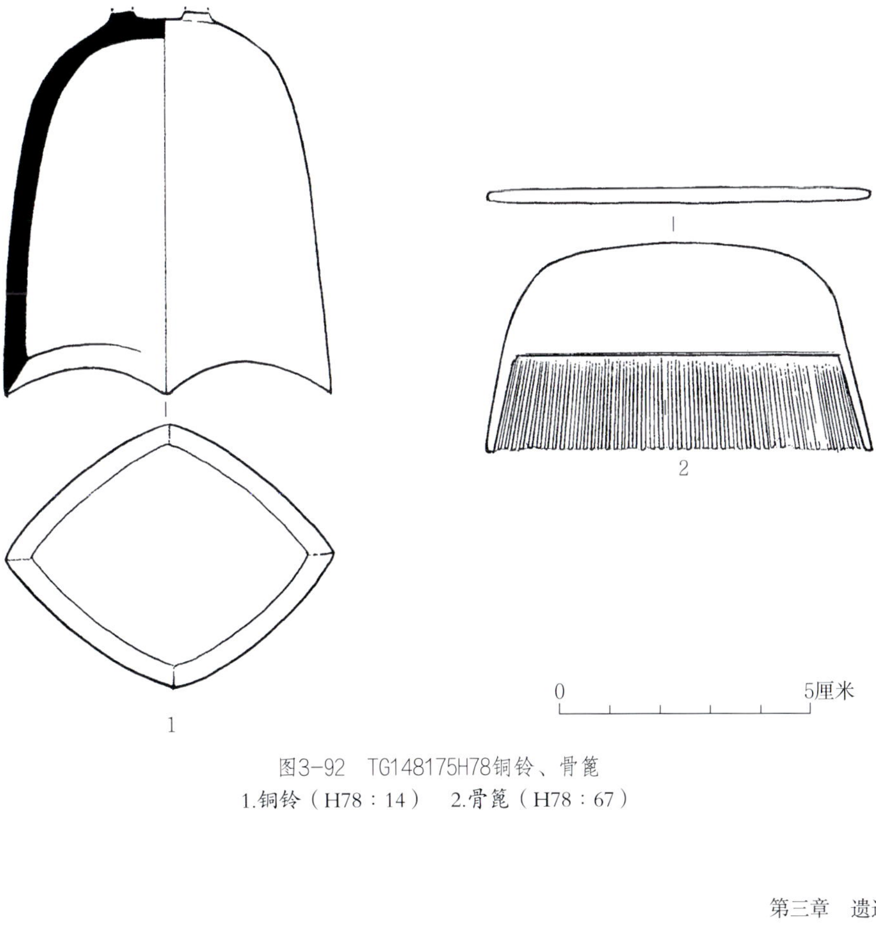

图3-92　TG148175H78铜铃、骨篦
1.铜铃（H78：14）　2.骨篦（H78：67）

瘤状凸起。锈蚀严重。口沿长径约6厘米，宽4.5厘米，高7厘米（图3-92，1；图版3-268）。

图版3-268　铜铃（H78：14）

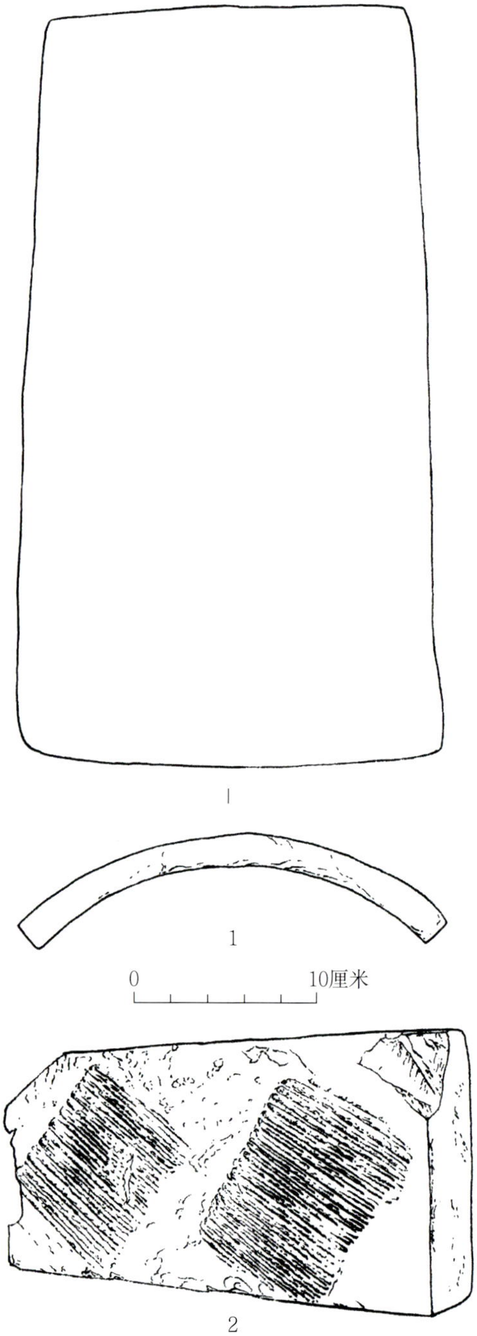

图3-93　TG148175H78建筑构件示意图
1.板瓦（H78：74）　2.绳纹砖（H78：75）

5. 钱币

出土完整的和残缺的铜钱28枚，多锈蚀严重，字迹不清，可辨识出的有“开元通宝”和“乾元重宝”。

开元通宝　共4枚。H78：11，方穿，穿较狭，有内外郭，钱文顺读，背素面。直径约2.4厘米。

乾元重宝　1枚。H78：23，方穿，有内外郭，钱文楷书顺读，背素面。直径约2.5厘米。

6. 建筑构件

共54件。有板瓦、筒瓦及绳纹砖。

板瓦　共43件，均内饰布纹。H78：74，完整。凸面光素，凹面满饰布纹，凹面近大头处两边各有两个掐印纹。长37.7厘米，大头宽22.6厘米，大头厚1.6厘米，小头宽19.6厘米，小头厚0.9厘米（图3-93，1）。

绳纹砖　共7件。H78：75，略残。平头，正面光素，背面拍印两组斜方形细绳纹。长31厘米，宽15厘米，厚5.3厘米（图3-93，2）。

（五）第4层

1. 瓷器

出土瓷片51片，可复原瓷器7件。以粗白瓷为主，还有少量黑釉瓷、细白瓷、茶叶末釉瓷、黄釉瓷和三彩瓷，均为素面，器类有碗、盆、钵、罐、盒、盏等。

（1）粗白瓷

灰白胎或黄白胎，胎质略粗，釉色白中泛黄，釉下多施白色化妆土。

碗 2件。④：8，可复原。敞口尖唇，斜腹较浅，玉璧底，足底上有一圈凹弦纹，器底有一乳突。白胎微泛灰，胎质略粗，胎体可见少量颗粒物。内壁施满釉，外壁施釉至足外墙，釉下施化妆土，釉色白中泛黄，积釉处呈淡绿色，口沿处部分釉层剥落。口径13厘米，底径6.8厘米，高3.6厘米（图3-94，5；图版3-269）。④：23，可复原。敛口，圆尖唇，斜腹较浅。饼状足平底内凹，足缘经削修。浅灰色胎，质较细，胎壁较厚。内外施釉，足底露胎。釉色白中泛灰，乳浊感强，釉面有少量气孔和细碎冰裂痕。内底残存一颗方形支钉痕。口径12厘米，底径6.2厘米，高3厘米（图3-94，2；图版3-270）。

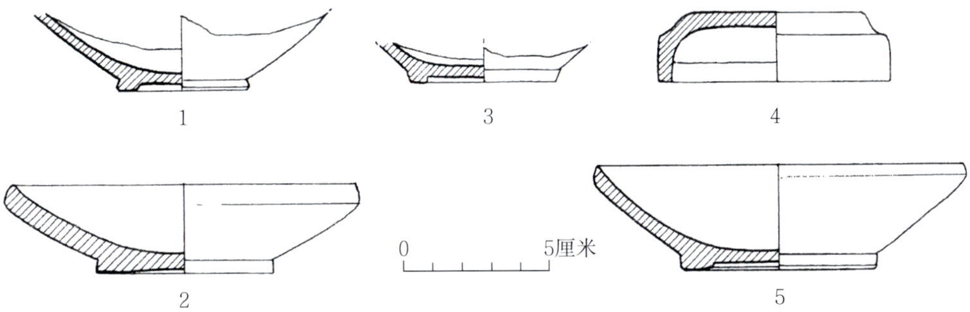

图3-94 TG148175第4层白瓷器

1、3.细白瓷碗（④：25、④：5） 2、5.粗白瓷碗（④：23、④：8） 4.粗白瓷盒盖（④：6）

图版3-269 粗白瓷碗（④：8）

图版3-270 粗白瓷碗（④：23）

图版3-271　粗白瓷盒盖（④：6）

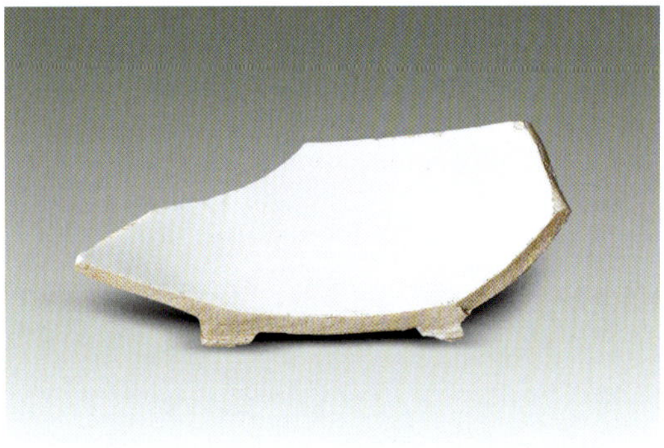

图版3-272　细白瓷碗（④：25）

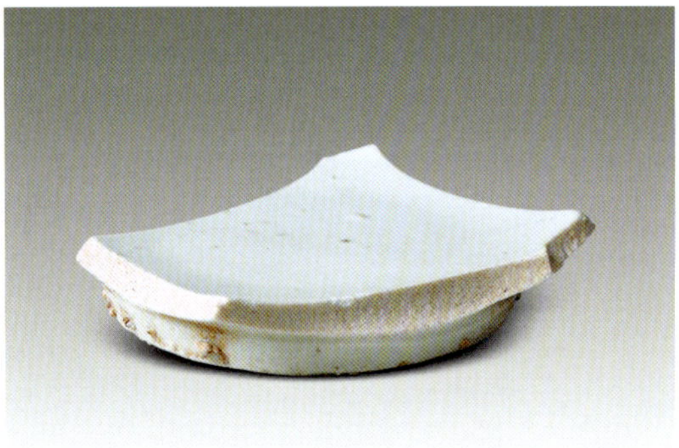

图版3-273　细白瓷碗（④：5）

盒盖　1件。④：6，侧边较窄直，平顶，顶心周围斜折。白胎微泛黄，胎质略粗，胎体可见少量颗粒物。通体施釉，仅母口底部及内壁处露胎，白釉泛黄，釉面光滑玻璃质感强，有冰裂纹。口径8.3厘米，高2.5厘米（图3-94，4；图版3-271）。

（2）细白瓷

白胎泛灰，胎质细腻坚致。釉色乳白或泛灰，晶莹温润，釉层较薄，釉下无化妆土。

碗　2件。④：25，器底及腹部残片。斜腹，矮圈足，足外撇，内墙外斜，足缘经削修。白胎泛黄，胎质细腻坚致，胎骨瓷化程度高。内壁施满釉，外壁施釉至下腹部。釉色白中泛灰，晶莹温润，富玻璃质感。底径4.5厘米，残高2.5厘米（图3-94，1；图版3-272）。④：5，器底及腹部残片。斜腹，矮圈足，足径较小，足缘经削修。白胎泛灰，胎质细腻坚致。内外施釉，足底露胎，足内外墙及外底粘砂。乳白色釉，釉层较薄，温润，乳浊感较强。底径5厘米，残高1.1厘米（图3-94，3；图版3-273）。

（3）黑釉瓷

钵　4件。④：3，可复原。敞口圆唇，唇较厚，斜腹微弧，腹浅，饼状足平底。土黄色胎，胎质粗，胎体可见大量细颗粒物。仅内腹及底部施釉，釉色黑，釉面略干，有磨砂感，还有少量白色小斑点。器物外腹及底部有褐色及黑色物质，可能为火烧痕迹。器底有涡状刮痕。口径10.7厘米，底径5厘米，高3.8厘米（图3-95，2；图版3-274）。④：4，可复原。敞口圆唇，斜腹微弧，腹浅，腹下部近底处微外撇，饼状足平底。土黄色胎，胎质粗，胎体可见大量黑色及白色细颗粒物。仅内腹及底部施釉，釉色黑。器物外腹有部分呈褐色。器底有涡状刮痕及开裂痕。口径11.4厘米，底径6.2厘米，高4厘米（图3-95，1；图版3-275）。④：7，可复原。敞口圆唇，

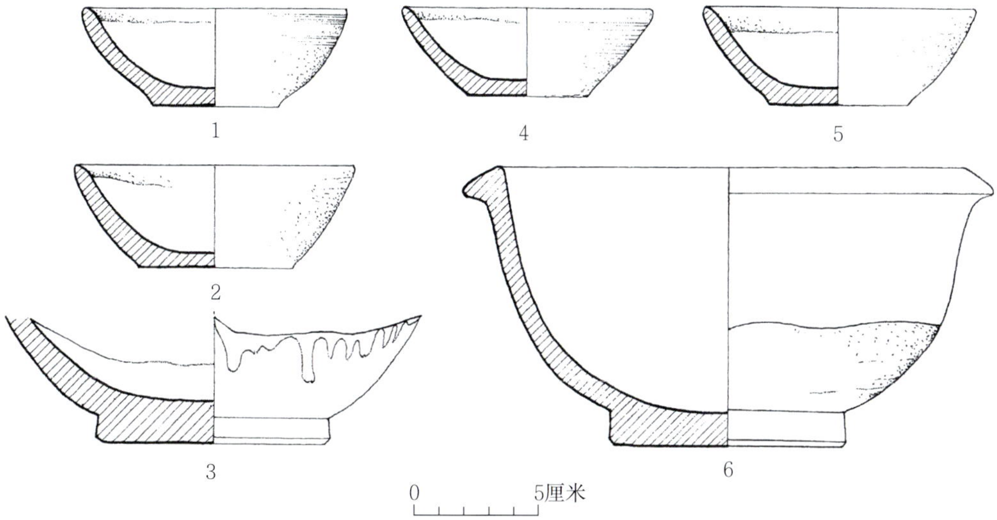

图3-95　TG148175第4层瓷器

1、2、4、5.黑釉瓷钵（④：4、④：3、④：7、④：9）　3、6.黄釉瓷盆（④：22、④：24）

斜腹微弧，腹较浅，平底。土黄色胎，胎质粗，胎体可见大量气孔及黑色颗粒物。仅内腹及底部施釉，釉色黑，釉面略干有磨砂玻璃感。器物外壁有轮修线痕。口径 10 厘米，底径 4.8 厘米，高 3.4 厘米（图 3-95，4；图版 3-276）。④：9，可复原。敞口圆唇，斜腹较浅，饼状足平底。土黄色胎，胎质粗，胎体可见大量白色细颗粒物。仅内腹及底部施釉，釉色黑中发青，釉面略干，有磨砂感。器物外腹有褐色物质。外壁可见轮修线痕。口径 11.3 厘米，底径 5.7 厘米，高 3.8 厘米（图 3-95，5；图版 3-277）。

图版3-274　黑釉瓷钵（④：3）

图版3-275　黑釉瓷钵（④：4）

图版3-276　黑釉瓷钵（④：7）

图版3-277　黑釉瓷钵（④：9）

图版3-278　黄釉瓷盆（④：22）

图版3-279　黄釉瓷盆（④：24）

图版3-280　三彩瓷钵（④：21）

（4）黄釉瓷

土黄色胎，质粗，胎壁厚，胎骨瓷化程度低。黄色釉，釉面多干涩，密布细碎冰裂痕，多有流釉痕。

盆　2件。④：22，器底及腹部残片。弧腹，饼状足平底，足缘经削修。土黄色胎，质较粗，胎壁厚，胎骨瓷化程度低。内壁施满釉，外壁可见明显的流釉痕。釉色棕黄，釉面干涩，有大量细碎冰裂痕。内底釉面已烧干，呈黑色结晶状。内底可见1个圆形支钉痕。底径9厘米，残高5厘米（图3-95，3；图版3-278）。④：24，可复原。敞口，斜沿，圆尖唇，弧腹较深，饼状足平底，足略外撇。土黄色胎，质较粗，胎壁厚，可见较多气孔，胎骨瓷化程度低。内壁施满釉，外壁施釉至腹中部。釉色棕黄，内底釉面已烧干，呈褐黄色。釉层较薄，釉面哑光，可见大量细碎冰裂痕。口径9.6厘米，底径9.4厘米，高11厘米（图3-95，6；图版3-279）。

（5）三彩瓷

钵　1件。④：21，腹部残片。敛口，圆鼓腹。土黄色胎，胎质略粗，有气孔和细微颗粒物。施釉至腹中部。釉色黄、绿相间，釉层较薄，釉面有少量气泡（图版3-280）。

2. 陶器

出土陶片320片，以泥质灰陶为主，极少的泥质红陶；多为素面，少量饰篮纹、弦纹；可辨器型有盆、罐和瓮。

盆　2件。④：10，下腹部及底部残。

泥质灰陶，胎质粗糙。敞口，卷沿，圆唇，斜腹。内腹可见轮修线痕，外腹部饰两周呈麦穗状的篮纹。口径 62.5 厘米，残高 8 厘米（图 3-96，2）。④：11，下腹部及底部残。泥质灰陶，胎质粗糙。口微侈，卷沿，方唇，斜腹上部微鼓。内壁可见暗弦纹。口径 34 厘米，残高 5.4 厘米（图 3-96，1）。

罐 5 件。④：13，下腹部及底部残。泥质灰陶，胎质略粗。直口，折沿外斜，圆唇，短直颈，溜肩鼓腹。内壁可见篦点纹。口径 14 厘米，残高 6 厘米（图 3-97，1）。④：16，下腹部及底部残。泥质灰陶，胎质略细。直口，宽平沿略内凹，圆唇，短束颈，溜肩鼓腹，肩部有一对桥状耳，耳由柱状泥条制成，耳孔呈半圆形，内腹器耳对应处凸起，可见泥片捏塑固定痕迹。口径 14 厘米，残高 11 厘米（图 3-97，2）。④：17，仅余口沿及肩部。泥质灰陶，胎质粗糙。直口，细平沿，尖唇，短束颈。颈部饰两圈凹弦纹，溜肩，肩部有一对桥状耳，耳由近柱状泥条制成，耳孔呈圆形，内壁器耳对应处凸起，可见涂抹固定痕迹，内壁隐约可见篦点纹。口径 26 厘米，残高 8.5 厘米（图 3-97，5）。④：14，仅余口沿。泥质灰陶，胎质较粗糙。敞口，方唇，口沿部由泥片折叠加厚，唇部饰一圈较宽的凹弦纹，短束颈，溜肩。内外壁均可见轮修线痕。口径 20 厘米，残高 7 厘米（图 3-97，4）。④：15，下腹部及底部残。直口，方唇，唇部由泥片向外折叠加厚，唇部饰两周凹弦纹，短束颈，溜肩，垂腹。内壁可见轮修线痕及篦点纹。口径 8 厘米，残高 9.4 厘米（图 3-97，3）。

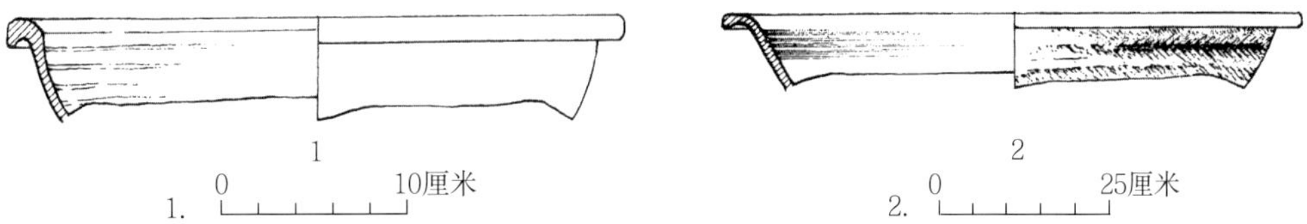

图3-96 TG148175第4层陶盆
1.④：11 2.④：10

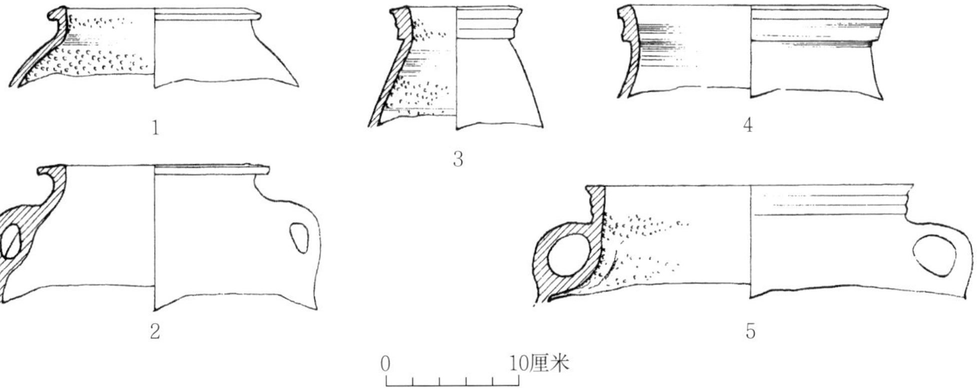

图3-97 TG148175第4层陶罐
1.④：13 2.④：16 3.④：15 4.④：14 5.④：17

（六）H73

1. 陶器

出土陶片 126 片，均为泥质灰陶；器表多饰弦纹，次为素面，还有极少的绳纹；可辨器型有盆、钵和瓶。

盆 2 件。H73 ： 15，下腹部及底部残。泥质灰陶，胎质粗糙。侈口，宽折沿，方唇，斜腹。外腹部饰呈麦穗状的篮纹。口径 88.4 厘米，残高 8 厘米（图 3-98，1）。H73 ： 16，下腹部及底部残。泥质灰陶，胎色发黑，胎质粗糙。侈口，宽折沿内斜，方唇，斜腹。外腹部饰篮纹。口径 57.5 厘米，残高 5.4 厘米（图 3-98，4）。

钵 1 件。H73 ： 13，下腹部及底部残。泥质灰陶，胎质粗糙，胎体可加大量细颗粒物。敛口，圆唇，唇部由泥片向外折叠加厚，鼓腹。内外壁均可见轮修线痕，外腹部饰一圈凹弦纹。口径 26 厘米，残高 5 厘米（图 3-98，2 ；图版 3-281）。

瓶 1 件。H73 ： 14，仅余口沿。泥质灰陶，胎质较粗。敞口，平沿较宽，方唇，唇上饰一圈凹弦纹。口径 8.5 厘米，残高 1.8 厘米（图 3-98，3 ；图版 3-282）。

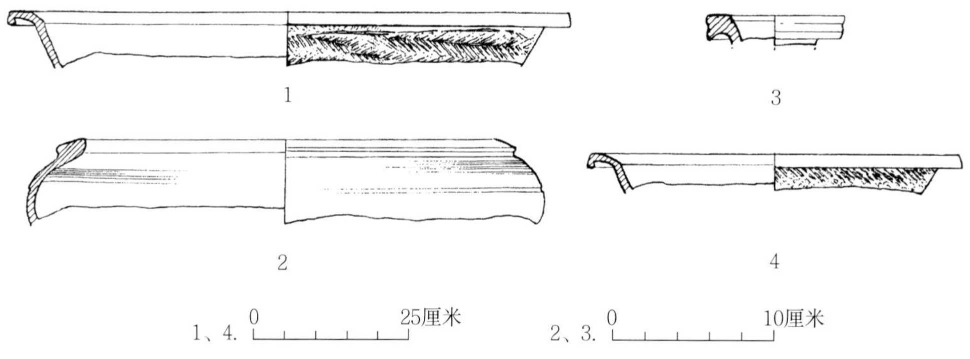

图3-98 TG148175H73陶器

1、4.盆（H73：15、H73：16） 2.钵（H73：13） 3.瓶（H73：14）

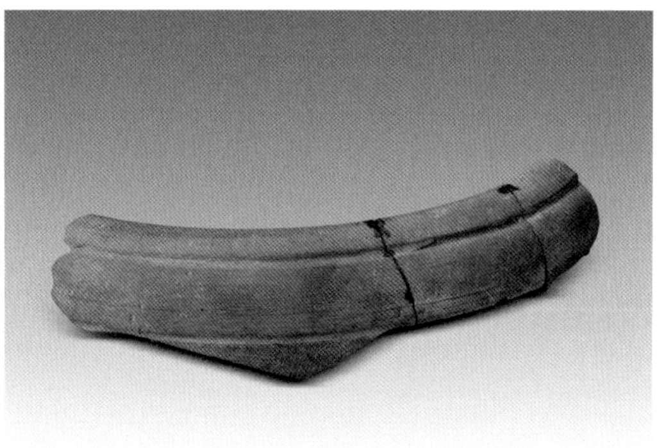

图版3-281 陶钵（H73：13）

图版3-282 陶瓶（H73：14）

2. 钱币

共 11 枚，完整的 7 枚，残缺的 4 枚，可辨识钱文的有 4 枚。

开元通宝 2 枚。H73 ： 3a，方穿，有内外郭，肉薄，钱文楷书，顺读，背面有月掐纹。直径约 2.5 厘米（图 3–99，1）。H73 ： 12，方穿，有内外郭，肉薄，钱文楷书，顺读。直径约 2.5 厘米（图 3–99，2）。

乾元重宝 1 枚。H73 ： 3b，方穿，有内外郭，内郭较细，外郭较宽，肉厚，钱文楷书，顺读。直径约 3 厘米（图 3–99，3）。

1　　2　　3

图3–99　TG148175H73铜钱

1、2.开元通宝（H73：3a、H73：12）　3.乾元重宝（H73：3b）

（七）H75

1. 瓷器

出土瓷片 34 片，有细白瓷、茶叶末釉瓷、黄釉瓷和青瓷；均为素面，无纹饰；可辨器型有碗、钵和罐。

（1）黄釉瓷

碗 1 件。H75 ：6，可复原。敞口，折沿，方唇，弧腹，玉璧底。土黄色胎，胎质较细。器物内壁饰满釉，器底有两个椭圆形支钉痕，器物外部施釉至上腹部，边缘有流釉痕。釉呈棕黄色，半透明，釉面有冰裂纹。口径 14 厘米，底径 7.4 厘米，高 5.5 厘米（图 3–100，3；图版 3–283）。

（2）青瓷

钵 1 件。H75 ：7，可复原。敞口，圆唇，浅斜腹，饼状足平底，底微内凹。白胎泛黄，胎质略粗，胎体可见大量白色及黑色细颗粒。仅内腹及底部施釉，釉呈军绿色，釉面边缘呈褐色，釉面薄厚不均，有磨砂玻璃质感，并可见大量细小气孔。口径 11 厘米，底径 5.3 厘米，高 3.8 厘米（图 3–100，2 ；图版 3–284）。

（3）茶叶末釉瓷

罐 1 件。H75 ： 10，器底及腹部残片。圆鼓腹，饼状足外撇，平底，足缘经修削，

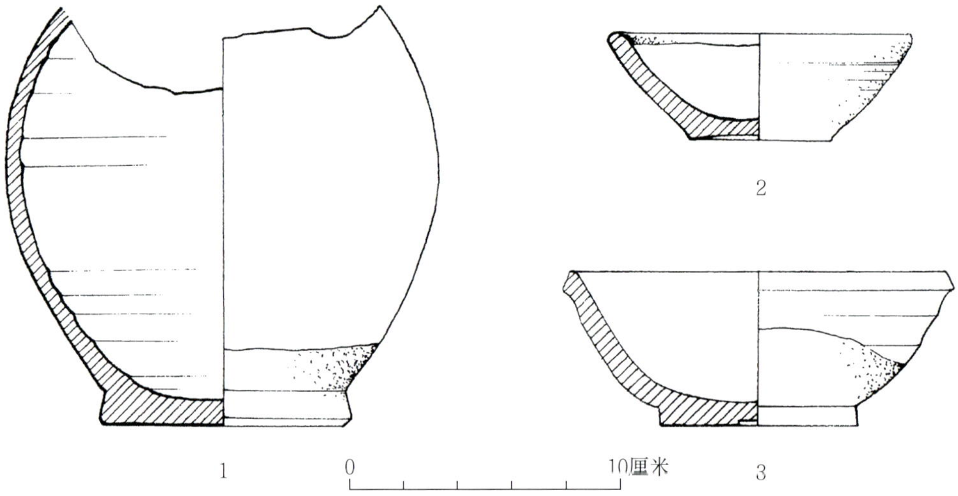

图3-100　TG148175H75瓷器
1.茶叶末釉瓷罐（H75：10）　2.青瓷钵（H75：7）　3.黄釉瓷碗（H75：6）

图版3-283　黄釉瓷碗（H75：6）

图版3-284　青瓷钵（H75：7）

图版3-285　茶叶末釉瓷罐（H75：10）

足底可见同心圆状刮痕。土黄色胎，胎质略粗，可见气孔和细微颗粒物。内壁施满釉，外壁施釉至下腹近底部。釉色青绿，釉面干涩，富磨砂质感。底径 9 厘米，残高 15 厘米（图 3-100，1；图版 3-285）。

2. 钱币

共 13 枚，其中完整的 9 枚，残缺的 4 枚，仅 1 枚可辨识钱文，其余均锈蚀严重，字迹不清。

开元通宝　1 枚。H75 ：1，方穿，有内外郭，肉较薄，钱文楷书，顺读。直径约 2.5 厘米。

（八）第3层

1. 瓷器

出土瓷片75片，可复原瓷器5件；以粗白瓷为主，少量黑釉瓷、酱釉瓷、茶叶末釉瓷、三彩器、黄釉瓷、青瓷等；可辨器型有碗、盒、罐、盆和钵。

（1）黑釉瓷

盒 1件。③：11，可复原。子口盒，子口微内敛，直角折肩，直腹下斜折内收，折棱较高，平底。白胎略泛灰，胎质较细。内腹、内底及外腹折棱上一圈施釉，釉色黑，釉面玻璃感强、有少量白点。口径2.8厘米，底径2.1厘米，高1.6厘米（图3-101，1；图版3-286）。

图版3-286 黑釉瓷盒（③：11）

（2）青瓷

钵 1件。③：12，可复原。敞口尖唇，斜腹较浅，平底微内凹。白胎泛黄，胎质粗，胎体可见大量细颗粒物。釉呈罕绿色，釉面有分布不均匀的细小黑色斑点。内壁施满釉，外壁施釉至腹中部。外口沿可见装烧粘连痕。口径9.6厘米，底径4.6厘米，高3.7厘米（图3-101，3；图版3-287）。

（3）酱釉瓷

灯盏 1件。③：10，可复原。敞口，圆唇，斜腹较浅，平底微外撇。灰胎，质较

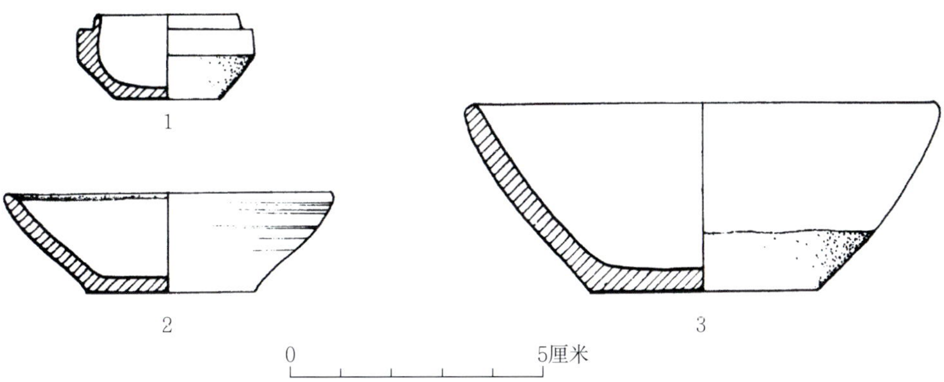

图3-101 TG148175第3层瓷器

1.黑釉瓷盒（③：11） 2.酱釉瓷灯盏（③：10） 3.青瓷钵（③：12）

图版3-287　青瓷钵（③：12）

图版3-288　酱釉瓷灯盏（③：10）

图版3-289　黄釉瓷碗（③：13）

图版3-290　黄釉瓷碗（③：14）

粗，胎体可见大量颗粒物。仅内腹、底部施釉，釉呈酱色，釉面有磨砂玻璃感，并有少量气孔，气孔处露胎。器物外腹上部胎上有一层褐色物质。内外壁均可见轮修线痕，外底有同心圆状刮痕。口径6.6厘米，底径3.4厘米，高1.9厘米（图3-101，2；图版3-288）。

（4）黄釉瓷

白胎泛黄，胎质粗糙，胎体厚重；釉色姜黄，釉下施白色化妆土，釉面不均。

碗　2件。③：13，可复原。敞口，圆唇，唇下有一圈凹弦纹，弧腹，饼状足，平底内凹，足缘经二次修削。白胎泛黄，胎质粗糙，胎体厚重，胎体可见大量气孔及黑褐色颗粒物。内壁施满釉，内底有三个支钉痕，内底有刻划十字交叉纹饰，外壁施釉至口沿下方，釉呈姜黄色，釉下有化妆土，釉色不均，因薄釉处可透出白色化妆土，致使釉面出现大小不一的白斑。口径17.5厘米，底径7.6厘米，高6.8厘米（图3-102，1；图版3-289）。③：14，可复原。敞口，圆唇，唇下有一圈凹弦纹，弧腹，饼状足外撇。白胎泛黄，胎质粗糙，胎体厚重，足底胎有开裂痕，胎体可见大量气孔及黑褐色颗粒物。内壁施满釉，内底有三个较大面积支钉痕迹，外壁施釉至口沿下方，有流釉痕迹，釉呈姜黄色，釉下有化妆土，釉色不均，釉层较薄处可透出化妆土的白色，导致釉面出现大小不一的白斑，釉面较涩，应为制作时干烧的原因。器底有涡状刮痕。口径17厘米，底径7.5厘米，高6厘米（图3-102，2；图版3-290）。

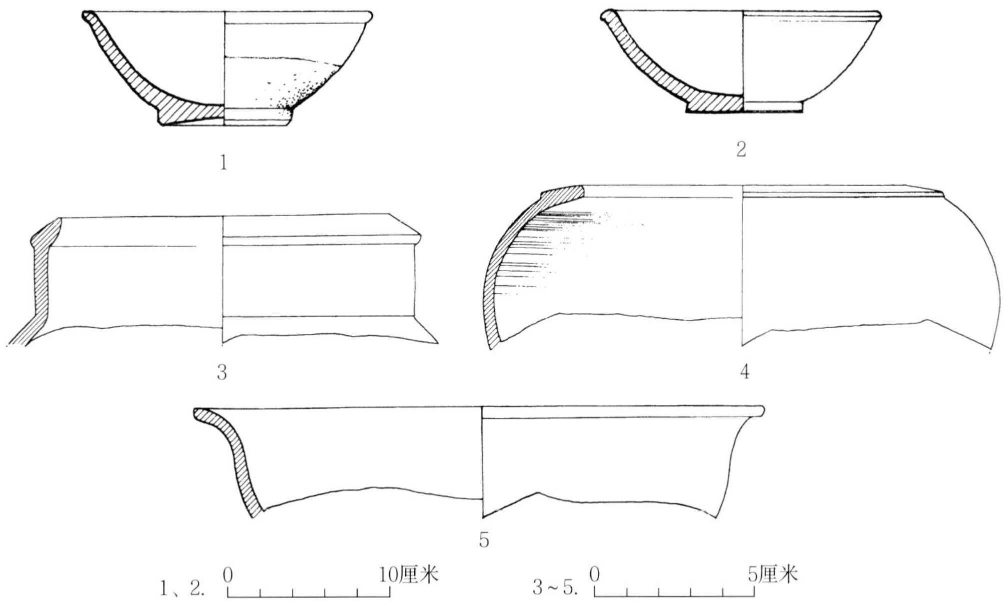

图3-102　TG148175第3层瓷器

1、2.黄釉瓷碗（③：13、③：14）　3、4.黄釉瓷罐（③：29、③：30）　5.三彩瓷碗（③：28）

罐　2件。③：29，口沿及颈部残片。敛口，斜沿，尖唇，矮直颈。浅灰色胎，胎质细腻坚致。通体施釉，釉色棕黄，外壁沿及颈下凹槽处施釉较厚，呈黑色条带状，釉面匀光明亮。口径10厘米，残高3.8厘米（图3-102，3）。③：30，口沿及腹部残片。敛口，圆唇，鼓腹。乳白色胎，胎质较细，胎骨瓷化程度低。仅外壁施釉，自沿下施釉至腹中部。釉色棕黄，釉层较薄，釉面哑光，釉下施白色化妆土。内壁可见明显的轮修线痕。口径10厘米，残高4.8厘米（图3-102，4；图版3-291）。

（5）茶叶末釉瓷

执壶执柄　1件。③：27，完整执柄。由两根圆形泥条粘接而成，上柄端有三个圆形突起。浅灰色胎，胎质略粗，有气孔和黑色颗粒物。施满釉，釉色青绿，釉层较厚，光润（图版3-292）。

（6）三彩瓷

碗　1件。③：28，口沿及腹部残片。侈口，圆唇，弧腹。土黄色胎，胎质略粗，胎骨瓷化程度低。内外壁均施满釉，釉色白、绿相间，釉面可见细碎冰裂痕，釉层较薄，釉下施白色化妆土，局部釉面脱落露出化妆土。口径18厘米，残高4厘米（图3-102，5；图版3-293）。

执壶执柄　1件。③：26，柄部残块。由两根圆形泥条粘接而成。浅灰色胎，胎质细腻坚致。施满釉，釉色白、绿相间，釉面有少量气孔，釉层较薄，釉下施白色化妆土，局部釉面脱落

图版3-291　黄釉瓷罐（③：30）

图版3-292　茶叶末釉执壶执柄（③：27）

图版3-293　三彩瓷碗（③：28）

图版3-294　三彩执壶执柄（③：26）

露出化妆土（图版 3-294）。

2. 陶器

出土陶片 267 片，泥质灰陶占 96%，其余为泥质红陶；以素面为主，极少量饰篮纹和弦纹；可辨器型有盆、罐、瓮、瓶和钵。

盆　4 件。③：22，底部残。泥质灰陶，胎质粗糙。敞口，折沿，圆唇，唇部由泥片折叠加厚，斜腹。内壁可见暗弦纹，外壁腹中部饰数圈弦纹。口径 38 厘米，残高 7.5 厘米（图 3-103，2）。③：18，仅余口沿及上腹部。泥质灰陶，胎体略厚，胎质粗。侈口，折沿内斜，方唇，斜腹上部微鼓。外腹部可见轮修线痕。口径 68.5 厘米，残高 8.5 厘米（图 3-103，1）。③：20，底部残。泥质灰陶，胎质略粗。口微侈，卷沿，圆唇，弧腹。内外壁均可见轮修线痕。口径 48 厘米，残高 7 厘米（图 3-103，4）。③：21，下腹部及底部残。泥质灰陶，胎质略粗。侈口，卷沿，圆唇，弧腹中部微鼓。内壁可见轮修线痕。口径 34 厘米，残高 5.2 厘米（图 3-103，3）。

罐　2 件。1 件为泥质红陶，余为泥质灰陶。③：24，仅余器底。泥质红陶，胎内掺有白色细颗粒物及蚌粉。细圈足较宽，圈足略外撇。外腹部饰一周凹弦纹。底径 16 厘米，

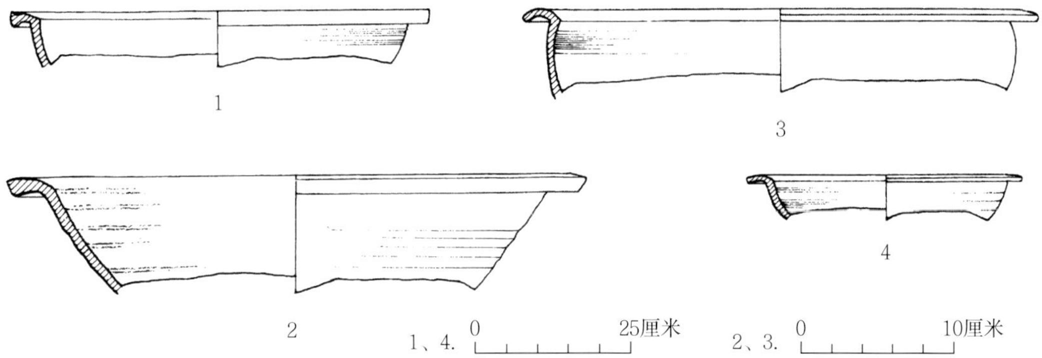

图3-103 TG148175第3层陶盆
1.③：18 2.③：22 3.③：21 4.③：20

残高 7 厘米（图 3-104，5）。③：23，仅余口沿。泥质灰陶，胎质粗糙。敛口，口沿向外翻折加厚，圆唇，短束颈，溜肩。口径 26 厘米，残高 4 厘米（图 3-104，4）。

碗 1 件。③：15，可复原。泥质红陶，胎质较粗。已经变形，未变形部位可看出该碗为敞口，折沿外斜，弧腹，饼状足平底内凹。外壁可见轮修线痕。口径 14.4 厘米，底径 5.8 厘米，高 6.6 厘米（图 3-104，2；图版 3-295）。

瓮 1 件。③：17，仅余口沿。泥质灰陶，胎体厚重，胎质粗糙。敞口，卷沿，方唇，短直颈。口沿处可见轮修线痕。口径 40.5 厘米，残高 8 厘米（图 3-104，3）。

瓶 1 件。③：16，仅余口沿及颈部。泥质灰陶，胎质粗糙。侈口，折沿内斜，方唇较宽，唇部饰一周凹弦纹，颈部呈喇叭形，颈细而长。内外壁均可见轮修线痕。口径 8.5 厘米，残高 4.8 厘米（图 3-104，1；图版 3-296）。

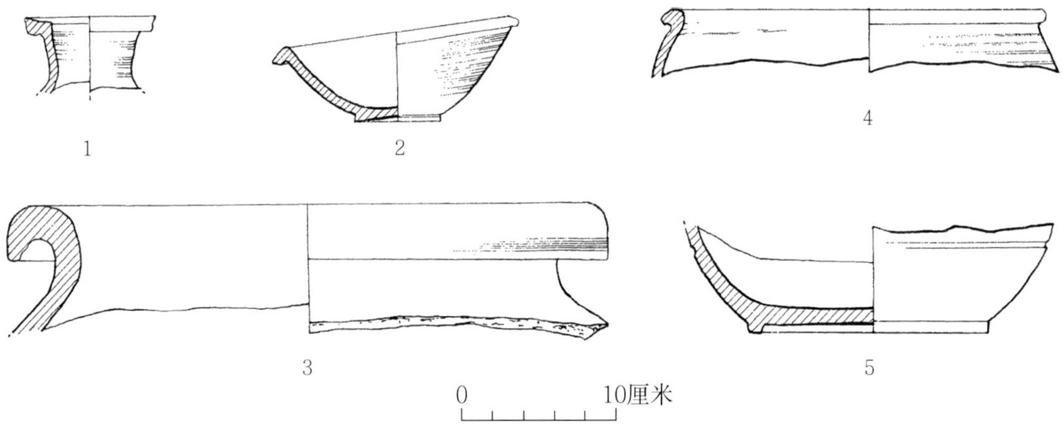

图3-104 TG148175第3层陶器
1.瓶（③：16） 2.碗（③：15） 3.瓮（③：17） 4、5.罐（③：23、③：24）

图版3-295　陶碗（③：15）

图版3-296　陶瓶（③：16）

3. 钱币

共 17 枚，其中完整的 14 枚，残缺的 3 枚，可辨识钱文的有 10 枚。

开元通宝　5 枚。③：1，方穿，有内外郭，肉薄，钱文楷书，顺读。直径约 2.5 厘米（图 3-105，1）。③：4，方穿，有内外郭，内郭较细，外郭较宽，肉厚，钱文楷书，顺读，背“润”字。直径约 2.3 厘米（图 3-105，2）。③：5，方穿，有内外郭，肉较厚，钱文楷书，顺读。直径约 2.5 厘米（图 3-105，3）。③：31，方穿，有内外郭，肉厚，钱文楷书，顺读，背面有月掐纹。直径约 2.5 厘米（图 3-105，4）。③：32，方穿，有内外郭，肉厚，钱文楷书，顺读。直径约 2.5 厘米（图 3-105，5）。乾元重宝 1 枚。③：8，方穿，有内外郭，内郭较细，外郭甚宽，肉厚，钱文楷书，顺读。直径约 3 厘米（图 3-105，6）。

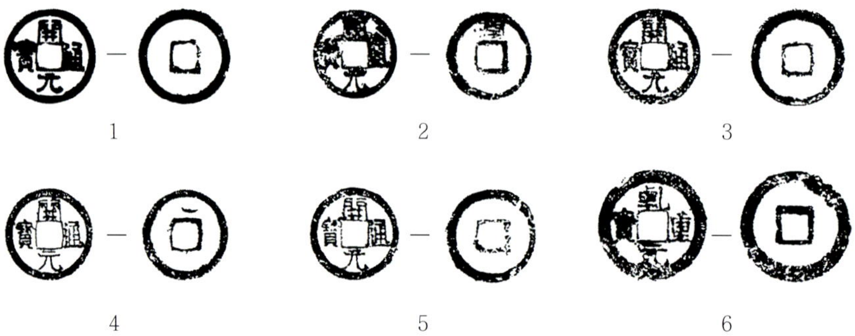

图3-105　TG148175第3层铜钱
1～5.开元通宝（③：1、③：4、③：5、③：31、③：32）　6.乾元重宝（③：8）

（九）H58

1. 瓷器

出土瓷片35片，可复原瓷器4件。有粗白瓷、细白瓷、黑釉瓷、青瓷、绞胎瓷和茶叶末釉瓷，以粗白瓷为主；均为素面；可辨器型有碗、钵、盒、罐和瓶。

（1）粗白瓷

盒盖 1件。H58 ：5，可复原。侧边较宽、较直，顶微隆，顶心周围斜折。灰白胎，胎质略粗，胎体可见大量黑色颗粒物。仅内顶及外壁施釉，母口内壁无釉，釉色白中泛青灰，乳浊感较强，釉面有少量气孔。口径5厘米，高1.8厘米（图3-106，2；图版3-297）。

瓶 1件。H58 ：17，口沿及颈部残片。喇叭口，圆尖唇，束颈。白胎，胎质略粗，有细小气孔。内外壁均施满釉，乳白色釉，釉色晶莹温润，釉面有细碎冰裂痕。残高6.5厘米（图版3-298）。

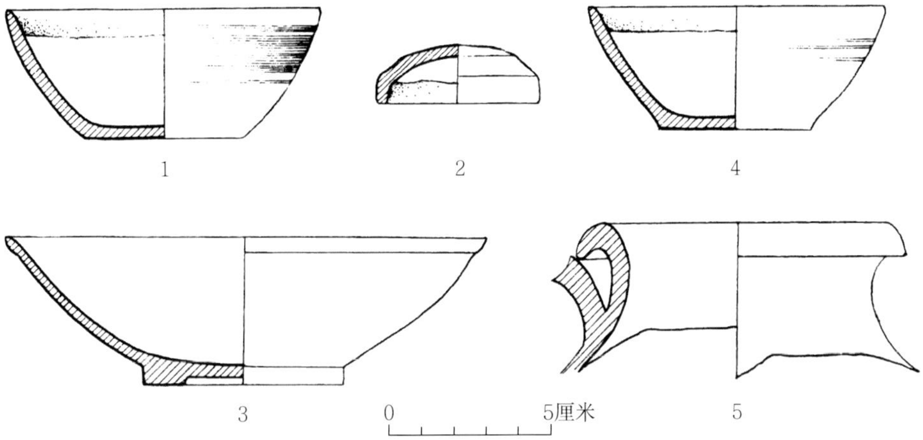

图3-106 TG148175H58瓷器

1、4.黑釉瓷钵（H58：4、H58：3） 2.粗白瓷盒盖（H58：5）
3.青瓷碗（H58：2） 5.茶叶末釉执壶（H58：18）

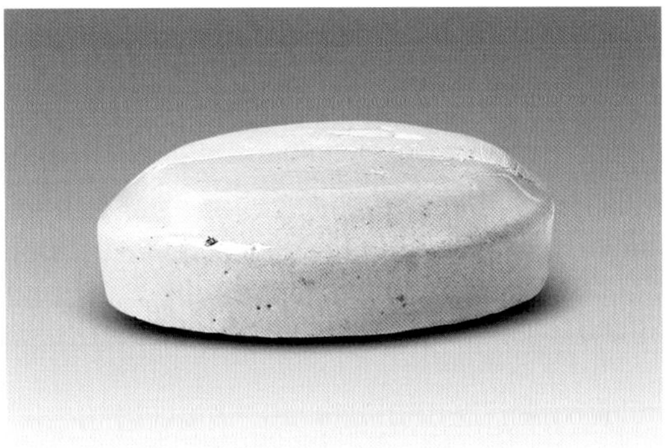

图版3-297 粗白瓷盒盖（H58：5）

图版3-298 粗白瓷瓶（H58：17）

图版3-299　黑釉瓷钵（H58：3）

图版3-300　黑釉瓷钵（H58：4）

图版3-301　青瓷碗（H58：2）

图版3-302　茶叶末釉执壶（H58：18）

（2）黑釉瓷

钵　2件。H58：3，可复原。敞口尖唇，斜弧腹，平底。白胎发黄，胎质略粗，胎体可见大量褐色细颗粒物及气孔。内腹及底部施黑釉，釉面略干，有磨砂玻璃感，釉面上有大量针眼状小气孔，气孔处呈白色，器物外壁个别部位有一层极薄的酱色釉。口径9.4厘米，底径4.8厘米，高3.8厘米（图3-106，4；图版3-299）。H58：4，可复原。敞口圆唇，斜腹略直，平底。白胎泛黄，胎质略粗，胎体可见少量细小颗粒物。仅内腹及底部施釉，釉呈黑色，釉面哑光，有大量细小气孔。器物外口沿处呈浅褐色，外壁腹部涂有一层浅灰色物质。外壁可见轮修线痕。口径9.7厘米，底径4.8厘米，高4厘米（图3-106，1；图版3-300）。

（3）青瓷

碗　1件。H58：2，可复原。敞口，沿微卷，圆唇，弧腹，玉环形底。白胎泛灰，胎质较细。内壁施满釉，外壁施釉至足外墙，釉色青灰，釉面不平，偶见气泡，釉面有冰裂纹。口径15厘米，底径6.2厘米，高4.4厘米（图3-106，3；图版3-301）。

（4）茶叶末釉瓷

执壶　1件。H58：18，口沿、颈部及柄部残块。敞口，卷沿，圆尖唇，短束颈，颈肩部残存一截柄部，由两根圆形泥条粘接而成。浅灰色胎，质细腻。内外壁均施满釉，釉色墨绿，哑光，釉面有细小的黄色斑点（图3-106，5；图版3-302）。

（5）绞胎瓷

瓷枕 1件。H58 ：19，枕面残片。乳白色胎，胎质略粗，有细小气孔。以白、褐两色调瓷土相间糅合而成，胎面有类似木纹的纹理，再于枕面施黄釉，釉面哑光，有细碎开片（图版3-303）。

图版3-303　绞胎瓷枕（H58：19）

2. 陶器

出土陶片375片，以泥质灰陶为主，极少的泥质红陶；多为素面，少量饰篮纹和弦纹；可辨器型有罐、盆、钵、瓮和砚。

图版3-304　陶罐（H58：6）

罐 3件。H58 ：6，底部残。泥质灰陶，胎质粗糙。敛口，口沿向外折叠加厚，尖唇，短束颈，溜肩。外壁可见轮修线痕。口径22厘米，残高4.8厘米（图3-107，3；图版3-304）。H58 ：12，仅余口沿及上腹部，泥质灰陶，胎质粗糙。敛口，宽平沿，尖唇，短束颈，溜肩。内壁饰成组同心圆状篦点纹。口径21厘米，残高4.8厘米（图3-107，2）。H58 ：11，仅余口沿及上腹部。泥质灰陶，胎质较粗糙。直口，平沿，方唇，短直颈，溜肩鼓腹，肩部原有一对耳，现仅有少许残余，内腹器耳对应处可见涂抹固定痕迹。内壁饰成组篦点纹。口径15厘米，残高8厘米（图3-107，1）。

盆 3件。H58：8，下腹部及底部残。泥质灰陶，胎质粗糙。侈口，宽折沿内斜，方唇，斜腹。外腹部饰成组的篮纹。口径79.5厘米，残高13.5厘米（图3-108，4；图版3-305）。

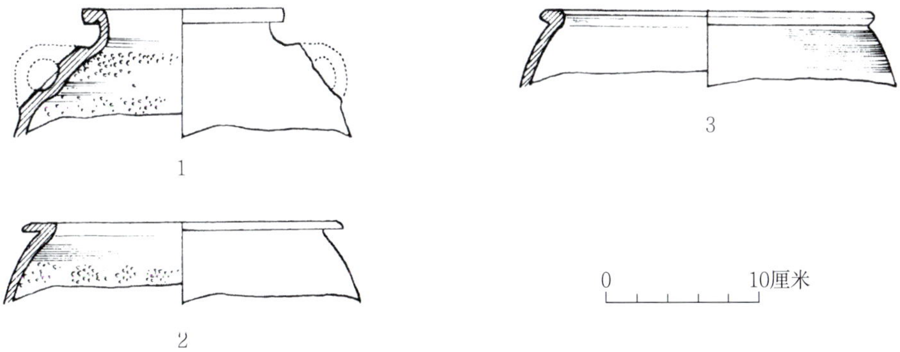

图3-107　TG148175H58陶罐

1.H58：11　2.H58：12　3.H58：6

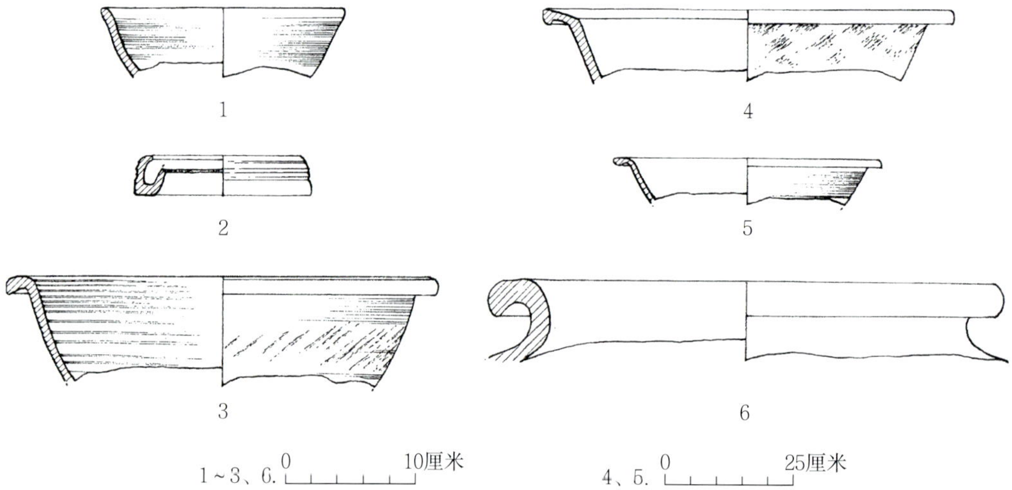

图3-108 TG148175H58陶器
1.钵（H58：7） 2.砚（H58：13） 3～5.盆（H58：10、H58：8、H58：9） 6.瓮（H58：14）

H58 ：9，下腹部及底部残。泥质灰陶，胎质较粗糙。敞口，卷沿，圆唇，唇部由泥片折叠加厚，斜腹上部微鼓。外壁可见轮修线痕。口径52厘米，残高8.5厘米（图3-108，5）。

H58 ：10，下腹部及底部残。泥质灰陶，胎质粗糙。敞口，卷沿，圆唇，唇部由泥片向外折叠加厚，弧腹略直。内壁可见暗弦纹，外壁可见篮纹。口径34厘米，残高8.4厘米（图3-108，3）。

图版3-305 陶盆（H58：8）

图版3-306 陶砚（H58：13）

钵 1件。H58 ：7，仅余口沿。泥质灰陶，胎质略粗，胎体可见气孔及白色细颗粒物。敞口，圆唇，斜弧腹，腹上部微内折。器物内外壁均可见轮修线痕。口径19厘米，残高5.2厘米（图3-108，1）。

瓮 1件。H58 ：14，仅余口沿。泥质灰陶，胎质粗糙，胎体厚重。敞口，卷沿，圆唇，短直颈。口径40厘米，残高5.4厘米（图3-108，6）。

砚 1件。H58 ：13，砚台略残。泥质灰陶，胎质略粗。平底，砚心凸起，周壁内敛，砚台四周有凹陷的砚池。外壁饰数周凹弦纹。底径14厘米，残高3厘米（图3-108，2；图版3-306）。

3. 钱币

开元通宝 1枚。H58 ：1，方穿，有内外郭，肉厚，钱文楷书，顺读，背面有月掐纹。直径约 2.5 厘米。

（一〇）H57

1. 瓷器

出土瓷片 29 片，可复原瓷器 1 件。有白瓷、黑釉瓷、黄釉瓷及素烧器；器表均素面，无纹饰；可辨器型有碗、瓶、盆和钵。

（1）黑釉瓷

钵 1 件。H57 ：1，可复原。敞口，圆唇，浅斜腹略直，平底。土黄色胎较粗，胎体可见少量颗粒物。仅内壁施釉，釉呈黑色，釉面光亮，玻璃质感强，内壁局部露胎，内口沿处部分釉层剥落。外壁有褐色物质及少量白色斑点可见轮修线痕，器底可见同心圆状刮痕。口径 9 厘米，底径 4.3 厘米，高 3.8 厘米（图 3-109，3；图版 3-307）。

（2）三彩瓷

罐 1 件。H57 ：8，仅余器底，泥质红陶，胎质粗糙。饼状足平底略内凹，足缘经二次修削呈一斜面。内底有绿彩残余。底径 7 厘米，残高 2 厘米（图 3-109，2）。

（3）素烧器

瓶 1 件。H57 ：4，口沿及颈部残片。喇叭口，圆唇，唇下内折，束颈。土黄色胎，胎质较细。内外壁可见明显的轮修线痕，并抹有蚌粉。口径 8 厘米，残高 4.6 厘米（图 3-109，1；图版 3-308）。

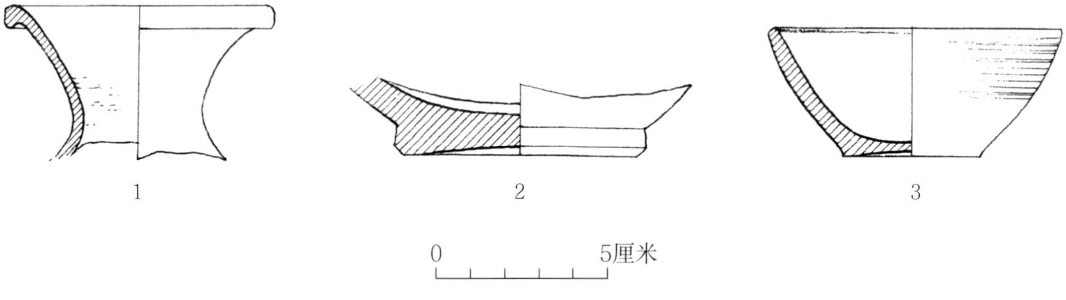

图3-109　TG148175H57瓷器

1.素烧瓶（H57：4）　2.三彩瓷罐（H57：8）　3.黑釉瓷钵（H57：1）

图版3-307　黑釉瓷钵（H57：1）

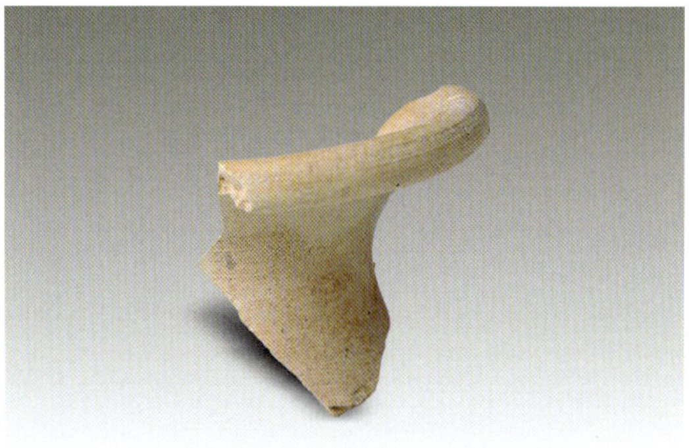

图版3-308　素烧瓶（H57：4）

2. 陶器

出土陶片 222 片，以泥质灰陶为主，极少的泥质红陶；多为素面，少量饰篮纹和弦纹；可辨器型有盆、罐、瓶、瓮和擂钵。盆 2 件。H57 ：6，底部残。泥质灰陶，胎质较粗。敞口，卷沿，方唇，斜腹上部微鼓。内壁可见暗弦纹，外壁可见轮修线痕。口径 39 厘米，残高 8.5 厘米（图 3-110，1）。H57 ：5，下腹部及底部残。泥质灰陶，胎质粗糙。口微侈，平沿较宽，圆唇，唇部由泥片折叠加厚，斜腹上部微鼓。内腹部可见暗弦纹。口径 49 厘米，残高 10.4 厘米（图 3-110，2）。瓶 1 件。H57 ：3，仅余口沿。泥质灰陶，胎质略粗。敞口，卷沿，圆唇。口径 9 厘米，残高 1.8 厘米（图 3-110，4）。擂钵 1 件。H57 ：2，底部残。泥质灰陶，胎质略粗。口微敛，口沿向外折叠加厚，圆唇，唇部饰一圈凹弦纹，鼓腹，外壁素面，内壁饰燕尾纹。口径 16 厘米，残高 4 厘米（图 3-110，3）。

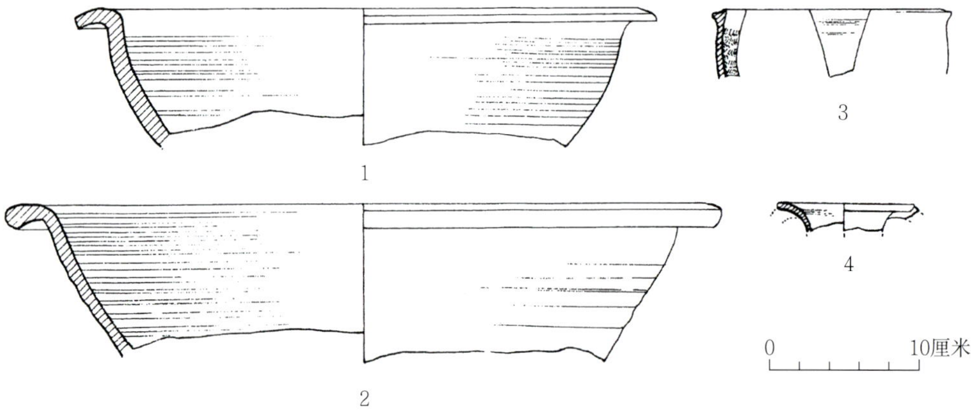

图3-110　TG148175H57陶器
1、2.盆（H57：6、H57：5）　3.擂钵（H57：2）　4.瓶（H57：3）

（一一）H71

1. 瓷器

出土瓷片 31 片，可复原瓷器 5 件。以粗白瓷为主，少量黑釉瓷、青瓷、茶叶末釉瓷、三彩器；均为素面；可辨器型有盒、碗、钵、罐。

（1）粗白瓷

碗 1 件。H71 ：13，可复原。敞口，圆唇，斜腹，饼状足平底，足缘经削修。白胎泛灰，质粗，有少量气孔。内壁施满釉，外壁施釉至足外墙，器底无釉露胎。乳白色釉，釉面乳浊感强，有少量气孔。釉下施白色化妆土，内底有一楔形支钉痕。口径 16 厘米，底径 8 厘米，高 4.5 厘米（图 3–111，5 ；图版 3–309）。

盒 1 件。H71 ：2，可复原。子口内敛，直角折肩，直腹，腹下部直角内折并向下斜收，平底，底边缘经二次修削。白胎泛黄，胎质略粗，胎体可见大量棕色细颗粒物。仅外腹部及内腹、底处施釉，釉色白中泛黄，釉面有冰裂纹。口径 5.5 厘米，底径 5.3 厘米，高 2.8 厘米（图 3–111，1 ；图版 3–310）。

（2）黑釉瓷

钵 2 件。H71 ：4，可复原。敞口，圆唇，斜弧腹，平底。土黄胎略泛灰，胎质较粗，胎体可见少量颗粒物。仅内腹部及底部施釉，釉呈黑色，釉面有金属光泽，釉层薄厚不均，近口沿处釉较厚，器底部釉较薄，器底有褐色的釉斑，器物外壁呈红褐色。器底

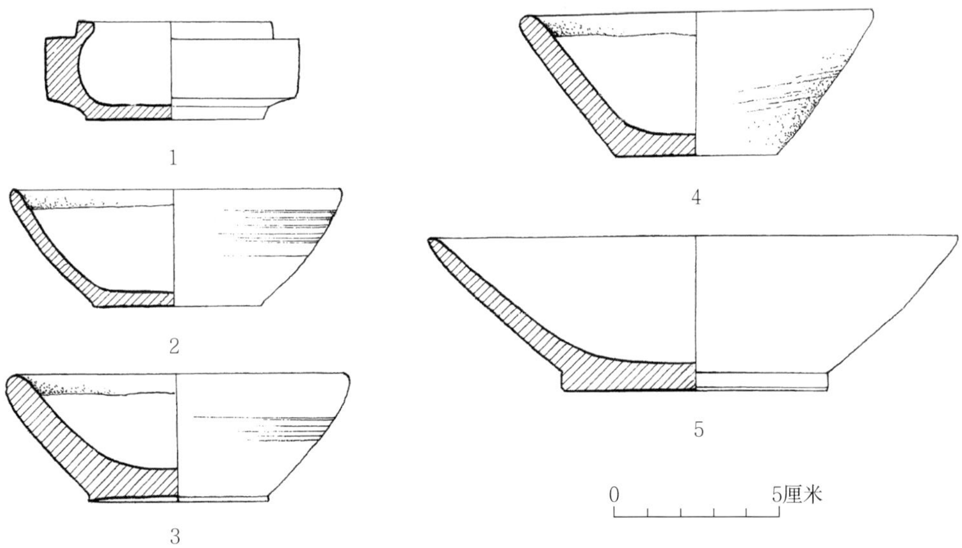

图3–111　TG148175H71瓷器

1.粗白瓷盒（H71：2）　2、3.黑釉瓷钵（H71：4、H71：5）　4.青瓷钵（H71：3）　5.粗白瓷碗（H71：13）

图版3-309 粗白瓷碗（H71：13）

图版3-310 粗白瓷盒（H71：2）

图版3-311 黑釉瓷钵（H71：4）

图版3-312 黑釉瓷钵（H71：5）

有残余的垫圈痕迹，腹部还可见叠烧时粘连的绿色釉。口径9.8厘米，底径5厘米，高3.4厘米（图3-111，2；图版3-311）。H71：5，可复原。敞口，圆唇，斜腹较浅，饼状足平底内凹。白胎泛黄，胎质略粗，胎体可见少量细颗粒物。仅内腹部及底部施釉，釉色黑，釉面有大量细小气孔，因此釉面凹凸不平，近底处釉面有少量白斑。外壁可见轮修线痕，器底有漩涡状刮痕。口径10厘米，底径5.4厘米，高3.6厘米（图3-111，3；图版3-312）。

（3）青瓷

钵 1件。H71：3，可复原。敞口圆唇，浅斜腹，平底。白胎泛黄，胎质略粗，胎体有少量黑色颗粒物。仅器物内腹及底部施釉，釉呈罕绿色，釉面哑光，可见有少量黑斑，釉层薄厚不均，薄釉处隐约可露出胎色。口径10.5厘米，底径4.8厘米，高4.2厘米（图3-111，4；图版3-313）。

（4）三彩器

器耳 1件。H71：11，器耳残块。桥状耳，耳由两根圆柱状泥条黏合而成，上耳根有三个圆形的饼状突起。乳白色胎，胎质粗糙。釉色白、绿相间，釉层较薄，局部釉面已脱落，釉下施白色化妆土（图版3-314）。

2. 陶器

出土陶片176片，6片为泥质红陶，其余均为泥质灰陶；以素面为主，少量饰篮纹和弦纹；可辨器型有罐、盆、瓮。

盆 2件。H71：7，下腹部及底部残。

图版3-313　青瓷钵（H71：3）

图版3-314　三彩器耳（H71：11）

泥质灰陶，胎质较粗。口微侈，卷沿，圆唇，斜腹上部微鼓。内壁可见暗弦纹，外壁可见轮修线痕。口径52厘米，残高4.8厘米（图3-112，3）。H71：6，下腹部及底部残。泥质灰陶，胎质粗糙。侈口，卷沿，圆唇，弧腹中部微鼓。外腹部饰两周细弦纹，内壁可见暗弦纹。口径60厘米，残高13厘米（图3-112，4；图版3-315）。

图版3-315　陶盆（H71：6）

罐　2件。H71：8，仅余口沿。泥质灰陶，胎质粗。直口，宽平沿，方唇，短直颈。内壁饰呈同心圆状成组的篦点纹。口径18厘米，残高4.4厘米（图3-112，2；图版3-316）。H71：9，仅余上腹部及口沿。泥质灰陶，胎质略粗。直口，折沿外斜，方唇，短直颈，溜肩鼓腹，肩部有一对桥状耳，耳由柱状泥条制成，耳孔呈圆形，内壁器耳对应处有泥片捏塑固定痕迹。内腹部饰篦点纹。口径12厘米，残高7.6厘米（图3-112，1；图版3-317）。

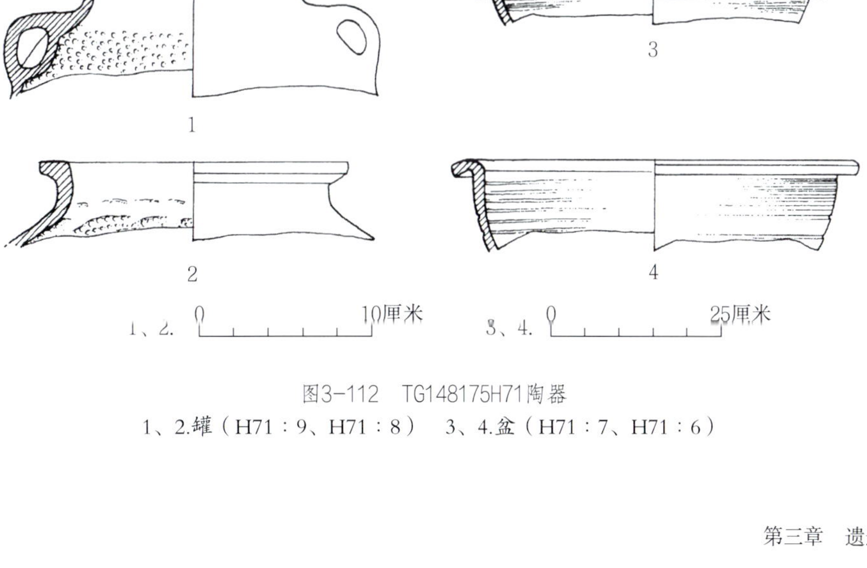

图3-112　TG148175H71陶器

1、2.罐（H71：9、H71：8）　3、4.盆（H71：7、H71：6）

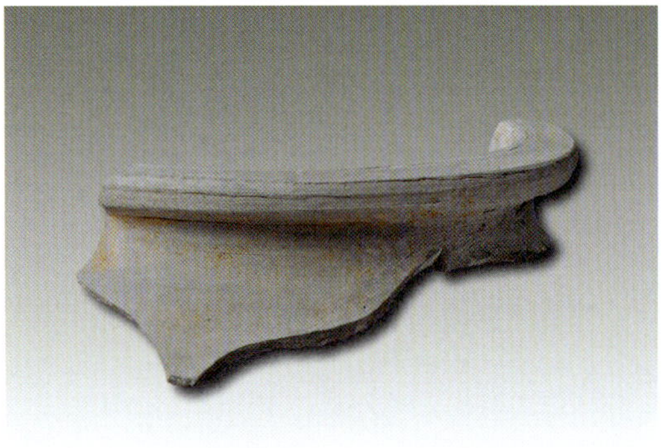

图版3-316　陶罐（H71：8）

图版3-317　陶罐（H71：9）

（一二）H72

建筑构件共31件，有子母砖、绳纹砖、板瓦和筒瓦。

子母砖　2件。均饰绳纹。H72：2，母口砖残块。砖体有些许弧度，背面满饰细绳纹。残长14厘米，宽10.5厘米，厚5.2厘米，母口宽2.5厘米（图3-113，1）。H72：3，子口砖残块。砖体有些许弧度，背面满饰细绳纹。残长20.6厘米，宽10.4厘米，厚5.5厘米，子口宽2.3厘米（图3-113，2）。

绳纹砖　5件。H72：4，完整。因水浸呈青绿色，平头，背面满饰细绳纹。长31.2厘米，大头宽15.2厘米，小头宽14.2厘米，厚5.1厘米（图3-113，3）。

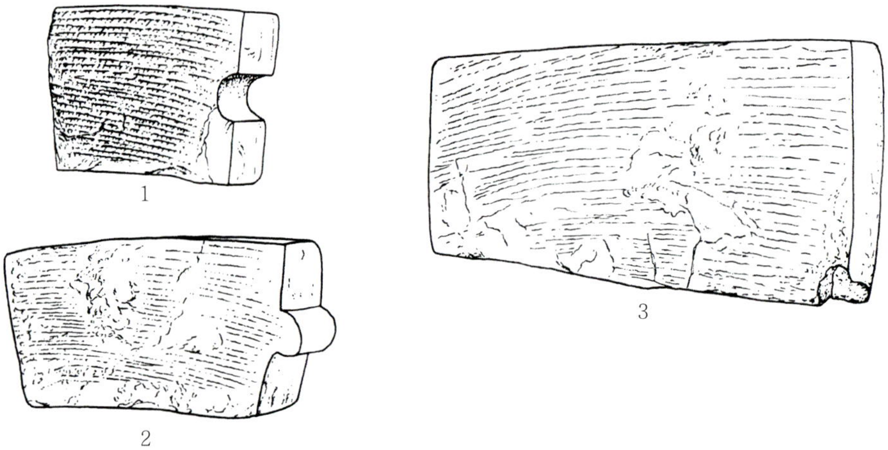

图3-113　TG148175H72建筑构件示意图

1.母口砖（H72：2）　2.子口砖（H72：3）　3.绳纹砖（H72：4）

（一三）第2层

1. 瓷器

出土瓷片38片，可复原瓷器5件。以粗白瓷和黑釉瓷为主，还有少量青瓷、细白瓷、茶叶末釉瓷、白釉绿彩瓷、蓝釉瓷；除1件黑地白花的瓷枕碎片外，其余均为素面；可辨器型有碗、罐和枕。

（1）粗白瓷

土黄色胎，质粗，胎体可见大量黑色细小颗粒物，釉色白中泛黄或泛青。

碗 2件。②：4，可复原。敞口，圆唇，斜腹较浅，玉璧底。白胎泛黄，胎质粗，胎体可见大量黑色细小颗粒物。白釉泛黄，内壁满釉，内底可见一支钉痕，外壁施釉至圈足外墙，釉面光滑，乳浊感较强。口径14.2厘米，底径7.3厘米，高4厘米（图3-114，3；图版3-318）。②：5，可复原。敞口圆唇，唇较厚，斜腹较浅，玉璧底微外撇。乳白胎，胎质略粗，胎体可见大量黑色细颗粒物。白釉，内壁施满釉，内底有支钉痕，外壁施釉至圈足外墙，釉色白中泛青，釉面有少许气孔痕迹，内口沿处釉面有冰裂纹。口径13.4厘米，底径7厘米，高4厘米（图3-114，1；图版3-319）。

（2）青瓷

碗 1件。②：6，可复原。敞口圆唇，弧腹较深，腹中部斜折急收，圈足较细、较高，径较小，足底经二次修削出一向内斜面，圈足内墙外撇。土黄胎，胎质较粗，胎体可见大量细小颗粒物。军绿釉，色略发灰，釉面乳浊感强，有冰裂纹及少量气孔，内壁施满釉，外壁施釉至下腹部，下腹部釉面与胎相交处有一圈铁锈红色。外底部有同心圆状刮痕。口径20.8厘米，底径6厘米，高9.2厘米（图3-114，4；图版3-320）。

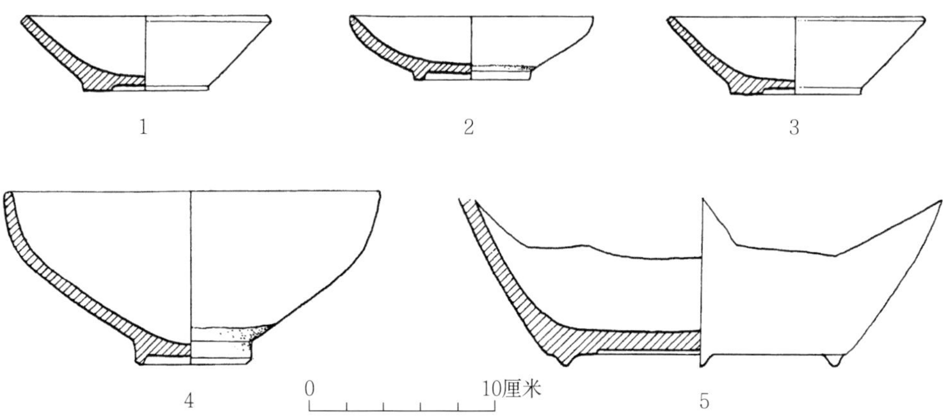

图3-114 TG148175第2层瓷器

1、3.粗白瓷碗（②：5、②：4） 2.黑釉瓷盘（②：7） 4.青瓷碗（②：6） 5.茶叶末釉瓷罐（②：14）

图版3-318　粗白瓷碗（②：4）

图版3-319　粗白瓷碗（②：5）

图版3-320　青瓷碗（②：6）

图版3-321　黑釉瓷碗（②：7）

图版3-322　茶叶末釉瓷罐（②：14）

（3）黑釉瓷

盘　1件。②：7，可复原。敞口，圆唇，弧腹较浅，圈足略宽，足径较大，内墙外撇，挖足过肩，外底处略凸起。土黄胎发灰，胎质粗，胎体可见大量黑色或白色颗粒物。内壁黑釉，釉面有少许气孔，气孔处露胎，釉面有银灰色斑点，状若油滴，外壁施酱釉至下腹近底处，釉层较薄，颜色不均，釉面有金属光泽。口径13.5厘米，底径6.5厘米，高3.4厘米（图3-114，2；图版3-321）。

（4）茶叶末釉瓷

罐　1件。②：14，器底及腹部残片斜腹，平底，外底中部内凹，底部残存三个小乳丁足。土黄色胎，胎质较细，有少量气孔。内壁施满釉，外壁施釉至底部，仅器底无釉露胎。釉色青绿，釉面干涩，富磨砂质感，釉面有少量气孔，外壁近底部釉面粘砂。内底可见两个小的圆形支钉痕。底径16.5厘米，残高9厘米（图3-114，5；图版3-322）。

2. 陶器

出土陶片66片，均为泥质灰陶；以素

面为主，极少饰篮纹和弦纹；可辨器型有盆、罐和瓮。

盆 1件。②：8，下腹部及底部残。泥质灰陶，胎质较粗。敞口，卷沿，圆唇，唇部由泥片折叠加厚，斜腹上部微鼓。外壁可见轮修线痕。口径52厘米，残高9.5厘米（图3-115，2）。

罐 2件。②：9，仅余口沿及上腹部。泥质灰陶，胎质粗。直口，方唇，直颈。外壁饰三周凹弦纹。口径20厘米，残高7.4厘米（图3-115，1）。②：10，仅余口沿及上腹部。泥质灰陶，胎质略粗。直口，宽平沿略内凹，方唇，短直颈，溜肩鼓腹。内壁颈部可见轮修线痕，内腹部饰篦点纹。口径14厘米，残高5厘米（图3-115，4）。

瓮 1件。②：11，仅余口沿。泥质灰陶，胎体厚重粗糙。敞口，卷沿，圆唇，短直颈。外壁颈部隐约可见轮修线痕。口径37厘米，残高5.4厘米（图3-115，3）。

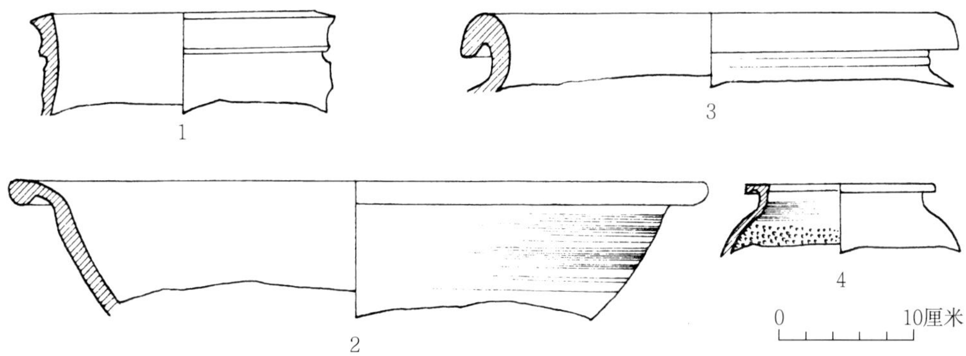

图3-115 TG148175第2层陶器
1、4.罐（②：9、②：10） 2.盆（②：8） 3.瓮（②：11）

第四章　分期与年代

第一节　类型学分析

出土瓷器以白瓷为主，青瓷次之，还有数量不少的黑釉瓷以及少量黄釉瓷、其他色瓷、三彩瓷和素烧器。器型包括碗、盏、钵、盆、碟、盘、盒、罐、瓶、灯盏和杯，以碗和钵为主。

一、瓷器

1. 盆

26 件。按口沿及腹部可分为三型。

A 型　7 件。浅弧腹，敞口，折沿，圆唇，饼状足平底内凹。标本 TG148175H78 ：48（图 4-1，1）。

分期	盆		
	A 型	B 型	C 型
早期	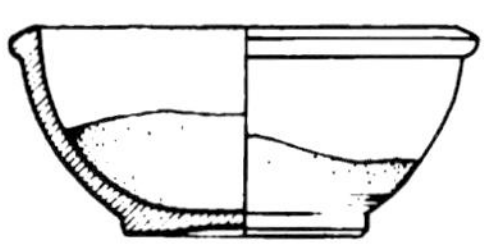 1	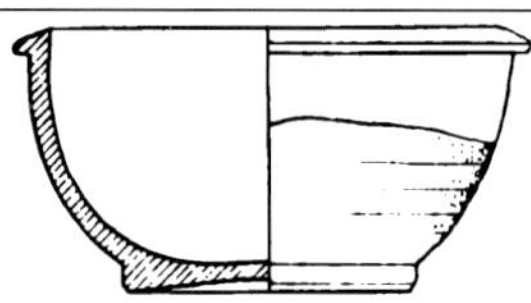 2	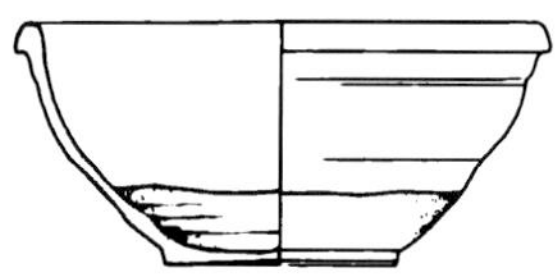 4
晚期		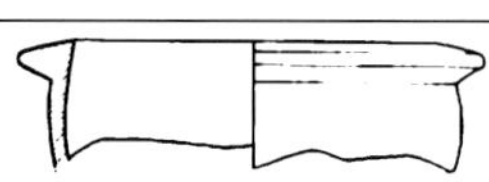 3	

图4-1　瓷盆分期图

1.TG148175H78：48　2.TG148175H77：5　3.TG162202④：34　4.TG148202H24：11

B 型　12 件。深弧腹略直。可分为二式。

Ⅰ式：8 件。口略直，折沿，圆唇，饼状足平底内凹。标本 TG148175H77 ：5（图 4-1，2）。

Ⅱ式：4件。口微敛，宽斜沿，圆唇，弧腹微鼓。标本TG162202④：34（图4-1，3）。

C型　7件。斜腹，敞口，细平沿，圆唇，饼状足平底。标本TG148202H24：11（图4-1，4）。

2. 钵

42件。按腹部形态可分为三型。

A型　18件。弧腹。可分为二式。

Ⅰ式：12件。浅弧腹，敞口，圆唇，饼状足。标本TG148175④：4（图4-2，1）。

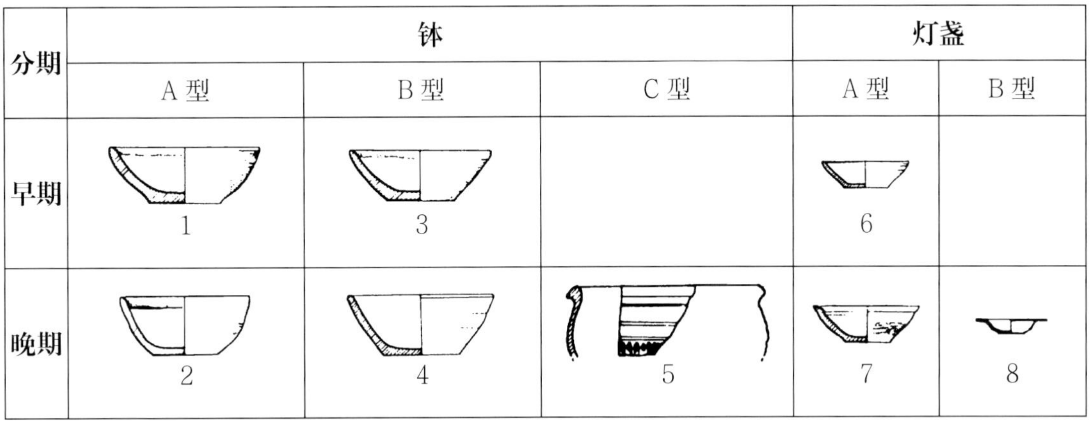

图4-2　瓷钵、灯盏分期图

1～5.瓷钵（TG148175④：4、TG148202④：28、TG148175④：7、TG162202③：7、TG162202H20：40）

6～8.瓷灯盏（TG148175③：10、TG162202H20：26、TG162218③：28）

Ⅱ式：6件。腹部较Ⅰ式变深，器壁变薄。敞口，平底。标本TG148202④：28（图4-2，2）。

B型　22件。斜腹。可分为二式。

Ⅰ式：13件。浅斜腹，敞口，圆唇，平底。标本TG148175④：7（图4-2，3）。

Ⅱ式：9件。腹部较Ⅰ式变深，器壁变薄，底径变大。敞口，圆尖唇，平底。标本TG162202③：7（图4-2，4）。

C型　2件。鼓腹，束颈，唇外翻。标本TG162202H20：40（图4-2，5）。

3. 灯盏

19件。按口沿及腹部形态可分为二型。

A型　9件。斜腹，敞口。可分为二式。

Ⅰ式：4件。浅斜腹，敞口，圆唇。标本TG148175③：10（图4-2，6）。

Ⅱ式：5件。腹部较Ⅰ式变深，侈口，尖唇。标本TG162202H20：26（图4-2，7）。

B 型　10 件。折腹，腹部极浅，敞口，宽平沿。标本 TG162218 ③：28（图 4–2，8）。

4. 盒

13 件。均为子口盒，按肩、腹部形态可分为三型。

A 型　4 件。口微敛，方肩，直腹下折斜收。根据底部形态可分为二式。

Ⅰ式：2 件。平底。标本 TG148175H71 ：2（图 4–3，1）。

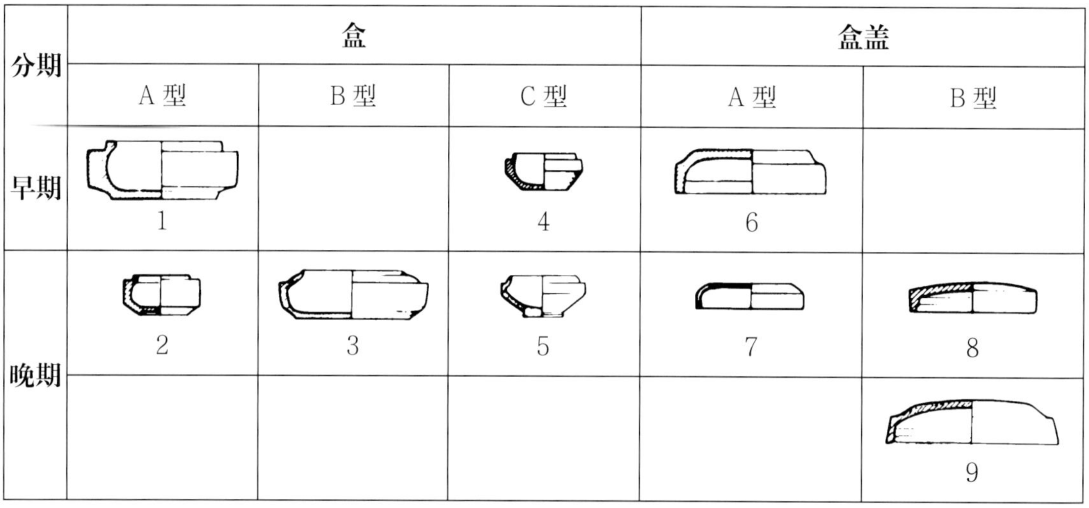

图4–3　瓷盒、盒盖分期图

1～5.瓷盒（TG148175H71：2、TG162202H20：143、TG162218③：4、TG148175③：11、TG148202③：2）
6～8.瓷盒盖（TG148175④：6、TG148202④：65、TG162202H20：13、TG162202④：32）

Ⅱ式：2 件。矮圈足。标本 TG162202H20 ：143（图 4–3，2）。

B 型　6 件。敛口，斜折肩，斜腹下折内收，平底。标本 TG162218 ③：4（图 4–3，3）。

C 型　3 件。口微敛，方肩，下腹折收，折棱较 A 型高。可分为二式。

Ⅰ式：2 件。小平底。标本 TG148175 ③：11（图 4–3，4）。

Ⅱ式：1 件。饼状足。标本 TG148202 ③：2（图 4–3，5）。

5. 盒盖

7 件。均为母口盖，可分为二型。

A 型　3 件。直侧边，平顶。可分为二式。

Ⅰ式：2 件。侧边较宽，平顶，顶心周围斜折。标本 TG148175 ④：6（图 4–3，6）。

Ⅱ式：1 件。侧边较Ⅰ式窄，平顶，斜肩。标本 TG148202 ④：65（图 4–3，7）。

B 型　4 件。圆隆顶。可分为二式。

Ⅰ式：1 件。侧边窄且直，圆肩与隆顶浑然一体。标本 TG162202H20 ：13（图 4–3，8）。

Ⅱ式：3 件。斜侧边较宽，折肩。标本 TG162202④：32（图 4-3，9）。

6. 盘

17 件。按器底形态可分为三型。

A 型 1 件。三足盘，敞口，折沿，方唇，上腹部内收，下腹微弧。标本 TG148175H78 ：29（图 4-4，1）。

<table>
<tr><th rowspan="3">分期</th><th colspan="4">盘</th><th colspan="2">碟</th></tr>
<tr><th rowspan="2">A 型</th><th colspan="2">B 型</th><th rowspan="2">C 型</th><th rowspan="2">A 型</th><th rowspan="2">B 型</th></tr>
<tr><th>Ba 型</th><th>Bb 型</th></tr>
<tr><td>早期</td><td>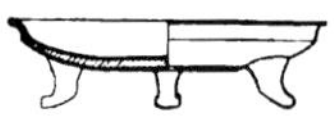
1</td><td></td><td></td><td></td><td></td><td></td></tr>
<tr><td>晚期</td><td></td><td>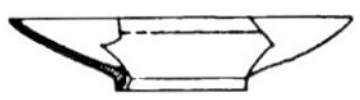
2</td><td>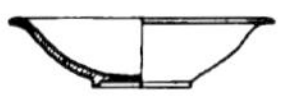
3</td><td>
4</td><td>
5</td><td>
6</td></tr>
</table>

图4-4 瓷盘、碟分期图

1～4.瓷盘（TG148175H78：29、TG148202H5：2、TG162202H20：23、TG162202H20：35）
5、6.瓷碟（TG162202H20：10、TG162202H20：141）

B 型 12 件。圈足盘，根据腹部形态可分为二亚型。

Ba 型 4 件。敞口，圆唇，高圈足，浅斜腹。标本 TG148202H5 ：2（图 4-4，2）。

Bb 型 8 件。侈口，细平沿，尖唇，矮圈足，弧腹。标本 TG162202H20 ：23（图 4-4，3）。

C 型 4 件。平底盘，敞口，尖唇，浅斜腹。标本 TG162202H20 ：35（图 4-4，4）。

7. 碟

14 件。均为细白瓷，白胎质细，白釉或泛青。按口、腹部形态可分为二型。

A 型 9 件。斜腹，侈口，尖唇，平底内凹。标本 TG162202H20 ：10（图 4-4，5）。

B 型 5 件。弧腹，敞口，尖唇，卧足。TG162202H20 ：141（图 4-4，6）。

8. 罐

21 件。按口部及颈部形态可分为三型。

A 型 8 件。直口，高直领，圆肩鼓腹。标本 TG148202H44 ：10（图 4-5，1）。

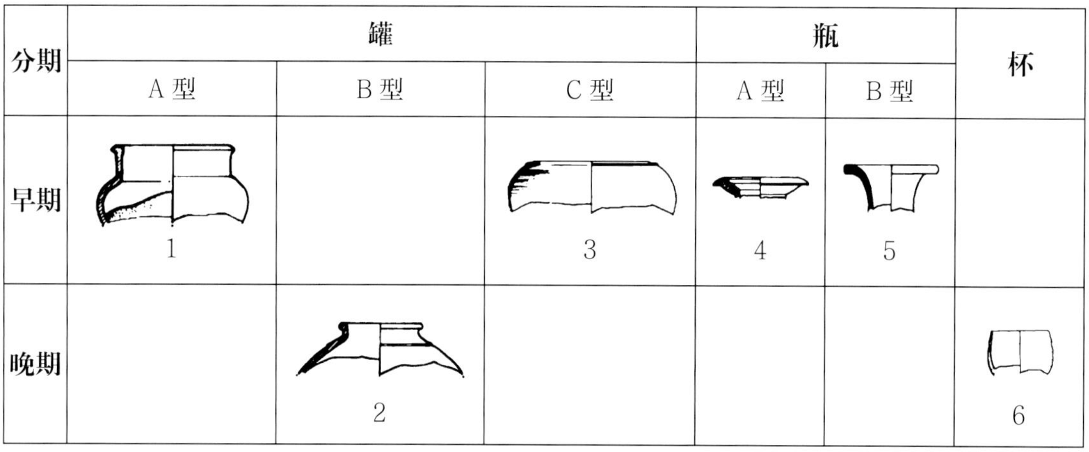

图4-5　瓷罐、瓶、杯分期图
1～3.瓷罐（TG148202H44：10、TG162218③：49、TG148175③：30）
4、5.瓷瓶（TG162218⑤：17、TG126204④：28）　6.瓷杯（TG162202H20：31）

B 型　10 件。直口，短束颈，溜肩鼓腹。标本 TG162218 ③：49（图 4–5，2）。

C 型　3 件。敛口，圆肩鼓腹，腹部最大径在腹中部。标本 TG148175 ③：30（图 4–5，3）。

9. 瓶

9 件。按口部形态可分为二型。

A 型　3 件。盘口，斜沿，圆唇，直颈。标本 TG162218 ⑤：17（图 4–5，4）。

B 型　6 件。喇叭形口，平沿，圆唇，直颈。标本 TG126204 ④：28（图 4–5，5）。

10. 杯

仅 1 件。口微敛，圆唇，垂腹。标本 TG162202H20 ：31（图 4–5，6）。

11. 碗

213 件。出土瓷碗以白瓷为主，少量黑釉瓷、青瓷和黄釉瓷。按腹部形态可分为二型。

A 型　112 件。斜腹。根据口部形态可分为三亚型。

Aa 型　69 件。敞口，圆唇，浅斜腹。按底部形态可分为二式。

Ⅰ式：56 件。玉璧形底。均为白瓷。标本 TG148175H78 ：63（图 4–6，1）。

Ⅱ式：13 件。玉环形底。除 1 件为青瓷外，其余均为白瓷。标本 TG148175H58 ：2（图 4–6，2）。

Ab 型　19 件。敛口，尖唇，浅斜腹，饼状足平底内凹。以粗白瓷为主，少量黄釉瓷。标本 TG148175 ④：23（图 4–6，3）。

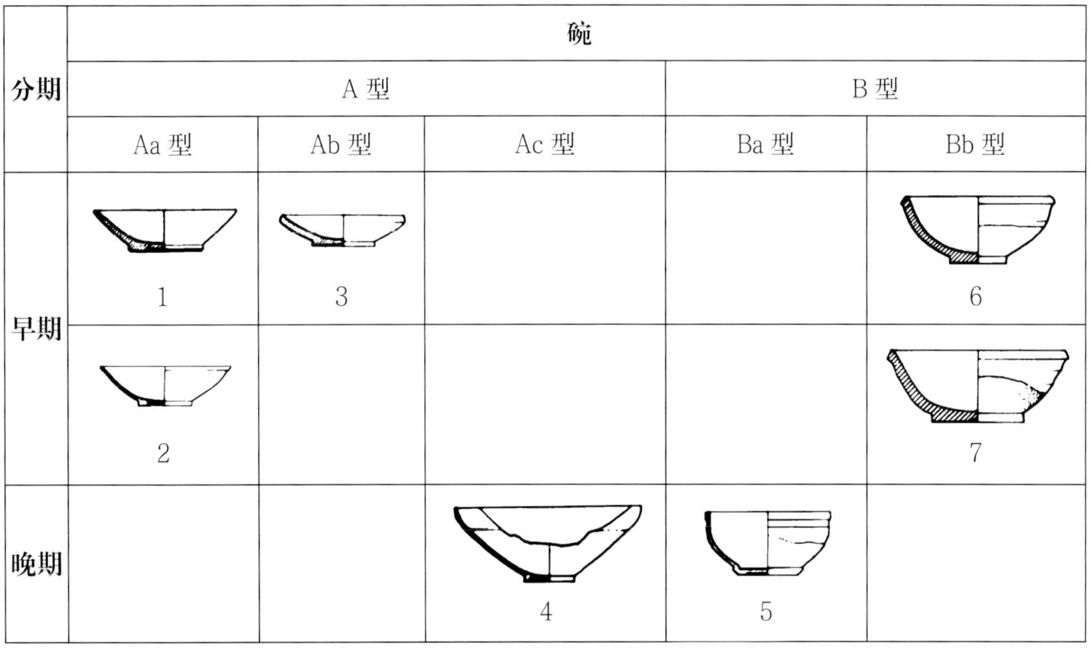

图4-6　瓷碗分期图

1.TG148175H78：63　2.TG148175H58：2　3.TG148175④：23　4.TG148202④：26
5.TG162202H20：7　6.TG148175H78：27　7.TG148175H75：6

Ac 型　24 件。直口，深斜腹，圈足。标本 TG148202 ④：26（图 4-6，4）。

B 型　101 件。弧腹，腹部较深。按器底及腹部形态可分为二亚型。

Ba 型　88 件。标本 TG162202H20 ：7（图 4-6，5）。

Bb 型　13 件。敞口，弧腹略斜，饼状足或玉璧底。根据器底形态可分为二式。

Ⅰ式：11 件。饼状足平底，足较厚。标本 TG148175H78 ：27（图 4-6，6）。

Ⅱ式：2 件。玉璧底。标本 TG148175H75 ：6（图 4-6，7）。

12. 盏

23 件。按腹部形态可分为三型。

A 型　14 件。斜腹。可分为二式。

Ⅰ式：2 件。玉璧底，底部较矮。标本 TG148175H77 ：8（图 4-7，1）。

Ⅱ式：3 件。圈足，足部较Ⅰ式高。标本 TG162202H20 ：6（图 4-7，2）。

B 型　7 件。弧腹。按口部形态可分二亚型。

Ba 型　2 件。敞口，厚圆唇，圆弧腹。标本 TG162202H20 ：145（图 4-7，3）。

Bb 型　5 件。侈口，尖唇，斜弧腹。标本 TG148202 ④：27（图 4-7，4）。

C 型　2 件。折腹。标本 TG148202 ④：30（图 4-7，5）。

分期	盏			
	A型	B型		C型
		Ba型	Bb型	
早期	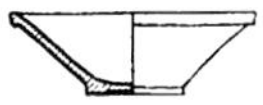 1			
晚期	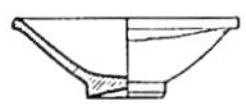 2	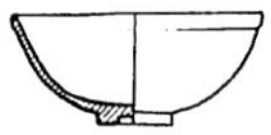 3	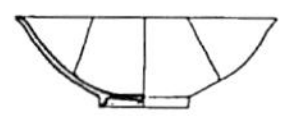 4	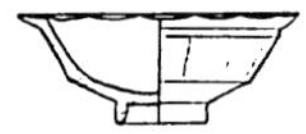 5

图4-7　瓷盏分期图

1.TG148175H77：8　2.TG162202H20：6　3.TG162202H20：145　4.TG148202④：27　5.TG148202④：30

二、陶器

出土陶器以泥质灰陶为主，少量的泥质红陶、泥质褐陶、夹砂灰陶和夹砂红陶；器物种类丰富，以盆、罐、钵为主，还有碗、扑满、砚、盒、盘、杯、瓶等；器表多为素面，次为篮纹和弦纹，还有少量绳纹、附加堆纹和几何纹饰。

1. 深腹盆

424件。此类盆口径大，腹部较深，高15 ~ 40厘米。以泥质灰陶为主，少量泥质褐陶。按腹部形态可分为三型。

A型　245件。斜腹，平底。按口部形态可分为二亚型。

Aa型　231件。侈口。可分为二式。

Ⅰ式：133件，宽折沿，方唇。标本TG162218H45：9，外腹部满饰篮纹（图4-8，1）。

Ⅱ式：98件，平沿，圆唇。标本TG162202H6：1（图4-8，2）。

Ab型　14件。敛口，圆唇，斜腹急收。标本TG162202⑥：13（图4-8，3）。

B型　82件。弧腹，平底。可分为二式。

Ⅰ式：43件。侈口，宽折沿，方唇，弧腹上部微鼓，最大径在上腹部。标本TG148202H43：7（图4-8，4）。

Ⅱ式：39件。侈口，圆唇，最大径在腹中部，器形较Ⅰ式更浑圆。TG162202④：13（图4-8，5）。

C型　97件。腹部较直。可分为二式。

分型			分期	
			早期	晚期
深腹盆	A型	Aa型	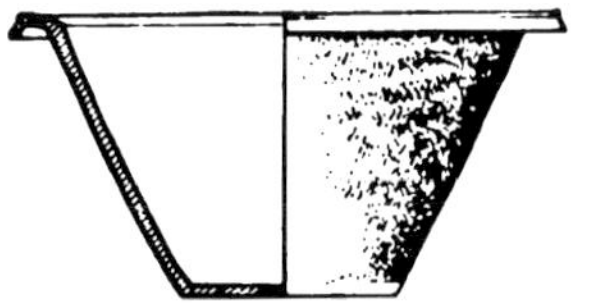 1	 2
		Ab型	 3	
	B型		 4	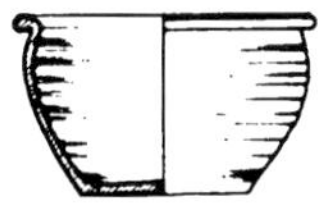 5
	C型		 6	 7
浅腹盆	A型		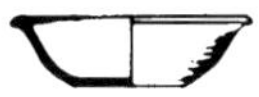 8	
	B型		 9	
	C型		 10	 11

图4-8 陶盆分期图

1.TG162218H45：9　2.TG162202H6：1　3.TG162202⑥：13　4.TG110202H43：7　5.TG162202④：13　6.TG148202H41：9　7.TG162202H6：4　8.TG162218JX1：1　9.TG162218H45：2　10.TG148175H65：11　11.TG162218H35：5

Ⅰ式：56 件。侈口，宽折沿，方唇。标本 TG148202H41 ：9，外腹部满饰篮纹（图 4–8，6）。

Ⅱ式：41 件。敞口，卷沿，圆唇。标本 TG162202H6 ：4（图 4–8，7）。

2. 浅腹盆

75 件。此类盆口径小，腹部较浅，高 6 ~ 10 厘米。以泥质灰陶为主，2 件为泥质红陶。按腹部形态可分为三型。

A 型　7 件。折腹，平底。标本 TG162218JX1 ：1，（图 4–8，8）。

B 型　16 件。斜腹，平底。标本 TG162218H45 ：2（图 4–8，9）。

C 型　52 件。弧腹，平底。按口部形态可分为二式。

Ⅰ式：14 件。口微敛，折沿，圆唇。标本 TG148175H65 ：11（图 4–8，10）。

Ⅱ式：38 件。口微侈，卷沿，圆唇。标本 TG162218H35 ：5（图 4–8，11）。

3. 陶罐

327 件。可分为三型。

A 型　92 件。大口罐，口径 25 ~ 32 厘米。可分为三亚型。

Aa 型　72 件。直口，卷沿，短直颈，圆肩鼓腹，平底。体态浑圆，口径、底径相同。标本 TG148202H24 ：37（图 4–9，2）。

Ab 型　14 件。敞口，卷沿，短束颈，圆肩鼓腹，平底。器形整体较 Aa 型矮胖，口径约是底径的 2 倍。标本 TG148175H75 ：73（图 4–9，3）。

Ac 型　6 件。大口双耳罐。直口，平沿，方唇，短束颈，斜弧腹，肩上部两侧各饰一桥状耳，平底微内凹。口径约是底径的 2.5 倍。标本 TG162202⑤：1（图 4–9，4）。

B 型　186 件。小口罐，口径 8 ~ 20 厘米。可分为三亚型。

Ba 型　67 件。双耳小口罐，直口，圆唇，短直颈，鼓腹，平底或略内凹。按腹部形态可分为二式。

Ⅰ式：24 件。溜肩鼓腹，最大径位于上腹部，体态瘦长。标本 TG162218H45 ：3（图 4–10，1）。

Ⅱ式：43 件。圆肩鼓腹，最大径位于腹中部，较Ⅰ式矮胖。标本 TG162202⑤：6（图 4–10，2）。

Bb 型　88 件。双耳小口罐，短束颈，颈部不明显，溜肩垂腹，腹部最大径在下腹部。标本 TG148202H42 ：1（图 4–10，3）。

Bc 型　31 件。无耳小口罐，短直颈，圆肩鼓腹，体态浑圆。标本 TG162218H45 ：14

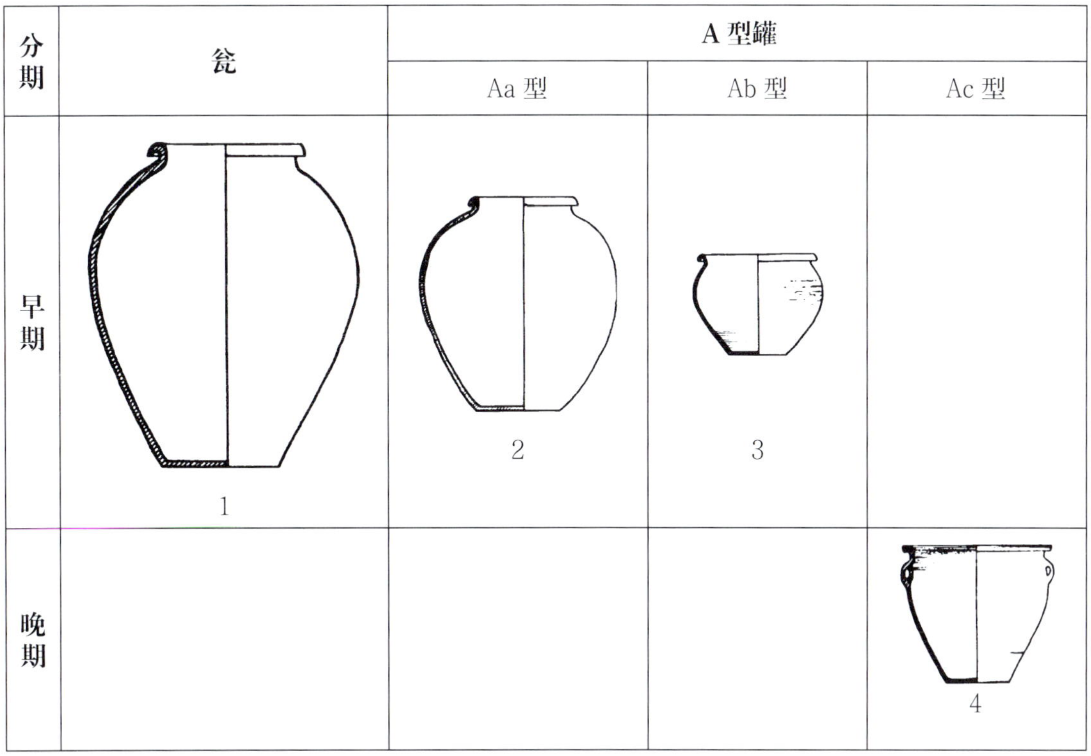

图4-9　陶罐、瓮分期图

1.陶瓮（TG162218H45：5）　2～4.陶罐（TG148202H24：37、TG148175H75：73、TG162202⑤：1）

（图 4-10，4）。

C 型　49 件。敛口罐。按颈、肩形态可分为二亚型。

Ca 型　17 件。短束颈，溜肩。标本 TG148175 ③：23（图 4-10，5）。

Cb 型　32 件。短直颈，圆肩。标本 TG148202 ⑤：12（图 4-10，6）。

4. 陶瓮

共 20 件，除两件可复原的外，其余均为残的口沿部分，形态变化不大。敞口，卷沿，圆唇，短束颈，溜肩鼓腹，下腹略直向内斜收，平底，胎体厚重。标本 TG162218H45 ：5（图 4-9，1）。

5. 陶钵

63 件。按口部及腹部形态可分为三型。

A 型　19 件。敛口鼓腹钵，可分为二式。

Ⅰ式：12 件。腹部最大径在上腹部。标本 TG162202H34 ：25（图 4-11，1）。

Ⅱ式：7 件。腹部最大径在腹中部。标本 TG162218 ④：1（图 4-11，2）。

分型		分期	
		早期	晚期
B型罐	Ba 型	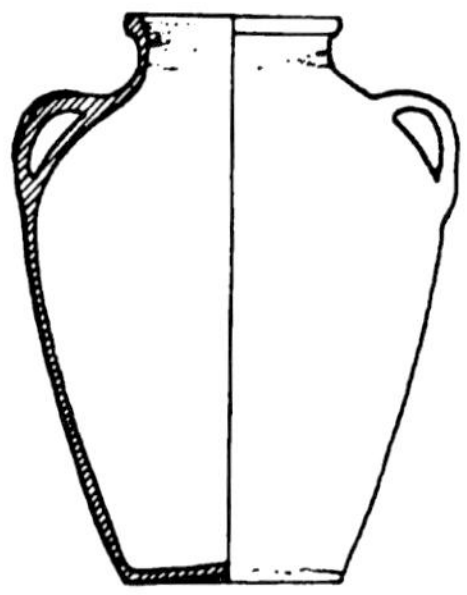 1	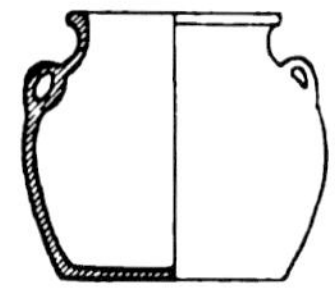 2
	Bb 型	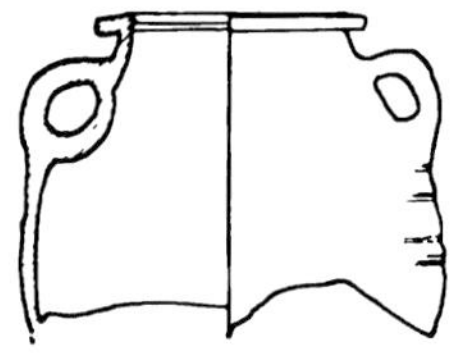 3	
	Bc 型	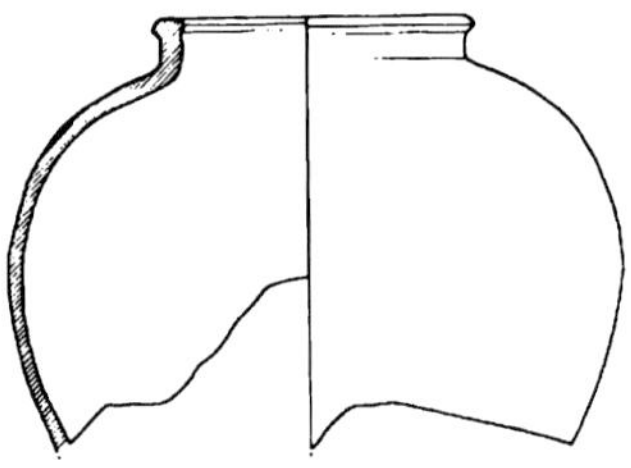 4	
C型罐	Ca 型	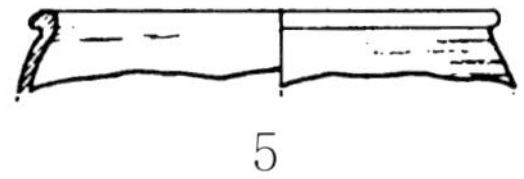 5	
	Cb 型	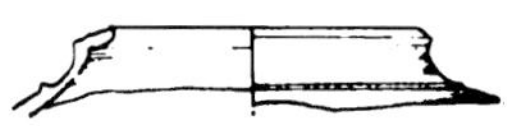 6	

图4-10　陶罐分期图

1.TG162218H45：3　2.TG162202⑤：6　3.TG148202H42：1
4.TG162218H45：14　5.TG148175③：23　6.TG148202⑤：12

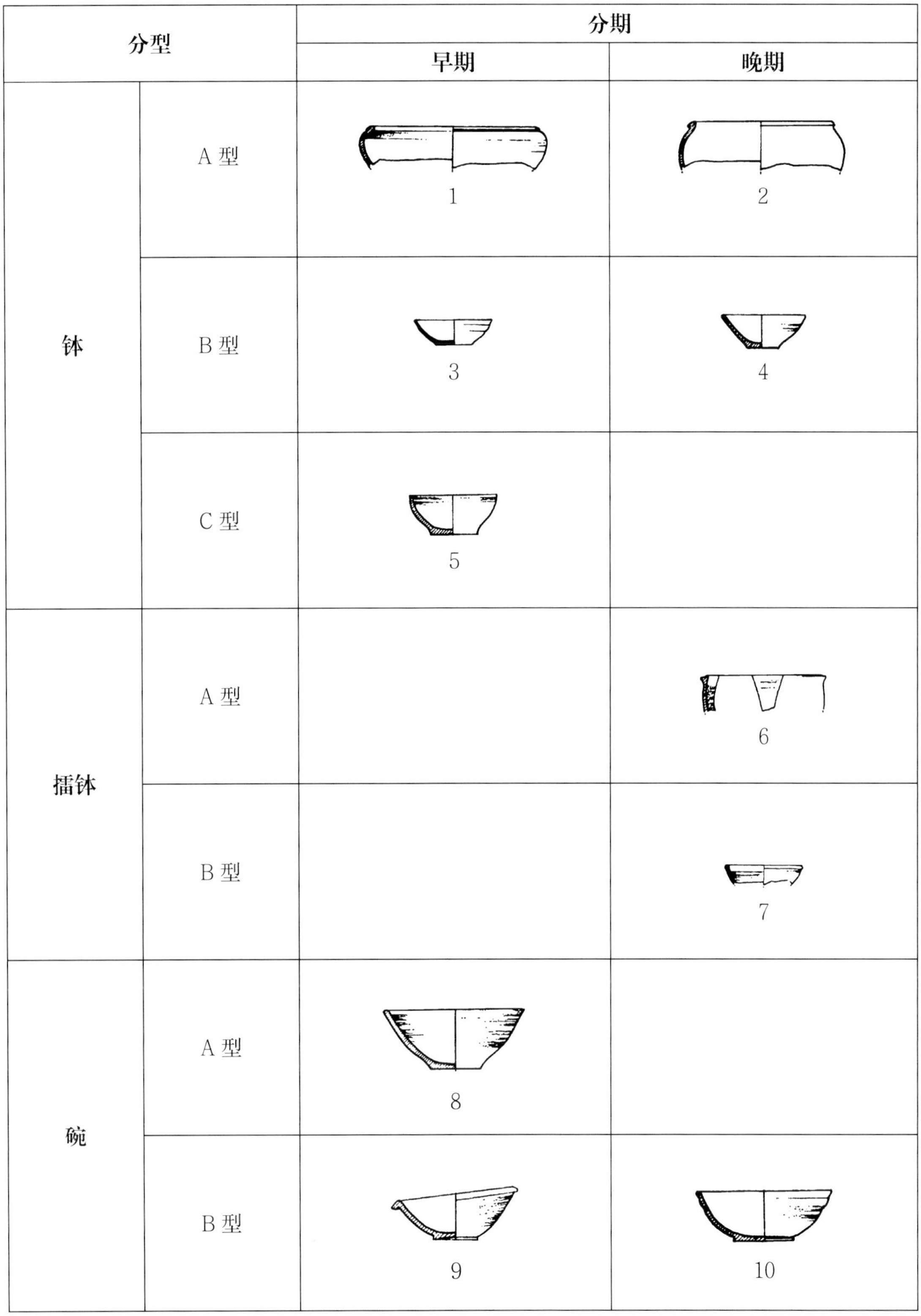

图4-11　陶钵、擂钵、碗分期图

1～5.陶钵（TG162202H34：25、TG162218④：1、TG162202H34：6、TG162218③：6、TG162210H45：1）

6、7.陶擂钵（TG148175H57：2、TG126204H50：5）

8～10.陶碗（TG148202H24：3、TG148175③：15、TG162202H10：2）

B型　40件。敞口斜腹钵，饼状足平底。可分为二式。

Ⅰ式：27件。腹部极浅，在3厘米左右，器壁较厚。标本TG162202H34 ：6（图4-11，3）。

Ⅱ式：13件。腹部较Ⅰ式深，器壁变薄。标本TG162218③：6（图4-11，4）。

C型　3件。敞口弧腹钵，饼状足平底。较同时期的B型Ⅰ式钵腹部深，器壁较厚。标本TG162218H45 ：1（图4-11，5）。

6. 擂钵

仅2件。按腹部形态可分为二型。

A型　1件。口微敛，鼓腹。标本TG148175H57 ：2（图4-11，6）。

B型　1件。敞口，斜腹微弧。标本TG126204H50 ：5（图4-11，7）。

7. 陶碗

共4件。除1件为泥质红陶外，其余均为泥质灰陶。根据腹部形态可分为二型。

A型　1件。深斜腹，饼状足平底。标本TG148202H24 ：3（图4-11，8）。

B型　3件。圆弧腹。可分为二式。

Ⅰ式：1件。折沿外斜，饼状足平底内凹。标本TG148175③：15（图4-11，9）。

Ⅱ式：2件。敞口，无沿，饼状足平底。标本TG162202H10 ：2（图4-11，10）。

8. 陶砚

共4件。根据器底形态可分为二型。

A型　2件。辟雍砚，口微敛，圆唇，鼓腹，砚台中部隆起，砚台周围有凹陷的砚池，器底有13只兽足。标本TG162202H34 ：9（图4-12，1）。

B型　2件。砚台中部隆起，砚台四周有凹陷的砚池，平底，无足。标本TG148175H58 ：13（图4-12，2）。

9. 陶扑满

共3件。均为隆顶，近顶部略平，鼓腹，平底，顶部正中或一侧有一窄长方形开口。标本TG162218H45 ：8（图4-12，3）。

10. 陶瓶

共6件。按口部形态可分为二型。

A 型　3 件。盘口，宽方唇。标本 TG148175 ③ ：16（图 4-12，4）。

B 型　3 件。喇叭形口，卷沿，圆唇。标本 TG126204 ④ ：13（图 4-12，5）。

11. 陶盒

共 3 件。分母口盒和子口盒二型。A 型 1 件。母口盒，敛口，折肩，直腹，平底内凹。标本 TG148202H7 ：25（图 4-12，6）。B 型 2 件。子口盒，直口，折肩，直腹。标本 TG162202H20 ：167（图 4-12，7）。

12. 陶杯

1 件。口微敞，圆唇，直腹微内斜。标本 TG148202H7 ：26（图 4-12，8）。

13. 陶盘

1 件。敞口，宽折沿外斜，圆唇，斜腹较浅，平底。标本 TG162202H20 ：166（图 4-12，9）。

三、建筑构件

出土的建筑构件以砖、瓦为主，砖包括长方形绳纹砖、弧形子母口绳纹砖等；瓦分筒瓦、板瓦，以板瓦为主，均为背面光素，内多施布纹，少量内面光素无布纹。

绳纹砖

79 件。均为单面饰绳纹，可分为三型。

A 型　22 件。长方形砖，背面满饰绳纹，绳纹呈斜弧形。标本 TG162218H45 ：29（图 4-13，1）。

B 型　43 件。长方形砖，背面拍印两组斜方形绳纹。可分为二式。

Ⅰ式：7 件。细绳纹，排列密集。标本 TG148175H78 ：75（图 4-13，2）。

Ⅱ式：36 件。粗绳纹，排列稀疏。标本 TG162202F3 ：4（图 4-13，3）。

C 型　14 件。子母砖，砖体有些许弧度，背面满饰细绳纹。标本 TG148175H72 ：3（图 4-13，4）。

分型		分期	
		早期	晚期
砚	A型	 1	
	B型	 2	
扑满		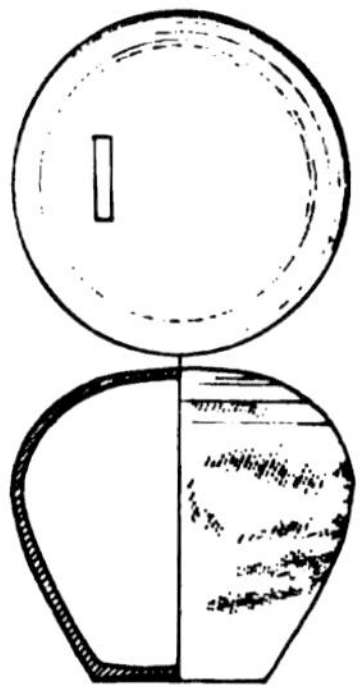 3	
瓶	A型	 4	
	B型	 5	
盒	A型		 6
	B型		 7
杯			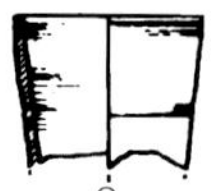 8
盘			 9

图4-12　陶砚、扑满、瓶、盒、杯、盘分期图

1、2.陶砚（TG162202H34：9、TG148175H58：13）　3.陶扑满（TG162218H45：8）
4、5.陶瓶（TG148175③：16、TG126204④：13）　6、7.陶盒（TG148202H7：25、TG162202H20：167）
8.陶杯（TG148202H7：26）　9.陶盘（TG162202H20：166）

分期	绳纹砖		
	A 型	B 型	C 型
早期	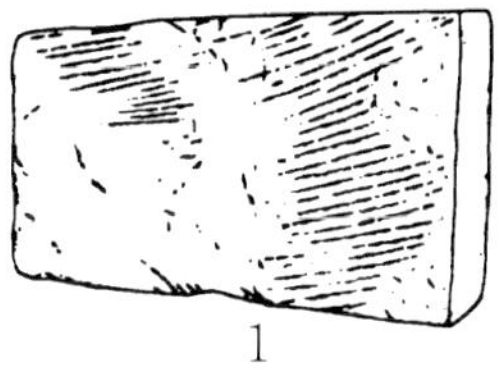 1	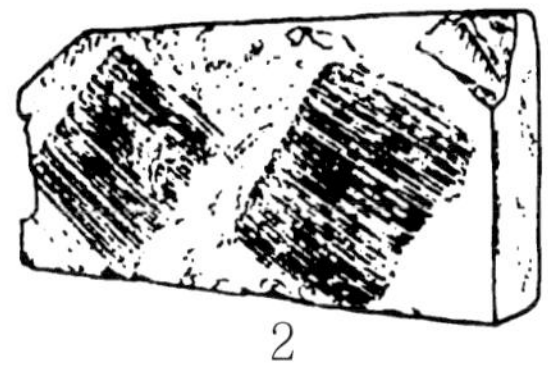 2	
晚期		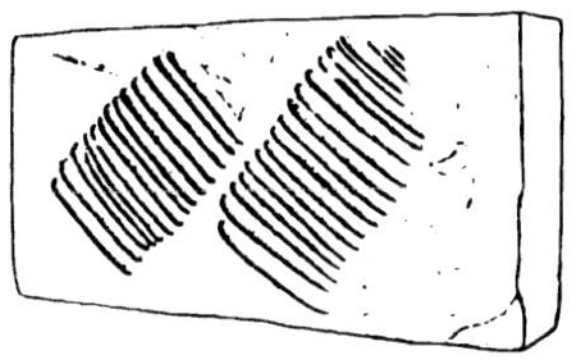 3	 4

图4-13　绳纹砖分期图

1.TG162218H45：29　2.TG148175H78：75　3.TG162202F3：4　4.TG148175H72：3

第二节　分期及各期特征

根据地层叠压关系和出土遗物特征，将遗址分为早、晚两个阶段，其中早期文化层中的典型器类组合包括：A 型、B 型Ⅰ式、C 型瓷盆，A 型Ⅰ式、B 型Ⅰ式瓷钵，A 型Ⅰ式瓷灯盏，A 型Ⅰ式、C 型Ⅰ式瓷盒，A 型Ⅰ式瓷盒盖，A 型瓷盘，A 型和 C 型瓷罐，A 型和 B 型瓷瓶，Aa 型Ⅰ式和Ⅱ式、Ab 型、Bb 型瓷碗，A 型Ⅰ式瓷盏；Aa 型Ⅰ式、B 型Ⅰ式和 C 型Ⅰ式深腹陶盆，A 型、B 型和 C 型Ⅰ式浅腹陶盆、陶瓮，Aa 型、Ab 型大口陶罐，Ba 型Ⅰ式、Bb 型和 Bc 型小口陶罐，C 型陶罐，A 型Ⅰ式、B 型Ⅰ式和 C 型陶钵，A 型和 B 型Ⅰ式陶碗，A 型和 B 型陶砚、陶扑满、陶瓶；A 型和 B 型Ⅰ式绳纹砖。

晚期文化层中的典型器类组合包括：B 型Ⅱ式瓷盆，A 型Ⅱ式、B 型Ⅱ式和 C 型瓷钵，A 型Ⅱ式和 B 型瓷灯盏，A 型Ⅱ式、B 型和 C 型Ⅱ式瓷盒，A 型Ⅱ式和 B 型瓷盒盖，B 型和 C 型瓷盘，A 型和 B 型瓷碟，B 型瓷罐、瓷杯，Ac 型、Ba 型瓷碗，A 型Ⅱ式、Ba 型、Bb 型和 C 型瓷盏；Aa 型Ⅱ式、B 型Ⅱ式和 C 型Ⅱ式深腹陶盆，C 型Ⅱ式浅腹陶盆，Ac 型大口陶罐，Ba 型小口陶罐，A 型Ⅱ式、B 型Ⅱ式陶钵，A 型和 B 型擂钵，B 型Ⅱ式陶碗，

A 型和 B 型陶盒、陶杯、陶盘；B 型Ⅱ式和 C 型绳纹砖。

下面从瓷器胎釉、器形、纹饰以及陶器器形、纹饰等方面简要概述早、晚期出土遗物的特征和演变。

胎釉方面，早期文化层中出土的瓷器以粗白瓷为主，次为黑釉瓷，以及少量青瓷、茶叶末釉瓷、黄釉瓷、白釉绿瓷、细白瓷、素烧器和三彩器，胎质多较粗糙，夹杂较多颗粒物和气孔；而晚期文化层出土瓷器中粗白瓷和黑釉瓷虽占有较大的比重，但青瓷和精细白瓷的数量明显增加，瓷器胎质也多细腻坚致。

器类组合和纹饰方面，早期瓷器器类有碗、盆、钵、罐、瓶、盏、盘、盒、灯盏和枕，以碗、钵和盆为主；瓷器表面多无纹饰，简约古朴。晚期文化层出土瓷器除上述器类外，新增加了碟和杯，且盘、盏较早期数量增加；瓷器装饰工艺繁杂，纹样丰富，有刻花、印花、划花、珍珠地、白釉褐彩等装饰工艺，纹饰题材以花卉、动物和几何纹为主。

器形演变方面，早期瓷器多为玉壁形底、玉环形底或饼状足，晚期瓷器多为圈足和平底；早期的瓷钵胎壁厚，腹部浅，晚期瓷钵胎壁变薄，腹部变深，器底变大，且新出现内外壁均施釉的 C 型鼓腹钵；早期的 A 型瓷灯盏腹部较浅，到晚期该型灯盏腹部变深，且出现腹部极浅的细白瓷灯盏；白瓷三足盘仅发现于早期文化层中，晚期不见；遗址内早期文化层中出土的瓷碗多敞口、浅腹，深腹碗较少见，Bb 型黄釉厚胎深腹碗仅见于早期文化层中，晚期瓷碗多为深腹、圈足，造型更丰富，如斗笠形碗、花口碗等；在早期单位中仅发现一种斜腹、玉璧底的粗白瓷盏，该型瓷盏在晚期单位中仍有发现，器底由玉璧底变为矮圈足，晚期又增加了弧腹、斜折腹的圈足瓷盏，器壁细薄，造型精巧。

早期文化层中出土的陶器以泥质灰陶为主，还有少量夹砂灰陶、夹砂褐陶和泥质夹蚌粉的红褐陶，器物组合有盆、罐、瓮、钵、碗、砚、扑满和瓶，以盆、罐和钵为主；晚期文化层出土的陶器以泥质灰陶为主，还有极少的泥质褐陶，器物组合中不见辟雍砚和扑满，出现盒、杯、盘。早期的陶器器表多素面或饰篮纹，少量饰弦纹和几何纹；晚期陶器纹样中篮纹减少，弦纹增多，但仍以素面为主。

陶器器形演变方面，宽折沿的深腹盆是早期陶器中的典型器物，此类陶盆外壁多饰篮纹，Ab 型敛口盆亦仅见于早期单位中，B 型弧腹盆至晚期腹部最大径移至腹中部，造型愈加浑圆；陶瓮在早晚期单位中变化不大；Ab 型大口罐仅见于早期单位中，在晚期单位中新出现一种广口的 Ac 型双耳罐，Ba 型陶罐在早期造型瘦高端庄，至晚期变得矮胖浑圆，C 型敛口罐多见于早期单位中，晚期较少见；早期单位中的 A 型敛口钵至晚期腹部最大径由上腹部移至下腹部，C 型陶钵仅见于早期单位中。

第三节　年代推断

蒲州故城地处秦、晋、豫之界，扼守蒲津渡口，是当时重要的交通枢纽和货物集散地。遗址内出土有丰富的陶片、瓷片和少量纪年铜钱，通过与周边遗址出土陶瓷器进行比对，进而推断出遗址各文化层的年代。

早期文化层中出土有大量的陶片和少量瓷片，出土瓷片种类以粗白瓷为主，次为黑釉瓷，还有少量黄釉瓷、茶叶末釉瓷、青瓷、素烧器和三彩残片，器类主要有碗、盆和钵。其瓷器器类组合以及胎釉特征均与蒲津渡遗址唐代文化层内出土的瓷器相一致[1]；该文化层内出土的玉璧底碗和饼状足盆与隋唐洛阳城[2]内出土的同类器物相同，此类玉璧底碗是唐、五代时期的典型器物，自五代起逐渐消失，常见于同时期的巩县窑[3]、邢窑[4]产品中；出土的白釉、黑釉饼状足盆与唐代巩义窑、黄堡窑同类器物胎釉、造型相同，如 A、B 型白釉瓷盘与巩义窑Ⅳ T0511 ⑩ ：65 及 IVT0511 ⑩ ：678 白釉盆造型相同[5]；TG148175H67 ：2 黑釉盆与唐代黄堡窑Ⅰ a 式盆造型相同[6]；出土的黄釉饼状足碗与唐代巩义白河窑酱、黄釉碗造型相同[7]。出土的 TG148175H58 ：19 绞胎枕片与 1956 年河南陕县刘家渠唐墓出土绞胎瓷枕工艺、釉色相同。H78 内出土的白釉三足盘与河北临城中羊泉晚唐墓葬（78LXM1）出土同类器物造型相同，是唐代仿金银器的典型产品[8]。

早期文化层内出土陶器中的 Ba 型小口罐和 Ab 型大口罐与隋唐洛阳皇城东区建筑遗址内出土的唐代陶罐造型相似[9]；H45 内出土的陶扑满与四川地区唐代砖室墓中出土的同类器物造型相同[10]，出土的 A 型绳纹砖与隋唐洛阳城内出土的 A 型Ⅱ式绳纹砖相同；H34 内出土的两件陶辟雍砚，砚堂平整，砚面低于口沿，下有十三蹄足，是唐代典型的文房用品。另外早期文化层中出土的铜钱分“五铢”“开元通宝”和“乾元重宝”三种，以“开元通宝”

1 山西省考古研究所：《黄河蒲津渡遗址》，科学出版社，2013 年。

2 中国社会科学院考古研究所：《隋唐洛阳城发掘报告（1959 ~ 2001 年）》，文物出版社，2009 年。

3 赵向青、廖永民：《巩县窑早期白瓷综述》，《中原文物》2011 年第 4 期

4 张志忠、李恩玮、赵庆刚等：《邢窑研究》，文物出版社，2007 年。

5 河南省文物考古研究所、中国文化遗产研究院、日本奈良文化财研究所：《巩义白河窑考古新发现》，大象出版社，2009 年，第 113 页。

6 陕西省考古研究所：《唐代黄堡窑址》，文物出版社，1992 年，第 168 页。

7 河南省文物考古研究所、中国文化遗产研究院、日本奈良文化财研究所：《巩义白河窑考古新发现》，大象出版社，2009 年，第 194、第 195 页。

8 李振奇、史云征、李兰珂：《河北临城七座唐墓》，《文物》1990 年第 5 期。

9 中国社会科学院考古研究所：《隋唐洛阳城发掘报告（1959 ~ 2001 年）》，文物出版社，2009 年，第 585 页。

10 刘雨茂、朱章义：《四川地区唐代砖室墓分期研究初论》，《四川文物》1999 年第 3 期。

为主，多锈蚀严重，字迹不清，其中可辨识出少量背掐月纹“开元通宝”和一枚背铸“润”字的会昌开元，会昌开元是晚唐开元的典型标本[1]。

通过以上分析，可以得出早期文化层的年代为唐五代时期，属于该时期的地层和遗迹有：TG148175 第 2 层下的遗迹和第 3 层、第 4 层以及叠压在其下方的遗迹；TG162218 第 5 层以及叠压在其下方的遗迹；TG162202 第 6 层、第 7 层以及叠压在其下方的遗迹；TG148202 第 5 层、第 6 层以及叠压在其下方的遗迹；TG126204 第 4 层至第 6 层以及叠压在其下方的遗迹。

晚期文化层内出土瓷片无论在种类还是数量上都远多于早期，除数量丰富的粗白瓷和黑釉瓷外，青瓷和细白瓷所占的比重大大增加。出土青瓷胎质细腻坚致，胎色灰白或黄白，釉色为橄榄青或姜黄，器壁装饰刻花、印花、划花纹样，是宋金时期耀州窑的典型产品，也是最具时代特征的产品[2]；出土的青白瓷斗笠碗（TG162202H20 ：140）是景德镇湖田窑宋代中后期的典型产品。该文化层中出土的精细白瓷花口盏（TG148202④：30）在造型、胎釉上与运城市陶阳镇张孝村南出土霍州窑金代花口盏相同[3]，属金代霍州窑产品。出土的珍珠地划花瓷枕残片（TG148202④：48、TG148202H7 ：50）与陕西韩城金代僧群墓出土的墨书“大定十六年十月十一日仁记”款珍珠地圆形枕[4]及稷山马村 M6 出土珍珠地划花圆形枕[5]在造型及装饰风格上均相同，为金代河津固镇窑址代表性产品；瓷片上的珍珠地划花和黑地白花装饰手法都是宋金时期流行的工艺。此外，在晚期文化层中还出土有少量宋代铜钱，如“元丰通宝”“皇宋通宝”“天圣元宝”“熙宁元宝”等，为该文化层年代的推断提供了依据。

通过上述比对分析，可以判定晚期文化层的年代应为宋金时期，属于该时期的地层和遗迹有：TG148175 第 2 层；TG162218 第 3、4 层及叠压在其下方的遗迹；TG162202 第 3 至 5 层及叠压在其下方的遗迹；TG148202 第 3、4 层及叠压在其下方的遗迹；TG126204 第 3 层及叠压在其下方的遗迹。

据文献记载，金代末年将蒲州城自中间截为东、西两城，此后各朝代便将西城作为主要活动区域，东城相对较为荒废，特别是发掘区所在的东城东南部，宋金之后的地层堆积相对较薄。TG148175 第 1 层及其余四条探沟的第 1、2 层为近现代扰土层，于这两层中出土一定数量的青花瓷和一枚明代“天启通宝”，说明发掘区域应存在明清堆积，只是被晚期人类挖鱼塘或耕作等行为所破坏。扰土层中出土的明清遗物均较破碎，无可复原器，器型也多无法辨识，因此未将其放入分期中进行讨论。

---

1 徐殿魁：《唐代开元通宝的主要品类和分期》，《中国钱币》1992 年第 3 期。
2 陕西省考古研究所、耀州窑博物馆：《宋代耀州窑址》，文物出版社，1998 年。
3 张柏主编：《中国出土瓷器全集（山西）》，科学出版社，2008 年。
4 任喜来、呼林贵：《陕西韩城金代僧群墓》，《文博》1988 年第 1 期。
5 山西省考古研究所：《山西稷山金墓发掘简报》，《文物》1983 年第 1 期。

第五章　出土瓷器研究

第一节　瓷器窑口分析

蒲州故城遗址地处秦、晋、豫之交界，其周围分布诸多窑口，本文通过出土瓷器的胎釉及造型特征与各窑口产品进行比对，进而推断遗址出土各类瓷器的窑口。

一、粗白瓷器的窑口

出土粗白瓷共1515片，可复原瓷器57件。多为土黄色胎或灰白色胎，胎骨瓷化程度不高，胎骨中可见大量颗粒物及少量气孔，釉色白中泛黄或泛青。器型有碗、盘、钵、盆、罐、盒、枕等。

粗白瓷的窑口多不详，可辨识出的窑口有唐五代时期的巩县窑及金代河津固镇窑。出土的唐五代时期的平沿盆如TG148175H78 ：70、TG148175H77 ：5，与巩县窑同类器物相同[1]。此类瓷盆共发现5件，口微敛，弧腹，饼状足，外壁挂半釉，釉下施白色化妆土。TG148175H78内出土的27件白瓷碗与巩县白河窑白釉碗IVT0511⑩：9[2]造型相同，均为敞口、浅斜腹、玉璧底，足缘经削修一周，内底留有三角支钉痕。此类白釉瓷盆和碗胎骨瓷化程度较高，胎质紧致，胎体略厚重，不同于其他粗白瓷器，可能为早期的细白瓷器。

另外，还出土15片珍珠地划花瓷枕碎片，胎质较粗，呈土黄色，珍珠圈纹排列不整齐，多有叠压，呈褐色，珠径2.4厘米。遗址周边宋金时期烧制此类珍珠地划花瓷枕的窑口较多，主要有观台磁州窑、密县西关窑、登封曲河窑、鲁山段店窑、交城窑、介休窑等，由于发现的瓷枕残片多细碎，故无法辨识具体窑口，可能为山西本地窑口所产。其中TG148202④及TG148202H7内出土的珍珠地划花文字枕为金代河津窑产品。

1　赵向青、廖永民：《巩县窑早期白瓷综述》，《中原文物》2011年第4期。

2　河南省文物考古研究所、中国文化遗产研究院：《河南巩义市白河窑遗址发掘简报》，《华夏考古》2011年第1期。

二、细白瓷器的窑口

出土的细白瓷共580片，可复原瓷器20件。胎的瓷化程度较高，胎质紧致、细腻，釉色洁白或白中略泛黄，可辨器型有碗、盏、碟、灯盏、盘等。

可辨识出的窑口有唐五代时期的邢窑和宋金时期的河津窑、霍州窑。其中TG148175H78内出土的白瓷三足盘，釉色洁白莹润，造型古朴典雅，与河北临城中羊泉唐墓（78LXM1）内出土的三足盘造型相同[1]，是唐代邢窑仿金银器的白瓷制品。宋金文化层中出土的精细白瓷如TG148202④：30细白瓷花口盏与山西运城陶阳镇张孝村南出土的金代霍州窑同类器物造型相同[2]，TG148202④：66和TG148202④：67团花纹细白瓷盏及TG148202H7：24细白瓷器盖的造型纹饰均与霍州窑同类器物相同[3]。TG162202H20：2细白瓷器盖、TG162202H20：10细白瓷碟、TG162202H20：145细白瓷盏与固镇瓷窑址金代同类产品形制相同，应属金代河津窑细白瓷产品。

三、青瓷器的窑口

遗址内出土的青瓷在数量上仅次于白瓷，共705片，可复原瓷器15件，可辨器型有碗、盏、盘、盒、钵、五足炉等。由于仅发现一件青白瓷器，将其归入青瓷器中一并讨论。

可辨识出的窑口有宋金时期的耀州窑和景德镇湖田窑。其中以耀州窑青瓷[4]为大宗，宋金时期是耀州窑的鼎盛时期，其青瓷烧制工艺已达到炉火纯青的地步。宋代耀州窑青瓷釉色呈橄榄青色，金代呈姜黄色，白胎或灰白胎，细腻坚致，装饰工艺繁缛复杂，器型以碗、盘、盏为主。

H20内出土的一件青白瓷斗笠碗（TG162202H20：140），与景德镇湖田窑出土的同类器物造型相同，此类碗是湖田窑宋代中后期的典型产品，圈足极小，器壁斜而高，形象秀丽挺拔，轻盈潇洒[5]。另外，TG148175第2层内出土的一件青瓷碗（TG148175②：6）与禹县钧台窑[6]同类器物釉色、造型均相同。敞口圆唇，深弧腹，釉色军绿，略发灰，釉面乳浊感强，下腹部釉面与胎相交处有一圈铁锈红，应为钧窑系产品，由于钧瓷产地广泛，

---

1 李振奇、史云征、李兰珂：《河北临城七座唐墓》，《文物》1990年第5期。

2 张柏主编：《中国出土瓷器全集（山西）》，科学出版社，2008年。

3 陶富海：《山西霍州市陈村瓷窑址的调查》，《考古》1992年第6期。

4 陕西省考古研究所、耀州窑博物馆：《宋代耀州窑址》，文物出版社，1998年。

5 刘新园：《景德镇湖田窑各期典型碗类的造型特征及其成因考》，《文物》1980年第11期。

6 河南省文物考古研究所：《禹州钧台窑》，大象出版社，2008年。

无法确定具体窑口。

四、黑釉、酱釉瓷器的窑口

出土黑釉瓷 616 片，酱釉瓷 19 片，可复原器 44 件。可辨器型有碗、盆、罐、瓶、钵、盒、灯盏，以钵和灯盏为主。

出土的唐五代时期的黑釉瓷胎质多较粗疏，釉层较厚，釉色不纯，有的富磨砂质感。

宋金时期的黑釉瓷胎质多细腻，釉层薄，釉色黑亮，富玻璃质感。黑釉器多无纹饰，有 5 片兔毫和油滴窑变釉瓷。根据现有的考古材料，山西地区的黑釉瓷在唐代就已有了相当的规模，窑址有浑源窑、河津窑、平定窑和交城窑。至宋金时期，黑釉瓷的烧造进入鼎盛时期，烧造的窑口多达几十处。而且遗址附近河南、陕西等地的窑口，如巩县窑、耀州窑也兼烧黑釉瓷，加上出土的黑釉瓷多无明显的窑口特征且可比对的标本过少，很难分辨出其具体窑口。

五、黄釉瓷器的窑口

出土的黄釉瓷分青黄、姜黄、棕黄色几类，共 78 片，完整的及可复原瓷器 9 件，器型有碗、盆和罐。

唐五代时期的黄釉瓷，胎质粗糙，夹杂大量颗粒物，胎壁厚，内壁施满釉，外壁施釉至腹中部，釉下施化妆土，釉面多干涩，薄厚不均，外腹部有明显的流釉痕，内底可见大的三角支钉痕迹。TG148175H78 ：33 黄釉瓷碗与唐代黄堡窑Ⅱ e 式黄釉碗形制相同，胎釉相近[1]，出土的黄釉饼状足碗较玉璧底碗胎体厚重也较粗糙，唐代巩义白河窑[2]和黄堡窑均生产此类瓷碗，胎釉及形制更接近巩义白河窑产品，推断其应为同时期巩义窑生产。

六、三彩器的窑口

出土三彩残片 21 片。其中唐五代时期的三彩残片分黄、绿、蓝、白四色，多以黄、绿为基色（图版 5-1），胎呈土黄色，胎质较粗，可辨器型有罐、枕、杯和盆；宋金三彩以黄、绿、白三色为主，胎质较细腻，胎体坚硬。唐三彩多以釉色取胜；宋金三彩则注重

1 陕西省考古研究所：《唐代黄堡窑址》，文物出版社，1992 年，第 228 ~ 第 230 页。

2 河南省文物考古研究所、中国文化遗产研究院、日本奈良文化财研究所：《巩义白河窑考古新发现》，大象出版社，2001 年，第 195 页。

图版5-1　三彩瓷枕（TG162218⑤：16）

器表装饰效果，常用线条在器表刻划花卉、几何等纹样。

从现有考古材料来看，国内已发现的烧造唐三彩的窑口主要有河南巩义黄冶窑[1]、巩义白河窑[2]，陕西铜川黄堡窑和河北内丘邢窑。巩县窑和黄堡窑离遗址距离较近，且烧造三彩器的工艺较成熟，遗址内唐五代文化层中出土的部分白瓷器也出自巩县窑，因此推断早期文化层中出土的三彩器残片有可能来自这两处窑口，其中TG148175④：18三彩小钵与巩义白河窑的三彩钵、三彩豆胎色、釉色均相同，可能为该窑产品[3]。宋金时期遗址周边地区烧造三彩器的窑口众多，如河南的巩义芝田窑、济源勋掌窑、宝丰清凉寺窑，山西的长治八义窑以及河北磁州观台窑等二十余处窑口。遗址内出土的宋金三彩可能来自上述窑口，但由于标本数量少且均破碎，无法辨识具体的烧造窑口。

此外，遗址内还出土茶叶末釉瓷87片、白釉绿彩瓷36片、素烧器残片57片，这些瓷片数量较少，且瓷片残余较小，大多无法辨认器型以及烧造窑口。

综上所述，蒲州故城遗址中可辨识出的窑口有唐五代时期的巩县窑、邢窑、黄堡窑，宋金时期的河津窑、耀州窑、霍州窑和景德镇湖田窑。除湖田窑距离遗址较远外，其余窑口多分布于遗址周边。丰富的窑口来源与遗址特殊的地理位置是分不开的，作为唐宋时期中原地区重要的交通枢纽和货物集散地，蒲州故城遗址在当时南北瓷器的交流方面发挥着不可替代的作用。

第二节　瓷器装饰工艺

唐五代时期的瓷器多为素面，造型古朴大方。宋金时期窑口林立，瓷器装饰手法繁多，纹样丰富多变。

1　河南省文物考古研究所、中国文物研究所：《河南巩义市黄冶窑址发掘简报》，《华夏考古》2007年第4期。

2　河南省文物考古研究所、中国文化遗产研究院：《河南巩义市白河窑遗址发掘简报》，《华夏考古》2011年第1期。

3　河南省文物考古研究所、中国文化遗产研究院、日本奈良文化财研究所：《巩义白河窑考古新发现》，大象出版社，2001年，第117、第182页。

一、粗白瓷

出土粗白瓷表面装饰手法有珍珠地划花、釉下绘酱彩及印花，纹饰题材以花鸟纹样为主。出土的珍珠地划花瓷枕，以几何线条做画框，在框内刻划牡丹、团花等花卉纹样（图版 5-2），在纹样间戳印珍珠地，线条有粗有细，层次分明；有一件带文字款的瓷枕标本（图版 5-3），残存“浮、中、浪”三字，用笔流畅，遒劲洒脱，颇具文人趣味。另出土 6 片白釉褐彩瓷片，在器物内壁釉下绘褐色花草纹样（图版 5-4）。H7 内出土的两件粗白瓷碗残片，在碗内壁印有花草纹样，纹样较浅，模糊不清。

二、细白瓷

出土的细白瓷多无纹饰，以造型和釉色取胜，如花口盏、斗笠碗，造型美观大方，胎质细腻，胎体轻薄，釉色洁白莹润，富玻璃质感。仅发现三件有纹饰的标本，在两件瓷盏内底涩圈内侧印团花纹，外侧印水波纹（图版 5-5、图版 5-6），一件瓷盏内壁印有一圈花卉纹样。

三、青瓷

出土青瓷以耀州窑青瓷为主，宋金时期的耀州窑已进入鼎盛发展期，这一时期的耀州窑系青瓷造型精巧秀丽，纹饰丰富

图版5-2　花卉纹珍珠地划花瓷枕（TG148202④：48）

图版5-3　文字款珍珠地划花瓷枕（TG148202H7：51）

图版5-4　花草纹白釉褐彩瓷片（TG148202⑤：21）

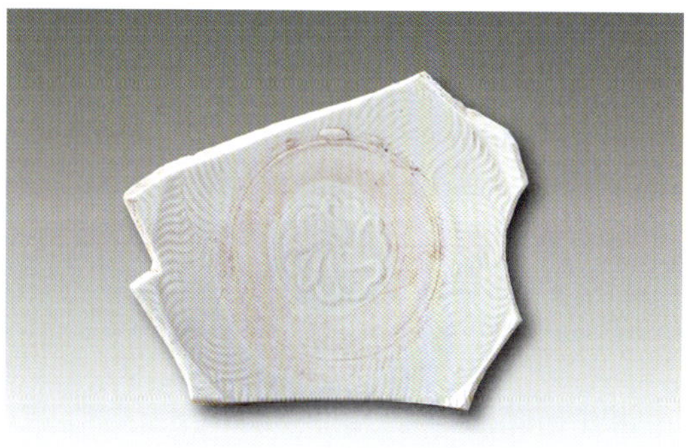

图版5-5　团花纹细白瓷盏（TG148202④：66）

图版5-6　团花纹细白瓷盏（TG148202④：67）

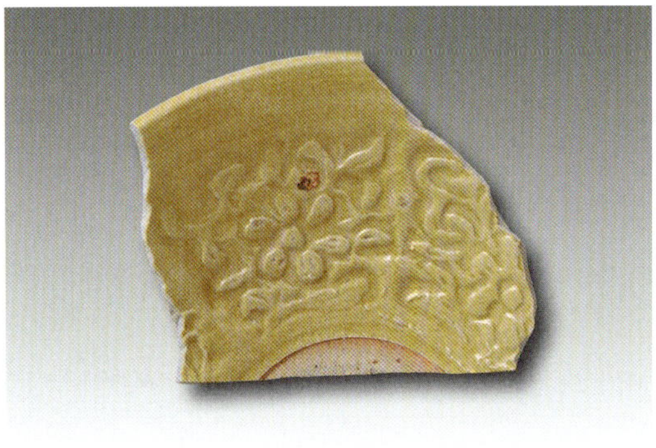

图版5-7　印花团花纹青瓷片（TG148202④：52）

多样，构图美观精致，装饰手法新颖多变，工艺娴熟精巧。遗址内出土耀州窑青瓷装饰手法有刻花、印花和划花三种，以刻花和印花为主，划花工艺多与前两种结合使用。纹样多装饰于器物内壁，也有少量装饰于器物外壁或内外壁均有装饰。纹饰题材以植物花卉为主，如团花纹（图5-1，1；图版5-7）、缠枝牡丹纹（图5-1，2；图版5-8）、莲花纹（图5-1，5；图版5-9）、缠枝菊纹（图5-1，6；图版5-10）、卷草纹、蕉叶纹等；还有少量动物类纹饰，如鱼纹（图5-1，4）、鸳鸯纹，水波纹（图5-1，7；图版5-11）多与此类动物纹样和莲花纹结合使用；几何类纹样较少见，有钱纹（图5-1，3；图版5-12）、弦纹和同心圆纹，多饰于器物外壁。

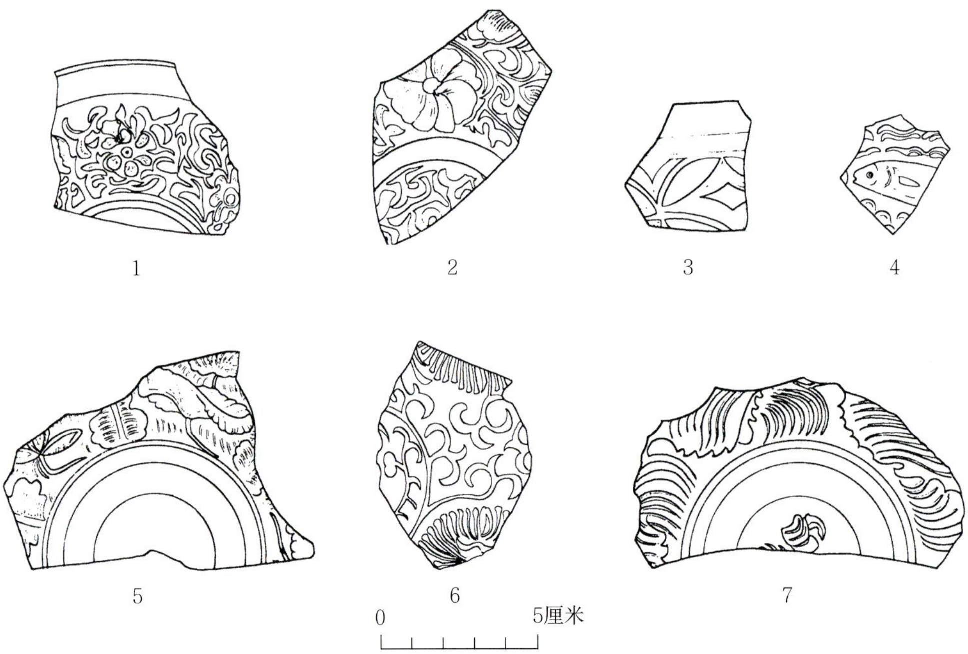

图5-1　瓷器纹饰

1.团花纹（TG148202④：52）　2.缠枝牡丹纹（TG148202H7：36）　3.钱纹（TG148202H7：44）
4.水波鱼纹（TG162202H20：58）　5.莲花纹（TG148202④：51）
6.缠枝菊纹（TG162202H20：44）　7.水波纹（TG148202③：19）

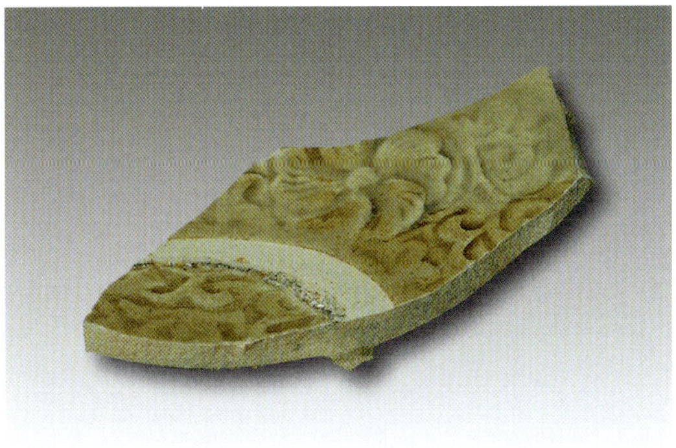

图版5-8　印花缠枝牡丹纹青瓷片（TG148202H7:36）

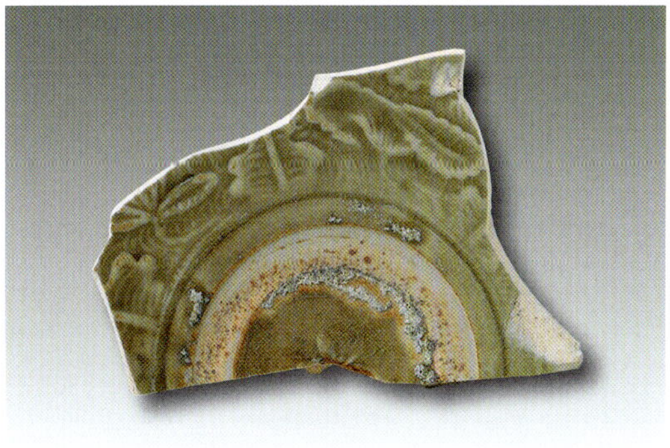

图版5-9　印花莲花纹青瓷片（TG148202④：51）

图版5-10　刻花缠枝菊纹青瓷片（TG162202H20：44）

图版5-11　刻花水波纹青瓷片（TG148202③：19）

图版5-12　刻花钱纹青瓷片（TG148202H7：44）

图版5-13　刻花几何纹三彩瓷片（TG162202H20：112）

此外，出土的宋金时期的三彩器残片，釉色以黄、绿、白三色为主，有三件标本刻有纹饰，纹饰题材有几何折线纹（图版5-13）、花草纹（图版5-14）和莲瓣纹（图版5-15）。H20内出土的青白瓷斗笠碗内壁均分为三等份，每部分印折枝牡丹花一朵，纹样浅，模糊不清（图版5-16）。出

图版5-14　刻花花草纹三彩瓷片（TG162202H20：115）

土的黄釉纹胎瓷枕残片，由白色、褐色两种瓷土相间杂糅而成，呈现出类似木纹或虎斑状纹理，再于外壁施黄釉，纹样流畅，色彩绚丽。唐五代时期的粗白瓷、黄釉瓷以及宋金时期的粗白瓷为了弥补胎质粗疏、颜色暗淡的不足，均在釉层下方施一层白色化妆土，使胎体表面更光滑，更易于着色，釉色更鲜明。

图版5-15　刻花莲瓣纹三彩瓷片（TG162218③：26）

图版5-16　内印花卉纹青白瓷碗（TG162202H20：140）

第六章　考古发现中所反映的社会生活

考古遗址中发现的各类遗存都与人类活动息息相关，遗迹和遗物都是人类社会生活最真实、最客观的承载者。通过对蒲州故城遗址出土遗迹和遗物的分析，希望从中管窥一些唐宋时期当地社会生活方面的信息。

遗址内发现的各类遗迹相对丰富，但类型较为单一，以灰坑为主，还有 1 处房址、2 处水井、6 个灶坑和 2 处窑穴。灰坑内多为生活用品残片，完整器少见，应均为生活垃圾堆放坑。发掘区域内越向东遗迹现象越少，因此根据各类遗迹的数量和分布情况推测发掘区域应为当时先民生活的边缘区域。

遗址内出土的各类遗物大致可分为生活用品、文娱用品、工具、建筑构件几大类，都与先民的日常生活息息相关。其中生活用品包括碗、罐、盆、盘等盛储器，灯盏、枕等照明和起居用品，以及骨篦子、骨簪、盒等梳妆用品；文娱用品有砚、骰子、棋子和陶塑；工具有石杵、磨石和铁质工具等，铁质工具均锈蚀严重，残存较少。

唐五代文化层内出土遗物以陶器为大宗，数量丰富，器类多样，多为盛储器，包括瓮、盆、罐、扑满、钵和碗，又有砚台之类的文房用品，反映出陶器在当时人们日常生活中的重要作用。在早期单位中有少量大型陶器，多为陶盆（TG148202H47 ：1），有被修补过的痕迹，多是在器物破损处以钻孔穿绳的方式进行修补，可见先民对此类物品的珍惜以及生活的简朴，同时也说明此类大型陶器在当时对于普通百姓而言也是来之不易的。

蒲州故城地处中条山山麓慢坡，地势平坦，西有黄河漫滩，土壤肥沃，是传统的产粮大区。H45 内出土的两件可复原的陶瓮，高 80 ~ 97 厘米，腹径 75 厘米，体态浑圆，容量大，作储存粮食之用，此类陶瓮在唐五代文化层中共发现 12 件，反映出当时先民仓廪丰实的繁荣景象。

辟雍砚是隋唐时期流行的砚式，至唐代后期随着石砚的流行及大量优质石材的开采，辟雍砚亦逐渐衰落[1]。遗址内出土的唐代陶辟雍砚，造型精美，古朴大方，折射出先民崇尚风雅、陶冶情操的精神追求。

唐五代文化层中出土有一定数量的瓷器，以白瓷为主，次为黄釉瓷、黑釉瓷，少量三彩瓷和绞胎瓷。中国早期白瓷始烧于北齐，以北齐范粹墓出土的白瓷为代表，在隋代有了

1　王亚平：《考古出土陶瓷辟雍砚研究》，《辽宁省博物馆馆刊（2012）》，辽海出版社，2013 年。

较大的发展，至唐代白瓷的烧造已臻成熟[1]，当时北方地区烧造白瓷的窑口已达十余处，典型窑口如邢窑、巩义白河窑、巩义黄冶窑。遗址早期文化层内出土的大量白瓷器虽胎质多较粗糙，且施以化妆土，釉色白中泛黄或白中泛青，但数量上的巨大优势，反映出白瓷烧造的成熟及“南青北白”瓷业格局的形成。出土的白釉三足盘，釉面光洁，釉色温润，造型简洁典雅，是唐代仿金银器的精品之作，从故宫博物院藏唐代陆曜《六逸图》[2]中可以看出此类三足盘多与碗、盏组合使用。

我国的茶文化历史悠久，“兴于唐，盛于宋”，唐宋时期是我国茶文化发展承上启下的重要时期，在兴盛的饮茶之风和高度发展的陶瓷工艺的催生下，出现了风格迥异、品类繁多的饮茶器具。唐代陶瓷茶盏大概有两类，一类为敞口外撇、浅腹、玉璧形底的碗；一类为花口盏[3]。早期文化层中出土的大量白釉玉璧底碗符合第一类茶盏的形制，应多为茶碗，这可能与唐代饮茶在北方地区的普及有关。宋代饮茶方式由唐代的煎茶演变为点茶，斗茶之风兴盛，受不同的斗茶方式和茶色品评的影响，茶盏的造型逐渐向“V”型漏斗状和斗笠状演变，花口、葵口等造型也愈加丰富，茶盏内部的装饰手法也更加繁缛复杂，釉色以青黑为贵，同时还发展出油滴釉、兔毫釉、鹧鸪斑、玳瑁釉等釉色茶盏。遗址内宋金文化层内出土的景德镇青白瓷斗笠碗，黑釉、油滴釉和兔毫釉瓷盏，耀州窑刻花、印花青瓷盏，都是宋代市井生活中斗茶文化的客观反映。

我国对香料的使用可以追溯到春秋战国时期，汉唐时期随着“陆上丝绸之路”和“海上丝绸之路”的活跃，大量香料自西域传入中国，两广、福建等地的香料也陆续传入北方地区，至宋代，我国的香文化发展至顶峰，香文化也从上层阶级普及普通百姓的日常生活中。遗址内唐五代文化层中出土的瓷盒略少，宋金文化层中瓷盒的数量有明显增加，由于出土的瓷盒形制多相近，除部分敛口盒可以推定为油盒外，其余瓷盒无法确定是属于粉盒还是香盒，只能推断其中尺寸较大者为香盒。另外，宋金文化层中还出土有素烧香炉和耀州窑五足炉，这应该与宋代市井香文化的普及有关。

蒲州故城地处秦、晋、豫交界，扼蒲津渡口，遗址内出土的来自诸多窑口、风格迥异的瓷器，与其特殊的地理位置密切相关。可辨识出的瓷器窑口有唐代的邢窑、巩义窑、黄堡窑，宋金时期的耀州窑、景德镇湖田窑、河津窑、霍州窑，除邢窑和景德镇湖田窑距离略远外，其余窑口均分布于遗址周边。来自周边诸窑口的瓷器，既能满足蒲州当地居民的使用需求，又以蒲州作为集散地，向其他地方销售、流通。唐代的蒲州介于两京之间，不仅是关中通往河东、河北等地的咽喉要冲，而且是连接长安、洛阳两京的交通枢纽。邢窑、

1 于文荣：《浅析唐代北方陶瓷工艺成就》，《中国历史博物馆馆刊》2000 年第 2 期。

2 萧燕翼：《唐代陆曜〈六逸图〉记》，《紫禁城》1991 年第 5 期。

3 舒欣：《唐宋饮茶风尚流变下的陶瓷茶盏造型装饰演变》，景德镇陶瓷学院，硕士学位论文，2013 年。

巩义窑的瓷器精品向长安进贡，或经长安沿“陆上丝绸之路”销往西亚、地中海地区，蒲州的枢纽地位发挥着重要作用。遗址宋金文化层中出土的耀州窑青瓷，数量丰富，器类繁多，由此可见耀州窑对当时周边地区民用瓷器的重要影响，同时，作为距离耀州窑最近的渡口城市，蒲州故城在耀州窑瓷器的北销、东销方面发挥着举足轻重的作用。

宋代商品经济的空前繁荣，促进了市井文化的兴盛。宋金地层中出土的各种陶塑或瓷塑人俑、骰子、棋子等遗物就是当时市井生活的生动写照。各种人物俑造型逼真，栩栩如生；骨质骰子、石质或素烧棋子，小巧玲珑，制作精美。品茶、畅饮、博弈等一幕幕安适闲逸的市井生活场景因这些遗物的出土而生动形象地显现在我们眼前。

第七章　结语

2013 年度在东城东南部的发掘是首次在蒲州故城城内开展的发掘工作，采用网状布设探沟的方式，力求在有限的区域内获得更多的信息。本次发掘最大的收获是发现了唐五代文化层，摸清了发掘区域的地层堆积序列和遗存埋藏情况，并获得一批唐五代和宋金时期的遗物，为研究蒲州故城的历史、文化和民俗提供了丰富的实物资料。

发掘区域文化层的整体厚度为西厚东薄，唐五代至宋金时期的文化层保存相对较好，其中唐五代文化层堆积厚 0.2 ~ 2 米，宋金文化层堆积厚 0.3 ~ 1.85 米。金代末年因战事防御将蒲州故城从中间一分为二，此后各朝代都以西城作为主要活动区域，东城东南部人类活动相对较少，相关的文化堆积也较薄，晚期人类耕作、掏挖鱼塘等活动已将宋金以后的文化层破坏殆尽，仅在扰土层中出土少量残碎的明清遗物。保存相对完好的唐五代至宋金时期的文化堆积，为研究蒲州故城的历史沿革和兴衰变迁提供了珍贵的考古资料。

由于发掘区域处于当时先民生活区域的边缘，发现的遗迹现象较为单一，以生活垃圾坑为主，出土遗物多较破碎，但遗物种类和数量相当丰富，多为日常生活用品，种类有瓷器、陶器、石器、骨器、铁器和建筑构件。其中以瓷器和陶器为主，次为建筑构件。出土瓷器种类丰富，来自诸多窑口，可辨识出的窑口有唐五代时期的巩县窑、邢窑、黄堡窑，宋金时期的河津窑、耀州窑、霍州窑以及景德镇湖田窑。蒲州故城濒临黄河，城西北的蒲津渡是黄河中游古渡三大渡口之一，也是连接关中和河东的重要通道，来自不同窑口的瓷器标本为研究各窑口瓷器的流布以及唐宋时期蒲州故城与周边地区的贸易往来提供了重要的比对材料。

出土的各类生活器皿、文娱用品，都是当时社会生活的客观承载者，对研究蒲州故城唐宋时期的民间生活以及风俗习惯有重要价值。

文献记载，唐代是蒲州故城最繁盛的时期，从唐初的河东道蒲州治所，到开元八年（720 年）改名河中府升为中都，此地成为唐王朝的畿辅重镇和经济、文化中心之一，并与陕、郑、汴、怀、魏合称“六大雄城”。本次发掘虽出土了较为丰富的唐五代遗物，但未发现同时期的居住址、城墙等遗迹，因此寻找唐代城墙、建筑基址，弄清唐代蒲州城的范围和结构仍是今后考古工作的重点之一。

另外，在 TG148202 唐五代地层中发现了三件特殊的陶器，折沿盆（图 7-1，1）、直腹绳纹罐（图 7-1，2）和豆柄（图 7-1，3），均为泥质灰陶，其造型与器表装饰与唐五代

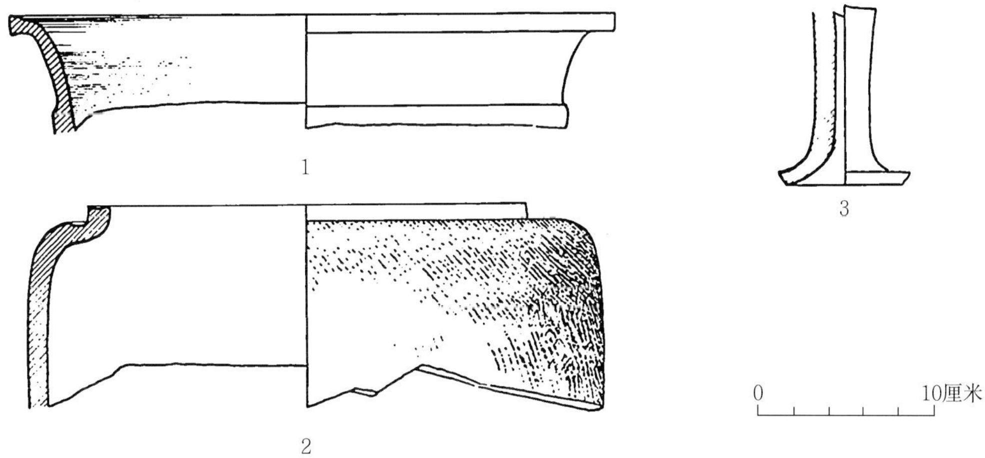

图7-1　TG148202早期陶器

1.折沿盆（TG148202⑥：26）　2.直腹绳纹罐（TG148202⑥：21）　3.豆柄（TG148202H24：17）

时期的陶器截然不同。在同年度发掘的西城Ⅳ TG113074 宋代地层内还出土一件夹砂灰陶绳纹鬲的鬲足。出土的折沿盆与侯马牛村古城南东周遗址发现的盆形甑相似[1]，豆柄和鬲足与侯马铸铜遗址出土的同类器物造型相同[2]，据此推测这四件遗物应属东周时期。蒲州历史悠久，战国魏蒲邑即在此地，遗址内或遗址周边是否存在同时期的文化堆积，还有待进一步的考古工作提供佐证。

1　侯马市考古发掘委员会：《侯马牛村古城南东周遗址发掘简报》,《考古》1962 年第 2 期。

2　山西省考古研究所侯马工作站：《1992 年侯马铸铜遗址发掘简报》,《文物》1995 年第 2 期。

山西省考古研究院七十华诞出版图书

《山西考古七十年》

《山西“十三五”重要考古发现出土文物》

《发现山西：考古的温度》

《三晋考古》（第五辑）

《泽州和村》

《东成西就：两个十大考古发现与中华礼之源》

《中国文明起源陶寺模式十人谈》

《山西出土青铜器全集·闻喜酒务头卷》

《洪洞坊堆－永凝堡遗址综合考古调查报告》

《于沃集—曲村－天马遗址发现60周年暨晋侯墓地发掘30周年纪念文集》

《山右吉金：晋侯墓地出土周代青铜器精粹》

《黎城楷侯墓地》

《长子西南呈西周墓地综合研究》

《燕姬的嫁妆——垣曲北白鹅考古揭示的周代女性生活》

《襄汾陶寺北墓地（2015-2016）》

《洪洞南秦墓地（2016）》

《翼城苇沟－北寿城》

《壬寅说虎——山西考古博物馆虎年贺岁展》

《平朔战国秦汉墓》（卷一）

《朔州后寨战国至汉代墓地（2019-2020）》

《汾阳北门墓地》

《万荣北魏薛怀吉墓》

《南涅水石刻艺术》

《太原北齐陶俑墓》

《蒲州故城（一）》

《山西出土唐代昭武九姓胡人墓志举例》

《守望田野：考古队长田建文》